«Die Sage, die den grausamen König Watzmann
samt Frau und Kindern zu Stein erstarren ließ, die einprägsame
Form der beiden ungleich hohen, durch die scharfen
Zacken der Watzmannkinder getrennten Bergspitzen, die leichte
Zugänglichkeit des schon seit Jahrhunderten von
Jägern und Hirten, später auch von Wallfahrern bestiegenen
Hochecks, der Ruf und die Verlockung der höchsten
Felswand der Ostalpen, die sich über Sankt Bartholomä
am Königssee in den Himmel türmt, die winterliche
Anziehungskraft des Watzmannkars und
der großen Hocheckabfahrt haben den Watzmann
zu einem volkstümlichen Berg gemacht.»

Hellmut Schöner in
«Rund um den Watzmann», 1959

Das Watzmannhaus nach der
ersten Erweiterung im Jahr 1894.

Gegenüber dem Vorwort:
Am gesicherten Watzmanngrat südseits
unmittelbar unterhalb der Watzmann-Mittelspitze,
deren Gipfelkreuz am Horizont hervorlugt.

Über dem Vorwort:
Heinz Zembsch (Bildmitte), der «Hausmeister
der Watzmann-Ostwand», nach seiner zweihundertsten
Wanddurchsteigung 1994 auf der Südspitze.
Direkt vor dem Kreuz der Bergwachtmann Edi Kastner,
rechts von Zembsch Michael Graßl,
der 1999 eine neue Kletterroute an der
Watzmann-Ostwand eröffnete.

Doppelseite nach dem Vorwort:
Berchtesgaden und der Watzmann von Norden, von den Hängen
der Kneifelspitze. Links im Hintergrund
die Pyramide der Schönfeldspitze im Steinernen Meer.

Bergmonografien
1 Jungfrau – Zauberberg der Männer
2 Finsteraarhorn – Die einsame Spitze
3 Eiger – Die vertikale Arena
4 Piz Bernina – König der Ostalpen
5 Tödi – Sehnsucht und Traum
6 Watzmann – Mythos und wilder Berg
7 Titlis – Spielplatz der Schweiz

© AS Verlag & Buchkonzept AG, 2001
Gestaltung: Heinz von Arx, Urs Bolz, Zürich
Lektorat: Andres Betschart, Zürich
ISBN 3-905111-61-6

WATZMANN
MYTHOS UND WILDER BERG

Herausgegeben
von Horst Höfler und Heinz Zembsch

Texte:
Horst Höfler, Barbara Hirschbichler, Helma Schimke, Henner Schülein,
Paul Werner, Angelika Witt, Heinz Zembsch

Historische Texte:
Leopold von Buch, Elisabeth Dabelstein,
Fritz Schmitt, Valentin Stanič

Fotos:
Horst Höfler, Willi End, Rainer Köfferlein, Werner Mittermeier,
Eckehard Radehose, Gerlinde M. Witt

BERGMONOGRAFIE
6

Nur geduldeter Gast ...

Ob vom Hochkalter, vom Hohen Göll, vom Untersberg, vom Toten Mann im Lattengebirge, von der Hirschwiese überm Pass Trischübel, von der Gotzenalm, von der Schönfeldspitze im Steinernen Meer, vom Großen Teufelshorn im Hagengebirge, ja selbst noch vom Hochkönig – dem höchsten Gipfel der Berchtesgadener Alpen – aus geschaut: Der Watzmann ist ein großer Berg. Gut, dass seine Seilbahn-«Erschließung» immer nur Plan blieb. Nur so konnte seine Größe, seine Erhabenheit, seine Unnahbarkeit erhalten bleiben. Unnahbar? Bei den Tausenden, die jährlich wenigstens bis auf das Hocheck steigen, bei den Hunderten, die seine drei Gipfel überschreiten, bei den vielen Seilschaften, die jeden Sommer durch die Ostwand klettern. Ja! Angesichts so mächtiger Berge wie der Watzmann einer ist, habe ich immer das Gefühl, nur geduldeter Gast zu sein. So ein Berg «gehört» einem nicht, er ist nicht «gefallen» (wie oft wurde das geschrieben: «1881 fiel die Ostwand»), man hat seine große Wand nicht «gemacht». Egal ob ich nach der Überschreitung der drei Spitzen oder nach einer Durchsteigung der Bartholomäwand die letzten Meter zur Südspitze hinaufsteige: Die Freude überwältigt mich jedes Mal aufs Neue. Es ist eine stille Freude ganz tief in mir drinnen. Eine, die tagelang anhält. Eine, die immer wieder Gedankenbilder formt. Eine Freude, die so nachhaltig sein wird, dass sie mich selbst dann noch erfüllt, wenn ich zu alt geworden bin, um auf den Scheitel des Watzmanns zu gelangen.

Bis dahin aber möchte ich noch viele Schritte an dem riesigen Berg genießen. Auch die vertrauten Ausblicke zu ihm. Nicht wenige Bergsteiger werden es so oder ähnlich erleben, wenn sie am Feuerpalfen hoch über dem Königssee fröstelnd zwischen Nacht und Tag ausharren, bis das erste Licht den Watzmanngrat trifft, die Licht-Schatten-Linie tiefer und tiefer wandert und endlich die Bartholomäwand über der Düsternis des Eisbachtals aufleuchtet. Das ist sie. Das ist die Watzmann-Ostwand! Oder wenn das Königssee-Schiff die Anlegestelle Sankt Bartholomä ansteuert und man die Wand hinter den Nebelschleiern mehr ahnt als sieht, diese den silbrig grauen Berg erst da und dort, dann seinen unteren Teil, danach das obere Drittel und zuletzt die gesamte Wand freigeben: Wer vermag den Blick zu lösen von diesem Festspiel der Natur?

Horst Höfler

Inhalt

9 Nur geduldeter Gast…

17 Mythos und wilder Berg

27 Vor mehr als 200 Jahren…
- 29 Alexander von Humboldt an der Eiskapelle
- 31 Valentin Stanič – Humanist und Bergsteiger
- 34 «Auf diesen in die Wolken stechenden Spiz»
  Valentin Stanič

39 Frühe Pioniere
- 41 Eroberungen am Watzmann
- 46 Johann Grill, der Kederbacher – Legende schon zu Lebzeiten

51 Die große Wand
- 52 Der Kederbacher-Weg
- 58 Spätere Durchstiege
- 64 Die Ostwand im Winter
- 70 Auf Tod oder Leben
- 82 Die Watzmann-Ostwand als Arbeitsplatz
- 86 Heinz Zembsch – Lebenslänglich Ostwand
- 89 Einmal Watzmann – immer Watzmann
  Heinz Zembsch

93 Zwischen Kunst und Kitsch
- 94 Von Malern und Schreibern, Königen, Verbrechern – und einem sarkastischen Rockstar
- 102 Fünf Bilder vom Watzmann
  Angelika Witt

109 Den Moloch abgewehrt
- 110 Das Schutzhaus auf dem Falzköpfl
- 116 Nein zur Watzmann-Seilbahn
- 120 Schutzgebiet Nationalpark – Wo das Chaos herrscht…

127 Ode an den Watzmann
- 129 Wie die Bartholomäwand nachgeben musste
  Fritz Schmitt
- 134 Zacken und Grate
  Elisabeth Dabelstein
- 140 Immer währende Wiederkehr
  Helma Schimke
- 144 In der Südwand des Vierten Watzmannkindes – mit und ohne Zeitverschiebung
  Henner Schülein

150 Wegspuren am Watzmann

153 Trips und Tipps
- 156 Literatur
- 157 Bildnachweis

Der schroffe nordostseitige Gipfelaufbau des Watzmann-Hochecks. Diesen Nordgipfel des Großen Watzmanns können auch geübte Bergwanderfreunde erreichen. Links im Hintergrund die Schönfeldspitze im Steinernen Meer.

Nächste Doppelseite: Watzmann klassisch: Sankt Bartholomä am Königssee, dahinter die herbstlich verschneite, 1800 Meter hohe Watzmann-Ostwand mit ihren markanten Schichtbändern.

Mythos und wilder Berg

Im Zentrum der Berchtesgadener Alpen steht der Watzmann. Ein Gebirge für sich: Der Große Watzmann mit seinen drei Spitzen, der Kleine Watzmann und dazwischen die fünf Watzmannkinder. Reisende, die sich dem Watzmannstock von Westen, durch das Tal der Ramsauer Ache, nähern, könnten enttäuscht sein. Aus dieser Sicht ist der Große Watzmann ein «Mordstrumm»-Berg, eine Masse Fels, behäbig, wenig attraktiv, nur mächtig. Wer sich hingegen auf klassischer Reiseroute von Norden, über den Hallthurmpass, dem Watzmann nähert, erschrickt fast vor dem Anblick, den der Berg unvermittelt bietet. Ein Fanal! Ein Symbol für die gesamten deutschen Alpen. Watzmann und Berchtesgaden – das ist wie Matterhorn und Zermatt, Chamonix und Montblanc!
Die Ostwand, die riesige, berühmte, hält sich versteckt. Man muss über den Königssee fahren, um sie zu entdecken. Und die fast bizarre Südansicht des Watzmanns offenbart sich nur Bergsteigern, die einen mehrere Stunden langen Fußmarsch nicht scheuen.
Sagenumwoben wie viele Alpenberge nun einmal sind, hat auch der Watzmann seine Sage. Eine überaus bekannte sogar. Mit wenigen Worten erzählt, war dieser Watzmann ein König, der mit Weib samt Kindern seine Untertanen und ihre Haustiere quälte und mordete, wie es ihm gerade Spaß machte. Als diese «wilde Jagd» eines Tages

Der Watzmann regt die Fantasie an: Postkarte um 1930 (oben). Selbst vom Hochkönig aus, dem höchsten Gipfel der Berchtesgadener Alpen, beherrscht der Watzmann die Rundumschau (linke Seite). Süd- (links) und Mittelspitze überragen markant die Szenerie.

Watzmann und Berchtesgaden – das ist wie Matterhorn und Zermatt, Chamonix und Montblanc! Blick durch die Locksteinstraße gegen den Charakterberg hin (oben); Ausblick vom Soleleitungssteg auf die doppeltürmige Stiftskirche. Links von ihr die Pfarrkirche St. Andreas (unten).

über eine Bauersfamilie, die sich auf ihrer Alm aufhielt, herfiel, verfluchte sie die alte Großmutter noch im Sterben. König Watzmann und die Seinen erstarrten zu Stein ... Nüchtern betrachtet, ist der etwas über 2700 Meter hohe Watzmann ein 225 bis 195 Millionen Jahre altes Gebilde aus gebanktem Dachsteinkalk, das auf einem Sockel von brüchigem Ramsaudolomit ruht. Die gebänderten Flanken und Wände des Watzmannstocks sind überaus typische Beispiele für diese Art des Dachsteinkalks. «Es wechseln in regelmäßigem Rhythmus bis zu 20 Meter dicke Kalkbänke mit feinschichtigen Lagen eines geringmächtigen Dolomites. An der Basis eines solchen Rhythmus findet sich häufig noch eine dünne Tonlage, die durch kräftige rote oder grüne Farben auffällt. [...] Der Watzmann und der Hochkalter [der westliche Nachbarberg des Watzmanns; Anm. d. V.] bildeten zusammen ein mächtiges Gewölbe, dessen Scheitellinie etwa dem Verlauf des Wimbachtales entsprach. Dieses Gewölbe brach bei der Emporhebung im Scheitelbereich ein, hier konnte nun die Erosionskraft verstärkt ansetzen, da das Gebirge intensiv zerrüttet war. Zunächst war der Dachsteinkalk zu durchschneiden, dann folgte der darunter liegende, leichter verwitterbare Ramsaudolomit.» (Heinrich Zankl)
Sechs Eiszeiten, von wärmeren Zwischeneiszeiten unterbrochen, prägten im Verlauf der letzten zweieinhalb Millionen Jahre das heutige Aussehen der Landschaft. Die Eismassen des Königsseegletschers, die sich vom Steinernen Meer heruntergeschoben, schürften den Boden des Seebeckens bis fast 200 Meter unter die normale Talsohle aus.

Der Watzmann in der Südostecke Deutschlands und Bayerns ist ein wilder Berg. Sein Mythos beruht auf der Watzmannsage sowie auf den dramatischen Geschehnissen an der Ostwand und auf dem Watzmanngrat. 2100 Meter überragt er die Talböden und den einem Fjord nicht unähnlichen Königssee. Keine Seilbahn knabbert am großen Berg. Nur drei Schutzhütten schmiegen sich an seine Flanken. – Was der Watzmann Bergsteigern bedeuten kann, erzählt hier die Reichenhaller Gymnasiallehrerin Barbara Hirschbichler, die in Berchtesgaden-Schönau wohnt und seit längerem zu den besten deutschen Allroundalpinistinnen und auch Höhenbergsteigerinnen gehört:

«Der Watzmann spielt in meinem Leben eine nicht unbedeutende Rolle. Er ist für mich einer der formschönsten Berge und seit jeher übt er auf mich eine unbeschreibliche Faszination aus. Unzählige Male war ich am Watzmann unterwegs, zu allen Jahres- und Tageszeiten, bei jedem Wetter, auf allen Seiten. Vieles ist mir in bleibender Erinnerung: eine Begehung der Ostwand während einer Vollmondnacht mit Wettersturz bei der Biwakschachtel; eine Winterbegehung der Ostwand an Weihnachten mit Erreichen des Gipfels gerade

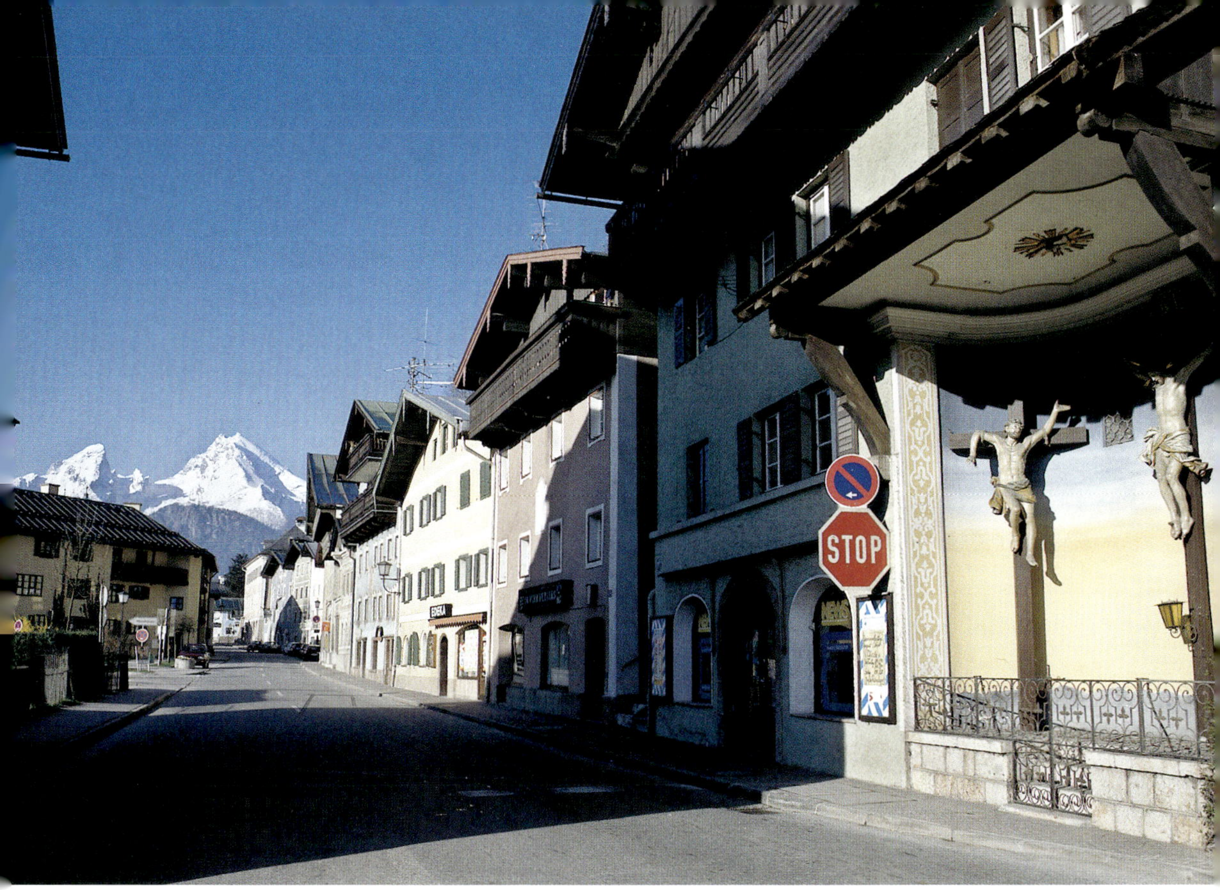
STOP

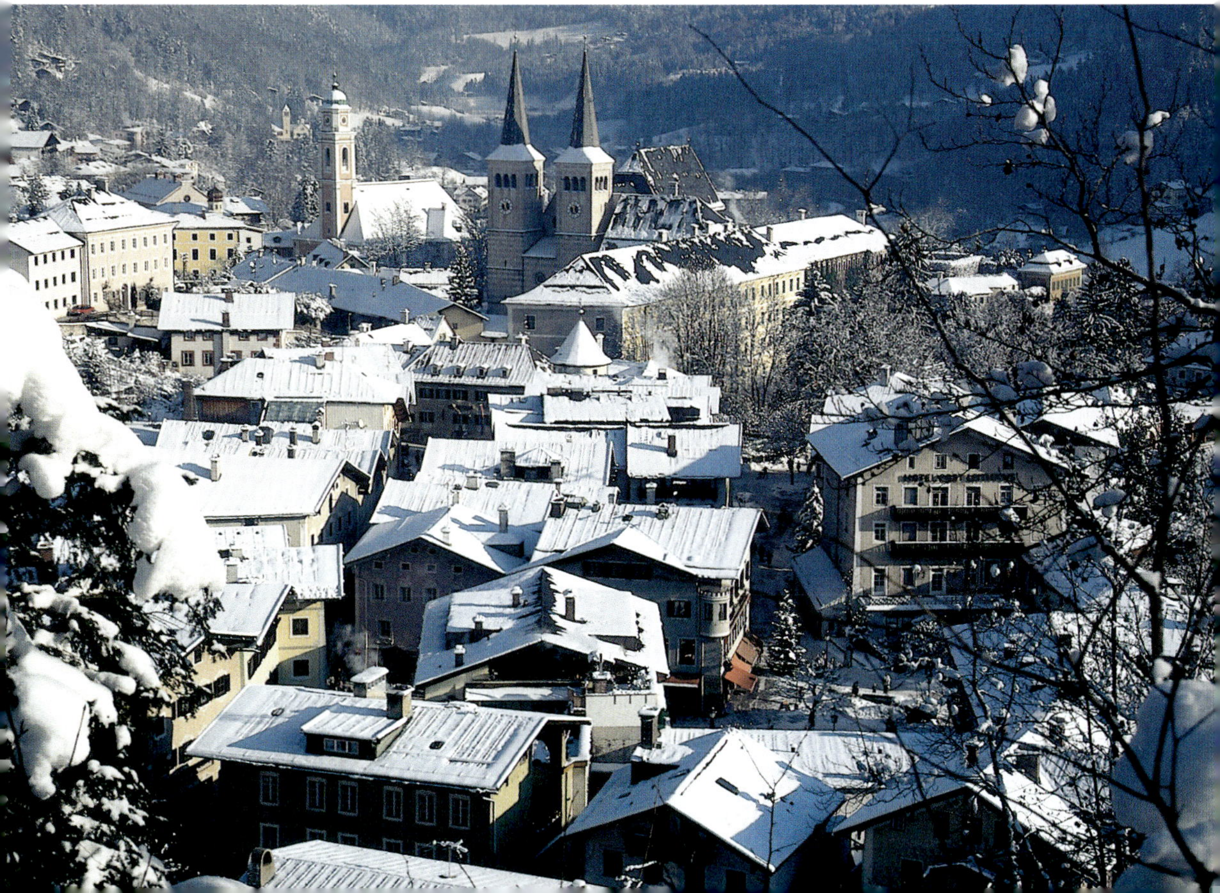

Vorangehende Doppelseite: «Kalte Majestäten» – links der Watzmannstock mit (von links) Kleinem Watzmann, Watzmannkindern und Großem Watzmann, rechts der Hochkalterstock.

Nächste Doppelseite: Wie ein gigantischer Schiffsbug ragt die Gipfelpartie des Dritten Watzmannkindes gegen das Eisbachtal vor; links in der Tiefe Sankt Bartholomä, rechts hinten über dem Ende des Königssees der Obersee.

Im Watzmannkar beim Aufstieg zum Fünften Watzmannkind. Im Hintergrund die lotrechten Südabstürze des Vierten (vorne) und des Dritten Watzmannkindes.

bei Sonnenuntergang; ein ‹Berglauf› durch die Ostwand mit Turnschuhen und kurzer Hose an einem Sommernachmittag in nicht viel mehr als zwei Stunden; eine ‹Familientour› mit Mutter und Bruder an der Wieder-Route auf die Mittelspitze; eine Überschreitung des Grates im Winter allein; eine Begehung des Kederbacher-Weges mit einem Freund – er trat kurz unterhalb des Gipfels einen Stein los, der mich am Kopf traf (kein Helm!), so dass ich den Weiterweg (die Gratüberschreitung und den Abstieg nach Königssee) mit drei größeren Löchern im Kopf machte. Eine Skitour auf das Hocheck in einer Mondnacht, mit unberührtem Pulverschnee. Mehrere schöne Märztage, an denen ich – als Training für den Himalaja – nach der Abfahrt vom Hocheck die Steigfelle erneut auf die Ski klebte und ein zweites Mal zum Gipfel ging. Ein regnerischer Novembernachmittag, an dem ich bei der Falzalm das Liebesspiel eines balzenden Auerhahns und seiner Henne beobachten konnte. Wiederum eine Winterbegehung der Ostwand, bei der ich ein Steigeisen verlor – bis heute bin ich einem netten Menschen zu Dank verpflichtet, der mir seine Steigeisen gab und selber ohne weiterging. Noch eine Winterbegehung mit meinem Bruder Albert – unsere letzte gemeinsame Bergtour vor seinem Unfall. [Albert Hirschbichler, ein Klasse-Bergsteiger, ist seit einem Kletterunfall querschnittgelähmt; er meistert sein «anderes Leben» mit unerschütterlichem Optimismus und Humor; Anm. d. V.]

Doch es sind nicht nur mehr oder weniger schöne Erinnerungen, die mich mit dem Watzmann verbinden. Im März 1993 zog mein Lebens- und Bergpartner Martin Leinauer – einer der besten und sichersten Bergsteiger, denen ich jemals begegnet bin – zu einer Überschreitung des winterlichen Watzmanngrats los und kam nicht mehr zurück. Wahrscheinlich ist er kurz nach der Mittelspitze auf eine Eisplatte getreten, oder die am Rucksack befestigten Ski blieben an einem Felsen hängen … Man könnte meinen, ich hätte daraufhin ein Gefühl der Bitterkeit gegenüber dem Watzmann entwickelt, aber das ist nicht so. Der Berg an sich ist an einem Unfall ja nicht schuld.

Die Berchtesgadener Alpen sind meine Bergheimat. Ob ich mit Ski auf die Hohen Roßfelder gehe oder einen Berglauf auf den Grünstein unternehme, ob ich am Untersberg beim Klettern bin oder mit dem Rennrad die Roßfeldstraße fahre – der Watzmann ist immer präsent und dominiert das Bild. Ich wohne auf einem Bauernhof genau zu seinen Füßen, und jedes Mal, wenn ich – von Reichenhall kommend – heimfahre und plötzlich, gleich nach dem Hallthurmer Berg, diese wunderschöne und so vertraute Berggestalt vor mir aufragen sehe, erfüllt mich ein Gefühl der Freude und der Dankbarkeit.»

Vor mehr als 200 Jahren…

…1782 stand am Hocheck ein Marienbild mit einem Opferstock. Es gilt als das älteste christliche Gipfelzeichen in den Berchtesgadener Bergen. Bis etwa 1880 sollte die niedrigste der drei Spitzen des Großen Watzmanns Wallfahrtsort bleiben. Wesentlich älter ist die Pinzgauer Wallfahrt über das Steinerne Meer zum Königssee. Heutzutage noch ein großes Ereignis, geht sie bis ins späte Mittelalter zurück.

Einmal unten, einmal oben: In manchen Wintern friert der Königssee zu, und man kann Sankt Bartholomä über die Eisdecke zu Fuß erreichen (linke Seite). Das Gipfelkreuz und der Opferstock auf dem Watzmann-Hocheck, das seit Ende des 18. Jahrhunderts als Wallfahrtsort bekannt ist. Ölbild von Adalbert Waagen, 2. Hälfte 19. Jahrhundert.

Zielort war ursprünglich der Dürrnberg südlich oberhalb von Hallein gewesen. Dies bedeutete, dass die Wallfahrer mit Booten und Flößen über den See gebracht werden mussten, um über Berchtesgaden auf den Dürrnberg gelangen zu können. Da geschah 1688 ein katastrophales Unglück: In ein offenbar baufälliges Boot, das mehr als 100 Pilger über den See zu bringen hatte, drang Wasser ein. Daraufhin breitete sich Panik aus, und 71 Personen ertranken. Die Unglücksstelle soll sich unweit der Falkensteinwand befunden haben.

Die Wallfahrten waren die Vorläufer des heutigen Fremdenverkehrs. «Urlaub» war in früheren Jahrhunderten unbekannt; wer für einige Tage aus seiner gewohnten Umgebung ausbrechen wollte, ging auf

Wallfahrt. «Dass man es sich bei diesen Wallfahrten auch in den Wirtshäusern neben den Kirchen gemütlich machte und so gut lebte, als es jeweils der Geldbeutel erlaubte, ergab sich von selbst.»
(Hellmut Schöner)

Während jener 23 Jahre (1780 bis 1803), da der letzte Propst Joseph Konrad Freiherr von Schroffenberg die Geschicke der reichsunmittelbaren Fürstpropstei Berchtesgaden in Händen hielt, besuchte Alexander von Humboldt die Gegenden von Reichenhall, Salzburg und Berchtesgaden. Eine berufliche Mission – er hatte nach Studien an der Hamburger Handelsakademie und an der Bergakademie Freiberg sein Examen als Kameralist gemacht und danach als Bergassessor und Oberbergmeister gearbeitet – ließ ihn die baierische Saline Reichenhall in Augenschein nehmen. Bei einem späteren Aufenthalt (1797) wanderte er unter anderem auch zur «Eiskapelle» am Fuß des 1800 Meter hohen Watzmann-Ostabsturzes.

Angesichts von Humboldts großen Forschungsreisen kommt jener Exkursion eher marginale Bedeutung zu; der Endzwanziger fand sich bereits in den Vorbereitungen für seine Reise auf den amerikanischen Kontinent. Immerhin pries Humboldt schon 1792 die Schönheit der «Salzburger Alpen» in einem Brief an einen in Hamburg lebenden Freund und ehemaligen Kommilitonen aus der Studienzeit an der sächsischen Bergakademie Freiberg: «Die Gegend hier ist göttlich. Ich glaubte noch nie Gebirge gesehen zu haben, so ist hier alles anders. Lauter Alpengebirge, Pyramide auf Pyramide gehäuft. Die Salzburger Alpen liegen vor mir, als könnte ich sie mit Händen greifen. Das, guter Freiesleben, müssen wir noch zusammen sehen. Es kostet Ihnen bloß eine Ferienreise.» Der Lobgesang aber, mit dem Alexander von Humboldt «die Gegenden von Salzburg-Berchtesgaden, Neapel und Konstantinopel für die schönsten der Erde» gehalten haben soll, ist nicht belegt.

Wissenschaftliche Neugierde also – Humboldt, längst der Botanik geneigt, unternahm Forschungen und Messungen – führte, wie dies auch in anderen Regionen der Alpen geschah (denken wir nur an Belsazar Hacquet oder an Horace Bénédict de Saussure), zu einer Teilentdeckung der Berchtesgadener/Salzburger Gebirgsregionen. Es verwundert daher kaum, dass auch der wagemutige Ersteiger der Watzmann-Mittelspitze, Valentin Stanič, im Dienste der Wissenschaft zu einem der größten Abenteuer seines Lebens kam.

| Episode im großen Forscherleben |

Alexander von Humboldt an der Eiskapelle

Die Leistungen des Alexander von Humboldt (1769–1859), des berühmten Sohnes Berlins, wurden und werden mit Superlativen gewürdigt: größter Geograf der Neuzeit, Schöpfer der ersten modernen Landeskunde, Begründer der Pflanzengeografie, maßgeblicher Forschungsreisender seiner Zeit. Die Basis für Humboldts Ruhm liegt in jener fünf Jahre währenden Reise auf dem südamerikanischen Kontinent begründet, die der auf Schloss Tegel Aufgewachsene allein dank des Erbes, das seine 1796 verstorbene Mutter hinterließ, zusammen mit Aimé Bonpland zu verwirklichen imstande war. Humboldt erkundete dabei den Orinocofluss und erreichte am Chimborazo – den er für den höchsten Berg der Erde hielt – 5760 Meter. («Die Entdeckung des Himalaja war für Humboldt ein schwerer Schlag.» Otto Krätz) Die Auswertung dieser seiner wichtigsten Reise sollte von Humboldt drei Jahrzehnte in Atem halten. Der erste Band des «Kosmos» (Humboldt schuf auch einen geografisch-physikalischen Weltatlas gleichen Namens), ein allumfassendes Bild der Erde, das in viele Sprachen übersetzt wurde, erschien 1845. Diese gigantische Sammlung von Details, Humboldts Alterswerk, war – endlich vollendet – längst überholt. Die Einzelwissenschaften hatten raumgegriffen. Alexander von Humboldts Ruhm tat dies keinen Abbruch. Der «heitere, redegewandte Weltmann»

(Krätz), der Günstling der Monarchen, der Förderer junger Talente, der sich mit Goethe intellektuell auseinandergesetzt hatte, sollte im Alter «zum Denkmal seiner selbst» werden. Als einsamer Greis, der seinen Bruder Wilhelm und all seine Freunde überlebt hatte, sah er sich letztendlich außerstande, sein Lebenswerk zu vollenden. «Bis zuletzt blieb er tätig, in nächtlicher Arbeit endlos Briefe schreibend in wissenschaftlichen oder öffentlichen Interessen, dazu hoffnungslos ringend mit den riesigen Materialien, die in siebzig Jahren gesammelt waren und die zu verarbeiten die verlöschende Kraft versagte.» (Franz Schnabel)

1797 machte von Humboldt, von Wien kommend, Zwischenstation in Salzburg mit der Absicht, nach Italien weiterzureisen. Der Napoleonische Krieg dortselbst vereitelte dieses Vorhaben. Humboldt blieb von Ende Oktober 1797 bis Mitte April 1798 im Raum Salzburg und Berchtesgaden. Währenddessen unternahm er zusammen mit dem Geologen und Paläontologen Leopold von Buch unter anderem eine Exkursion zum Fuß der Watzmann-Ostwand, zur Eiskapelle. Von Buch berichtet:

«Die Seitenthäler, die kleinere Bäche zu ihm [dem Königssee; Anm. d. V.] hinführen, sind unbeträchtlich, und das Merkwürdigste vielleicht dasjenige, das

Porträt des herbarisierenden Alexander von Humboldt von F. G. Weitsch, 1806. Links unten Humboldts großes Reisebarometer.

von Bartholomäus aus, bis zum Fusse des Kleinen Watzmann hinaufgeht. – Hier in einem Winkel zwischen den abgeschnittenen zwey- und dreytausend Fuss hohen Felsen rinnt der Bach dieses Thals aus einem prächtigen Eisgewölbe hervor, dass der Witterung trotzend sich immerwährend erhält. Den 28. November 1797, da wir Hr. von Humboldt und ich diese einzige Halle betraten, hatte man noch kein Frostwetter gehabt; noch

war der Schnee nur für Minutendauer gefallen; wir sahen die Eiskapelle daher im Zustande, wie die nagenden Wirkungen des Sommers, und des gelinden Herbstes sie gelassen hatten. Die Oeffnung war 60 Fuss hoch, und 80 Fuss breit, ein dämmerndes Licht erhellte das Innere; tropfen und stromweis kamen Bäche von der hohen Decke herab, aus kleinen Oeffnungen im milchweissen, grossmuschlichen, durchscheinenden opalähnlichen Eise. Große Stücke, durch die Wärme von oben abgelöst, bedeckten den Boden, und eine erst vor kurzem abgefallene Menge war in der Mitte noch als kleiner Hügel aufgethürmt. Der klare Bach floss ruhig zwischen den Steinen. Wir gingen 600 Fuss hinein; das Licht verschwand fast; in der Ferne erschien ein helleres neues, und im Hintergrunde, der steilen Wand des Felsens gegenüber, hob sich das Eis zur hohen gewölbten Kuppel herauf, in der durch eine Oeffnung das Licht hineinfiel und der Bach als prächtiger Wasserfall von oben herab gegen 200 Fuss hoch.

Mannigfaltig war dieser wie aus einer neuen Welt erscheinender Lichtstrahl an den glänzenden Eisflächen gebrochen; denn dieses Eis hat von Natur eine grossmuschliche Form, durch die im Sommer stets herabfallende Stücke; seine Muscheln sind inwendig völlig glatt und fast einen Fuss weit; häufig sahen wir runde Stücke von spangrüner Farbe, zwischen der milchweissen Masse, und auch als kleine bald absetzende Lager, wahrscheinlich von schmelzendem und bald wieder gefrorenem Schnee und sohlige Streifen von schwärzlichgrauer Farbe, laufen, als kleine Lager durch die Länge des ganzen Gewölbes. Im Frühjahr soll es durch die Wirkung des Winters seine Erstreckung fast mehr als verdoppeln, und nur gelinde Sommer bringen es auf eine Länge zurück von 600 Fuss, wie wir sie sahen vom Eingange bis zur hohen Kuppel im Hintergrunde. – Diese Eishöhle liegt zwar an der Südseite des Berges, aber zwischen den hohen Mauern so eingeengt, dass bis dahin nur wenige zerstörende Sonnenstrahlen auf kurze Zeit eindringen können. – Auf den Spitzen des Watzmann selbst ist im Mai aller Schnee schon verschwunden; noch weniger ist er also im Sommer auf niedrigen Bergen der Kette, wenn er gleich noch öfter im Juli auf dem Untersberge fällt, um so merkwürdiger daher die Erhaltung jenes Eises auf nicht mehr als 2000 Fuss Meereshöhe.»

Die Eiskapelle am Fuß der Watzmann-Ostwand: Lithografie von G. Grünwedel, um 1838 (oben); heutige Ansicht (unten). Die zwei Bergsteiger in der Bildmitte geben eine Idee von den Größenverhältnissen.

Valentin Stanič (1774–1847)

Humanist und Bergsteiger

Der berühmte Ludwig Purtscheller bewunderte ihn als den ersten führerlosen Hochtouristen. Der Redakteur Eduard Richter schrieb ihm 1893 «größte Lust an gefährlichen Klettereien» zu. Der Chronist Fran Levec vermerkte 20 Jahre zuvor, seine Freude am Bergsteigen sei so groß gewesen, dass er sich oft für einige Tage und manchmal sogar Wochen dabei aufgehalten habe, zur großen Sorge seiner Haushälterin und der Pfarrgemeinde.
Und doch war diese glühende Bergbegeisterung nur eine Facette im Leben des Slowenen Valentin Stanič. 1774 in Bodrež bei Kanal als Bauernsohn geboren, erfuhr er seine Schulausbildung in Trbiž (heute Tarvisio), Klagenfurt und Salzburg. Dort beendete er auch das Gymnasium und studierte Theologie und Philosophie. Im Februar 1802 wurde er zum Priester geweiht und kam als Kaplan ans Salzburger Stift Nonnberg, ehe man ihn im November desselben Jahres nach Banjšice holte.
Ab 1809 wirkte Stanič als Seelsorger in Ročinj, 1819 berief ihn Bischof Jožef Balant nach Görz (slowenisch Gorica, heute – italienisch – Gorizia), wo er nicht nur Domkapitular, sondern auch k. k. Schul-Oberaufseher wurde.
Valentin Stanič war eine Art Universalgenie. Er beherrschte sämtliche landwirtschaftlichen Arbeiten, züchtete Obst, baute, wagnerte, dengelte, beschlug sogar eigenhändig Pferdehufe. Fröhlich von Gemüt, frönte er der Dichtkunst, schrieb Lieder, sang gern, und bisweilen tanzte er auch. Mit seinen Schülern turnte und kämpfte er. Er lehrte sie das Schwimmen, zeigte ihnen die Natur und erklärte ihnen die Sterne. Von der Kanzel herab gab er Anleitungen fürs tägliche Leben. Valentin Stanič führte in seiner Heimat die Pocken-Schutzimpfung ein. Die Hungersnot 1816/17 linderte er, indem er durch den Neubau der von den Franzosen zerstörten Brücke über die Soča vielen Menschen zu Arbeit und Brot verhalf. Stanič forcierte das Unterrichten von Taubstummen. 1845 wurde er Mitglied des «Vereins wider die Tierquälerei» in München. Ein Jahr später gründete er in Görz eine ähnliche Einrichtung, die erste ihrer Art im damaligen Österreich. Seine Landsleute feierten Valentin Stanič als «aktiven Förderer der

Valentin Stanič (1774–1847). Lithografie nach einer Zeichnung von W. Gail – offenbar die einzige Darstellung, die es vom Erstersteiger des Watzmanns gibt.

Der «in die Wolken stechende Spiz», die Watzmann-Mittelspitze, wurde von Valentin Stanič im August 1800 – der genaue Tag lässt sich bis heute nicht exakt ermitteln – erstmals erstiegen. Für einen Film des slowenischen Fernsehens zum Jubiläum dieses alpinistischen Ereignisses stieg Stanič am 4. Juli 1999 erneut auf den Watzmann (unten). Wenn moderne Bergsteiger den Gipfel erreichen, sieht ihre Silhouette wesentlich anders aus (oben).

slowenischen nationalen Wiedergeburt». Dies war er in der Tat für das Gebiet von Görz, wo er die slowenische Muttersprache vor allem bei der armen Landbevölkerung konsolidierte.

Im Verlauf seines zehn Jahre währenden Salzburg-Aufenthalts wurde Valentin Stanič zum Bergsteiger. Als Gehilfe des Physikers, Mathematikers und Astronomen Ulrich Schiegg führte er anhand von Winkelmessungen mit der Zollmann'schen Scheibe Lagebestimmungen von Gipfeln durch, unternahm er barometrische Höhenmessungen und klimatische Untersuchungen. Außerdem botanisierte Stanič leidenschaftlich.

Zu Staničs wissenschaftlichem Interesse gesellte sich ein jugendlich-unbekümmerter sportlicher Ehrgeiz, der ihn auf den Untersberg (mitten im Winter), auf die Watzmann-Mittelspitze, auf den Hohen Göll (jeweils als Erster), auf den Großglockner (einen Tag nach der Ersteigung), in den Julischen Alpen auf Triglav, Mangart, Krn, Kanin und andere große Berge trieb.

Im April 1847 starb Valentin Stanič in Görz. Sein während eines anspruchslosen Lebens angespartes Vermögen hatte er für die Ausbildung bedürftiger Schüler und Studenten bestimmt.

Rechte Seite: Hoher Göll (links) und Hohes Brett vom Soleleitungsweg zwischen Söldenköpfl und Schwarzeck. 1802 erreichte Valentin Stanič als Erster den Gipfel des Hohen Göll.

Valentin Stanič

«Auf diesen in die Wolken stechenden Spiz»

1802 schrieb Valentin Stanič – er selber zeichnete mit Stanig; Slowenien war um diese Zeit Teil Österreichs – seinen auszugsweise bei Bergsteigern berühmt gewordenen Bericht an Karl Erenbert Freiherrn v. Moll, «Meine Erfahrungen bei den Exkursionen auf den Hohen Göhl» (heute: Hoher Göll). Er enthält auch eine längere Notiz über die erste Ersteigung der Watzmann-Mittelspitze, die – je nach Quelle – 1799, 1800 oder 1801 stattgefunden haben soll. Mit an Sicherheit grenzender Wahrscheinlichkeit erstieg Stanič den Watzmann-Hauptgipfel im Glocknerjahr 1800; einige Tage, nachdem der Slowene auf dem Höchsten der Hohen Tauern gestanden hatte. Die Übertragung von Staničs vollständiger «Handschrift der k.b. Hof- und Staats-Bibliothek in München», deren Watzmann-Notiz hier erstmals ungekürzt veröffentlicht wird, stammt von Peter Zimmermann.

Blatt aus der Original-Handschrift Staničs von 1802 über seine Watzmann-Ersteigung – ein Bericht an seinen Förderer, den Politiker und Geologen Karl Erenbert Freiherr v. Moll.

Hier sey es mir gegönnt, auch von dieser Exkursion auf den Wazmann etwas zu melden. Ich erreichte mit einer sehr kleinen Begleitschaft von Salzburg aus Abends den Fuß des Wazmanns, übernachtete zu Unternstein und ehe der lang erwartete Tag anbrach, waren wir schon auf dem Wege. Noch vor 10 Uhr erreichten wir auf sehr guten Fußsteige die höchsten Alpen, in der Pfalz genannt. Nach erhaltener Erquikung und ländlichem Mahle von freundlichen Aeplerinnen dargereicht sezte unsere kleine Karavane von 5 Personen den Weg gegen die Höhe fort. Bald wird der Wazmann ganz kahl und macht dem schichternen Wanderer Bange. Nach dem sehr scharfen Rücken desselben verfolgt man den sich oft verlierenden Fußsteig der Wallfahrter, und wir erreichten nach 1 Uhr das Ziel der bisherigen Wazmannersteiger. Auf dieser Spize steht ein grosses hölzernes Kreuz, welches von dem dahin wallfahrtenden Landvolke aufgestellt wurde, und ein Kapelchen, das den Wallfahrtenden zum Altare ihres Gebethes dienet, und eigentlich nur ein Opferstock mit einem Frauenbilde ist. Die Aussicht ist schön (nur mit der des Göhls ist sie nicht zu vergleichen). Auf der westlichen Seite liegt tief unten Windbach [heute Wimbach; Anm. d. V.] und südöstlich in dem sehr schmalen Thale ruht der grünne Königssee. Der Plaz auf dieser Spize ist sehr klein, so daß wir bei einer Ortsveränderung einander kaum ausweichen konnten. Ich machte Barometrische etc. Beobachtungen; aber die zollmannische Scheibe konnte ich da nicht recht brauchen, besonders da mein Passionspunkt, der vor einigen Tagen zum ersten Male ganz erstiegene Großglockner von einen gegen Süden liegenden höheren Spiz des Wazmanns verdeckt wurde. – Diesen sicher noch von keinem menschlichen Fuße betrettenen Spiz entschloß ich mich zu ersteigen. Siegesgewohnt wollte ich auch dieses stolze Horn entkränzen ohnerachtet aller Entgegenvorstellungen meiner besorgten Begleiter.

Beladen mit meinen Messinstrumenten begann ich diesen nie gegangenen Weg. Schon der Anfang war böse; denn ich musste über eine grosse steile Platte hinabglitschen an deren Ende mich nur ein sehr kleiner Vorsprung vom Sturze in die unermessliche Tiefe errettete. Dann musste ich über ähnliche Platten wieder in die Höhe steigen, wo nur ein kleiner Fehltritt die vorige Folge nach sich gezogen hätte. Ich überstieg eine gefährliche Stelle, eine Kluft nach der andern; dachte auf besser werden und es kam nur

Am 3. Juli 1999 wurde diese Gedenkplatte für Valentin Stanič an der Südfront des Watzmannhauses angebracht. Eine Würdigung für einen Mann der Tat und des Geistes.

Schlimmes nach. Bald musste ich mich auf einen schneidigen Rücken sizend weiter bewegen, bald wie in Lüften schwebend an steilen Wänden dahinklettern. Nun verlor ich mich aus dem nachstarrenden Gesichte der bethenden Karavane. – Oft brauchte es beinahe übermenschlichen Muth, um nicht ein Raub der Zagheit zu werden; denn meistens musste ich auf den scharfen Rücken auf allen 4 dahinkriechen, wo links und rechts tausendfach verderbender Abgrund war. Wie ein Bliz durchfuhr mich kalter Schauer als ich bei so einem Kriechen durch ein kleines Anlehnen des Barometers das Gleichgewicht bei einem Haare bald ganz verloren hätte, welches einen Sturz gegen 400 Klafter ganz in die Scharten zwischen die auch von weiten sichtbaren Spizen der östlichen Seite des Wazmanns nach sich gezogen hätte. In dergleichen Fällen ist schnellste Fassung und Geistesgegenwart nöthig. In dem einzigen Punkte nur, wo man ist, muß die ganze Seele konzentrirt seyn. Keiner auch der frömmste Gedanke darf da Statt finden; sondern jeder Tritt, jeder Finger muß strenge dirigirt werden. Deßwegen spreche ich meinen Gliedern immer Muth und Klugheit zu, ihnen die Nothwendigkeit vorstellend. – Dies ist der größte meiner Vortheile, an gefährlichen Orten nicht zag zu werden. –

Nun ward es etwas leidentlicher zum Steigen und ich befand mich in der sogenannten Wazmannscharte, d. i. im tiefsten Punkte zwischen den 2 Wazmannsz Spizen. Da ward ich etwas überrascht. Eine gegen Süd hinlaufende Kluft von größter Tiefe war vor mir und trennte eine Bergmasse von Millionen Zentnern von dem festen Rücken. An einem Orte ist ein sehr schmales Steinbrückchen über diese Kluft, und mir blieb kein anderer Weg übrig, als diese morsche Brücke zu passiren und weiter oben, wo die Verbindung grösser wird, wieder auf festes Land zu kommen. Wirklich sezte ich mit Schichternheit über diese Kluft, weil die getrennte Masse mir zum Abfall so reif schien, daß schon das unbedeutendste Gewicht sie zum Sturze bringen könnte! – Einst wird dieser Bergtheil hinab auf die südliche Seite des kleinen Wazmanns stürzen und Schrecken verbreiten. Nachdem ich wieder auf den festen Theil gekommen war, ward der Weg sehr steil und mit größter Anstrengung erreichte ich über loses Gestein den höchsten Punkt des Wazmanns. Mit Erstaunen, Freude und Angst erblickten mich die Zurückgelassenen auf diesen in die Wolken stechenden Spiz. Den Großglockner erblickte ich zwar, aber bald ward er in Wolken gehüllt. Unter so vielen erstiegenen Bergen und Spizen habe ich keine dieser ähnliche angetroffen. Ein Häufchen verwitterten Kalksteines ist der einzige Punkt wo man sich aufhalten kann, und ich konnte mich ohne Gefahr um die aufgestellte zollm. Scheibe kaum bewegen; so klein ist der Plaz auf diesem Spize. Die gemessenen Winkel hat Herr Prof. Schiegg; und die barometrische Bemessung gab eine Höhe von ....[1] Klafter über das mittelländische Meer und bei 36 über die Spize wo das Kapelchen steht. Da nivelirte ich herum und fand das wovon ich oben Meldung machte. – Noch bethete die Karavane, und eh' ich mich zum Rückwege aufmachte, empfahl ich mich (denn wir konnten zusammen rufen) in ihre Andacht um glückliche Rückkunft. Hier hinterließ ich drei Hölzer, die ich zur Aufstellung meines Instrumentes brauchte, und diese seyen das Kennzeichen, daß Jemand da gewesen ist. (Die Reste seit der allgemeinen Ueberschwemmung der Erde, die einige Landleute mit gewaffneten Augen hier gesehen zu haben mich versicherten, fand ich freilich nicht!)

Kaum hatte ich einige Schritte des Rückweges gemacht als es schon nicht mehr weiter wollte: Denn an der Wand wo ich heraufgekommen war konnte ich hinab nicht und mir blieb eine Steinriese der einzige gehbare Weg. Sie war sehr steil und ich befürchtete, daß das losse Gestein durch mich in Bewegung gebracht werde. Wirklich geschah es auch so. Kaum war ich eine kleine Strecke hinabgegangen, als alles in Bewegung gerieth. Jetzt war nichts anders möglich als mich vor dem Falle zu hütten und mich gleichwohl hinabtreiben zu lassen. Hinter mir geriethen Steine in Lauf und versezten mir manches Unsanfte: Nun kam ich immer weiter und schon stürzte der grosse Schwall vor mir in den Abgrund hinab. Mit allem Kraftaufwande und Geistesgegenwart schwang ich mich im Laufe seitwärts auf ein festes Oertchen mit einen kalten: «Holla, da halte ich nicht mehr mit!» und ließ diese fatale Kameradschaft mit fürchterlichen Getöse neben mir in den Abgrund stürzen, mich begnügend, ihr bloß mit dem Auge nachzufolgen. Nun sezte ich sorgsam den Weg weiter, und kam nach einer halben Stunde erschöpft an Kräften mit allenthalb ruinirten Kleidern (doch ohne Beschädigung der Instrumente!) zu der nun frohlockenden Gesellschaft wieder. Kälte hatte indessen dieser einen längren Aufenthalt sehr erschwert, und so verliesen wir die Wazmanns Spize, nachdem unsere Anzahl durch 2 munteren Bauernbursche schon zuvor vermehrt worden war. Auf der Alpe waren wir wieder guten Muths und der Klang 2 Schallmeyen brachte mehrere aus uns zum Tanze. Da nicht nur 2 Senderinnen sondern auch ein Frauenzimmer aus der Stadt die Wazmanns Spize [das Hocheck; Anm. d. V.] erstiegen hatten so können Euer etc. schließen, daß der Wazmann nicht gar zu schwer zu ersteigen seyn müsste. – Ganz munter erreichten wir noch diesen Tag Berchtolsgaden.

Staničs faszinierender Weg auf den Watzmann: zuerst über die Gratlinie (Bildmitte) zum Hocheck und von dort über den scharfen Verbindungsgrat nach links zur Watzmann-Mittelspitze. Das Watzmannhaus (rechts unten) wurde erst 88 Jahre nach Staničs frecher Bergsteigertat fertig gestellt.

[1] Lücke im handschriftlichen Original-Manuskript

Frühe Pioniere

Die Leistung des blutjungen Valentin Stanič konnte sich sehen lassen. Er hatte in draufgängerisch anmutender Weise einen Grat erstbegangen, der nach heutiger Bewertung mit Kletterschwierigkeiten von II und III (mäßig schwierig bis schwierig nach UIAA-Skala) eingestuft werden müsste – hätte man ihn nicht längst in «eiserne Fesseln» gelegt.

Die ersten Ersteigungen der Watzmann-Mittelspitze und des Hohen Gölls am Beginn des 19. Jahrhunderts ragen als Einzelereignisse heraus in einer Zeit, da es mit dem weltlich-geistlichen Kleinstaat der Fürstpropstei Berchtesgaden zu Ende ging. Das um 1100 gegründete Stift, das vor allem durch seine reichhaltigen Salzlager neben Kriegsscharmützeln auch Phasen wirtschaftlicher Blüte sah, stak gegen Ende des 18. Jahrhunderts in Schulden. Auch der letzte Fürstpropst, der weitsichtige Konrad Freiherr von Schroffenberg, konnte den Bankrott des reichsunmittelbaren Stifts nicht verhindern. 1802 nahm es das Kurfürstentum Salzburg-Toskana in Besitz. Nach der Säkularisation und als Folge des Krieges zwischen Frankreich und Österreich ist Berchtesgaden durch den Preßburger Frieden dem österreichischen Kaiserhaus zugesprochen worden. Mit dem Schönbrunner Frieden wurden 1809 sowohl Salzburg als auch Berchtesgaden bayerisch. Salzburg indessen kam 1816 nach dem Wiener Kongress wieder an Österreich. Wenn auch schon unter von Schroffenberg zaghaft eine Art Fremdenverkehr anhob – der Fürstpropst hatte Ruderbootfahrten auf Flachbooten, so genannten «Landauern», über den Königssee einrichten lassen –, wenngleich bereits 1808 der erste Reiseführer ausschließlich über das Gebiet von Berchtesgaden erschienen war, wenn auch die berühmten Maler der Romantik den Hohen Göll und den Watzmann verklärten: Die Bergwelt um Berchtesgaden blieb eine Terra incognita. Nur Einzelne brachen hin und wieder auf, um diese oder jene Gipfeltour durchzuführen: Der Salzburger Erz-

Konrad Freiherr von Schroffenberg (1743–1803) war der letzte Fürstpropst von Berchtesgaden (oben). Zu seiner Zeit war der Talkessel am Fuße des Watzmanns noch nicht so zersiedelt wie heute (linke Seite).

bischof von Schwarzenberg, der mehrmals zusammen mit seinem Freund Peter Carl Thurwieser und einheimischen Begleitern so manchen spröden Gipfel eroberte. Später, in der zweiten Hälfte des 19. Jahrhunderts, der Münchner Franz von Schilcher. Kurzzeitig und energisch 1868 der Rechtspraktikant Hermann von Barth zu Harmating. Doch zwischen diesen Tat-Zeiten lagen nicht nur Jahre, sondern Jahrzehnte. Berchtesgaden im südöstlichsten Zipfel des Königreiches Bayern befand sich gegenüber den Westalpen-Reisemetropolen wie Grindelwald, Zermatt, Chamonix im Abseits. Außerdem hatte es dank seines Salzes, seines Holzhandwerks und seiner Kugelmühlen Touristen recht und schlecht entbehren können. Hinzu kam, dass es – obschon die Eisenbahnlinie München–Salzburg seit 1860 existierte – noch bis 1888 nur mit der Postkutsche zu erreichen war. Jedenfalls: Eine kontinuierliche Entwicklung des Leistungsalpinismus, wie er in Bergsteigerzentren der Schweizer und der französischen Alpen vonstatten ging, setzte im Berchtesgadener Raum (aber auch in anderen deutschen Alpenregionen) erst ab etwa 1900 ein. Und ohne einen Johann Grill, dem es als Erstdurchsteiger der Watzmann-Ostwand gelang, nicht nur seine persönliche Leistungsgrenze, sondern auch die Schwierigkeit des Felskletterns ganz allgemein zu steigern, wäre die alpinistische Entdeckung des Berchtesgadener Symbolberges vermutlich noch viel später erfolgt. Neutouren blieben an ihm rar, bis Grill, der «Kederbacher», auf den Plan trat. Selbst als er die Watzmann-Ostwand durchstiegen hatte, sollte sich das Leistungsniveau in den Berchtesgadener Alpen – und nicht nur dort – nahezu zwei Jahrzehnte lang nicht weiter erhöhen lassen.

Von Thurwieser bis zum siebten Grad

Eroberungen am Watzmann

Stanič hatte, obwohl es ihm selber kaum bewusst war und vermutlich gar einerlei gewesen wäre, einen alpinistischen Meilenstein gesetzt. Die Leistung des jungen Slowenen sollte erst 68 Jahre später – wiederum an der Watzmann-Mittelspitze – überboten werden. Immerhin, Peter Carl Thurwieser, Müllerssohn aus Kramsach in Nordtirol, Geistlicher in Salzburg, Freund des leidenschaftlichen Bergsteigers Erzbischof Friedrich Prinz von Schwarzenberg und «Altmeister der Alpinistik» (Ludwig Purtscheller), hatte 1832 mit seiner Alleinersteigung der Watzmann-Südspitze die heutige Normalroute auf den zweithöchsten Watzmanngipfel eröffnet. Er war um jene Zeit noch als Schönfeldspitze – benannt nach dem alten Weideplatz des Unteren Schönfeldes – bekannt gewesen. Dem Thurwieserschen Weg an der Südsüdwestflanke kommt auch heute noch größte Bedeutung zu, denn er ermöglicht den schnellsten Abstieg nach einer Ostwand-Durchsteigung, und er wird auch als Abstieg nach der Nord-Süd-Überschreitung des Watzmanngrates gewählt.

Mag sein, dass der jugendliche Kederbacher aus der Ramsau 1852 Ersteiger des Kleinen Watzmanns gewesen war. Fest steht, dass dieser formschöne und nach dem Großen Watzmann markanteste Gipfel des Massivs 1861 erstmals touristisch betreten wurde. Zwei Jahre später stieg Franz von Schilcher – der spätere Landgerichtsrat, den Ludwig Purtscheller 1893 als den «gegenwärtig besten Kenner» der Berchtesgadener Alpen bezeichnen sollte – mit seinem Führer Johann Grafl vom Kleinen Watzmann über das «Watzmannlabl» ab. «Es ist dies eine Bergwiese, die als grünes Dreieck aus den Ostabstürzen des Kleinen Watzmann herableuchtet auf St. Bartholomä. Kein Wanderweg führt dorthin, nur ein schwer auffindbarer Treibersteig. Das Watzmannlabl ist ein paradiesischer Fleck. […] Wie viele Wilderergeschichten ranken sich darum? Wo gibt es in den Alpen eine Bergwiese mit ähnlicher Popularität?» (Franz Rasp) Auch dem Watzmannspezialisten Wilhelm von Frerichs war dieses «Labl» einige Zeilen in seiner 1903 veröffentlichten Monografie wert: «Häufig kann man hier ziemlich starke Gemsrudel äsen und ruhen sehen. Ein findiger Kopf

Peter Carl Thurwieser (1789–1865), Müllerssohn und Geistlicher aus Nordtirol – Purtscheller bezeichnete ihn als den «Altmeister der Alpinistik» –, erstieg 1832 die Watzmann-Südspitze aus dem Schluss des Wimbachtals über die Südsüdwestflanke.

Anderl Hinterstoisser (links) und Toni Kurz – hier auf dem Gipfel des Großen Mühlsturzhorns nach der ersten Begehung der Direkten Südkante – galten Mitte der 1930er-Jahre in den Berchtesgadener Alpen als eine «legendäre Seilschaft». Ihre Direkte Südkante am Dritten Watzmannkind ist auch jetzt noch ein Klassiker. Kurz und Hinterstoisser kamen 1936 bei ihrem Rückzug aus der Eigernordwand ums Leben.

hat sich das zunutze gemacht, um daraus Kapital zu schlagen. Seit einigen Jahren ist in St. Bartholomä ein großes Fernrohr aufgestellt, über dem die Inschrift prangt: ‹Hier sind Gemsen zu sehen für 10 Pfg.›»
1873 liebäugelte Johann Punz-Preiß, der Nachbar des Kederbachers, mit dem markanten Südgrat der Watzmann-Südspitze. Doch der entpuppte sich als gar spröde Liebe, die des «Preißei» Hingabe auch 1887 nicht so recht erwiderte. 1889 war ihm ein Teilerfolg beschieden. Die Südgrattürme indessen – das eigentliche Problem – sollten erst 1900 Richard von Below und Wilhelm von Frerichs überklettern können. Sie bewältigten den Grat im Abstieg. Wie oft sie sich dabei am Seile hinunterließen, verriet von Frerichs nicht. Trotzdem: Eine beachtliche, doch auf Grund dessen, dass sich dieser Südgrat in relativer Nähe zu Thurwiesers Route befand, für damalige Verhältnisse keine allzu bedeutende Tour. Zudem ist die Felsqualität schlecht. Der Volksmund spricht für den Watzmann-Südgrat (auch «Schönfeldschneid») vom «Bröselgrat». Das sagt alles.

Früh schon, 1868, wurde dank des Abenteuerdrangs des Führers Joseph Berger und des Kederbachers die 700 Meter hohe Ostwand der Watzmann-Mittelspitze erstmals erklettert. Bergsteiger, die heutzutage die so genannte «Kleine Ostwand» im Sinn haben, folgen nahezu ausnahmslos dem «Wieder-Bandl». In der Tat führt der 1920 von Hermann Lapuch und Kaspar Wieder eröffnete Durchstieg über dieses größte Schichtband der Mittelspitze-Ostwand. Es lässt sich gehend – ohne dass man die Hände braucht – bewältigen. Die Schwierigkeiten an dieser beliebten Tour (mit langem Zustieg) übertreffen nicht den III. Grad.

Die Ostwände des Watzmann-Hochecks sowie der Hocheck-Schulter stehen im Vergleich zur Bartholomäwand und auch zur Wieder-Route an der Mittelspitze im Abseits. Doch es gibt prächtige Anstiege dort – mit Wandhöhen bis zu 600 Metern. Hans Reinl und Karl Doménigg, die Erfolgreichen an der riesigen Triglav-Nordwand in den Julischen Alpen (1906), hatten der Hocheck-Ostwand 1909 den ersten Durchstieg abgetrotzt (IV). 1921 legte Josef Aschauer, dessen Stern als Kletterer gerade im Aufgehen war, eine direkte Linie durch diese Wand. «De war wirklich schwer. Da muasst mit der Hand in den Riss und drinnen a Faust macha, und dann ziagst di dro 'nauf.» So hat es der alte Aschauer 1993 selber noch erzählt. Etwa ein Dutzend Kletterrouten durchzieht die Hocheck-Wände mit Schwierigkeiten zwischen III und VI+. Sie werden kaum jemals in Mode kommen. Dabei ließen sie sich vom Watzmannhaus recht gut erreichen.

Wer zu eben diesem Watzmannhaus aufsteigt, ist ab dem Bereich der Falzalm fasziniert ob der formschönen Felsgestalt des Kleinen Watzmanns. Vom Schutzhaus selber zeigt sich die pralle, 400 Meter hohe Westwand am schönsten. 1908 hatten Franz Barth und Kaspar Wieder ihre Schwachstellen entdeckt: Sie kletterten in «Z-Form» über eine Folge von Rampen und Rinnen (Schlüsselstelle III+), über das markante Westwandband und zuletzt über kurze Steilabsätze hinaus zum Südgrat. Deutlich anspruchsvoller ist die Direkte Westwand (V) von Josef Aschauer und Josef Kurz aus dem Jahr 1920. Eine beklemmend ausgesetzte Hangeltraverse sorgt dort für Herzklopfen.

Bei der Erstbegehung des Westwandrisses (1934, VI) war der einheimische Kletterstar Toni Kurz mit von der Partie. Auch die im Berchtesgadener Raum mit dem Prädikat einer «legendären Seilschaft» angesprochenen Hans Krafft und Heini Brandner kletterten an der Westwand schwierige Neutouren. Und mit dem «Sakrischen Eck» eröffneten Rudi Klausner und Sepp Aschauer 1981 den ersten Siebener nicht nur an der Kleinen-Watzmann-Westwand, sondern in den gesamten Berchtesgadener Alpen. Vergessen wir die Watzmannkinder nicht.

Die Watzmann-Südspitze von der Hirschwiese: In der Bildmitte der markante Südgrat, der 1900 von Richard von Below und Wilhelm von Frerichs erstmals vollständig – im Abstieg – begangen wurde, links des Südgrats die Südsüdwestflanke, die Seite des Normalwegs (oben). Auch heute noch ist an den Flanken des Watzmanns so manche (vielleicht auch zweibeinige) Gams zu entdecken (unten).

43

Alpingeschichte: Der fürchterlich ausgesetzte Hangelquergang an der Direkten Westwand des Kleinen Watzmanns wurde 1920 von Josef Aschauer und Josef Kurz erschlossen (oben; Aufnahme um 1930). Eugen Guido Lammer führte seine Frau Paula während ihrer Hochzeitsreise 1895 unter anderem von Nordosten auf das Fünfte Watzmannkind (unten).

«Wenn die dunkle Schwere der Nacht sich allmählich aus dem Eisbachtale hebt und plötzlich die Säulen der Watzmannkinder aufleuchten und wie Fackeln in den Morgenhimmel glühen, so offenbart sich ein Anblick von überwältigender Schönheit. Nirgends habe ich in den Bergen ein Bild gesehen oder eine Stimmung empfunden, die sich hiermit vergleichen könnten.»
(Wilhelm von Frerichs)

Man zählt fünf Watzmannkinder. Zwei davon – das Dritte und das Fünfte Kind – können vom Watzmannkar aus erwandert beziehungsweise mit Ski erstiegen werden. Die anderen drei – Erstes, Zweites und Viertes Kind (letzteres wird auch als Watzmann-Jungfrau bezeichnet) – verlangen auf ihren Normalrouten zumindest leichte Kletterei. Erst nachdem die Watzmann-Ostwand durchstiegen war, wurden sie bergsteigerisch entdeckt. Ludwig Purtscheller, einer der großen Ostalpen-Bergsteiger seiner Zeit, hat die Widerborstigen der fünf Watzmann-Sprösslinge erstmals – Anfang der 1890er-Jahre – «gezähmt». Keine großen Ersteigungen, aber immerhin. Selbst Eugen Guido Lammer, der niederösterreichische «Feuergeist» und Erforscher der Bergsteigerseele, und der starke Dolomitenführer Sepp Innerkofler aus Sexten trieben sich in den Felsen der Watzmannkinder herum (1895). Wilhelm von Frerichs und Georg Leuchs glückte 1900 von der Scharte zwischen Zweitem Watzmannkind und einem westlich davon aufragenden Zacken ein Abstieg über die Südwände ins Eisbachtal. Solche abenteuerlichen Bergab-Touren galten damals als durchaus erstrebenswert. Manche wurden jedoch auch auf Grund von Fehleinschätzungen unternommen, wie etwa 1869 der erste Abstieg über die 1400 Meter hohe Watzmann-Westflanke durch zwei der Gründerväter des Deutschen Alpenvereins, Karl Hofmann und Johann Stüdl. Sie lockte das scheinbar nahe und rasch erreichbare Wimbachtal, und so kamen sie zu einer Art unfreiwilliger Erstbegehung.

Nach Süden, ins Eisbachtal, brechen die Watzmannkinder mit über 1000 Meter hohen Wänden ab. Sie wurden zu Beginn der 1930er-Jahre von Kletterern entdeckt. 1931 durchstieg der Chiemgauer Fritz Bechtold – er sollte durch seine Teilnahme an drei Nanga-Parbat-Expeditionen Berühmtheit erlangen – die Südkante des Dritten Kindes. Vier Jahre später eröffneten Anderl Hinterstoisser und Toni Kurz die Direkte Südkante; eine Route, die jetzt noch Rang und Namen hat und von guten Kletterern wegen ihrer bestechenden Linienführung und ihrer schönen Kletterstellen gerühmt wird. Kurz/Hinterstoisser, auch sie hatten eine legendäre Seilschaft gebildet. «War a netter Kerl, der Anderl. Der Kurz Toni war a bisserl übergsch'nappt. Der hat scho g'wusst, wer er is.» (Josef Aschauer) Ihr Tod – besonders das lange Sterben des Toni Kurz – 1936 in der Eigernordwand erschütterte nicht nur alpinistisch Interessierte. Eine Tour von erlesener Qualität ist auch die von Erhard Sommer 1949 eröffnete Direkte Südwand des Vierten Watzmannkindes (siehe auch Seite 144), der der Reichenhaller Jürgen Wellenkamp ein Jahr später einen direkten Ausstieg hinzufügte. Was gäb's noch? Ein paar bislang nicht genannte Rand- beziehungsweise Nebengipfel des Watzmannstockes: im Nordosten den Grünstein, ein Wanderziel unmittelbar oberhalb des Dorfes Königssee. Im Ostgrat des Kleinen Watzmanns den Mooslahnerkopf. Südwestlich unterhalb der Watzmann-Südspitze die Griesspitze und – als südlichen Abschluss des Massivs – die Hachelköpfe. Wer klettergewandt ist und Übung im Erkennen der einfachsten Möglichkeiten besitzt, wer sich einmal so richtig schinden möchte und ein unter Umständen notwendiges Biwak nicht scheut, kann von Sankt Bartholomä aus den gesamten Kamm über den Großen Hachelkopf hinweg bis zur Hirschwiese überschreiten. Von diesem Kamm aus hat Franz Rasp seine faszinierenden Detailaufnahmen der Watzmann-Ostwand fotografiert. Sie bilden das Kernstück des Anfang der 1980er-Jahre erschienenen Ostwandführers. Für viele, die sich die höchste Wand der Ostalpen zum Ziel setzten, wurden diese Wandfotos zur Planungsgrundlage. Wer die Gabe besitzt, Einzelheiten aus den Fotografien in der Wand wiederzuerkennen, hat einige Chancen, sich in der Watzmann-Ostwand nicht zu verirren.

Auf dem Schrägband der Alten Westwand des Kleinen Watzmanns, das den zentralen Wandteil durchzieht. Es wird auch von der Direkten Westwand berührt, und die Route «Sakrisches Eck» endet bei ihm.

Johann Grill (1835–1917)

Der Kederbacher – Legende schon zu Lebzeiten

Johann Grill (1835–1917), der «Kederbacher», war nicht nur der erste autorisierte deutsche Bergführer, sondern vor allem eine Symbolfigur für das Berchtesgadener Land. Die erste Durchsteigung der Watzmann-Ostwand 1881 begründete seinen Ruhm.

Er wurde zur Symbolfigur nicht nur für den Watzmann und für die Berchtesgadener Alpen, sondern für das gesamte Berchtesgadener Land: Johann Grill, den sie nach seinem Hausnamen den «Kederbacher» nannten. Das Kederbacher-Lehen stand – und steht heute noch – in Berchtesgaden-Ramsau. (Fürstpropst Ulrich I. verfügte im Jahr 1377, dass den Leibeigenen der Propstei Berchtesgaden Bauernhöfe zum «Lehen» angeboten wurden. Diese Lehenschaften sicherten den Nachkommen Erbansprüche auf Haus und Hof. Noch immer ist die Bezeichnung «Lehen» für die Berchtesgadener Bauernhöfe üblich.) Johann Grill, am 22. Oktober 1835 geboren, verdiente in seiner Jugend als Holzknecht den Lebensunterhalt. Dies änderte sich, als er 23-jährig Barbara Eder, die «Wabi» vom Ramsauer Anfanglehen, heiratete. Kederbacher-Vater übergab daraufhin das eigene Lehen seinem Sohn, und die Wabi wurde Bäuerin. Fortan sollte sie die Hauptlast der landwirtschaftlichen Arbeit zu tragen haben. Zwar ging der Hans weniger ins Holz, dafür immer öfter auf den Berg. Als «wilder» Führer zunächst und ab 1870, als die Berchtesgadener sich eine Führerordnung gegeben hatten und das Bergführerwesen von der öffentlichen Hand übernommen worden war, als autorisierter Führer.

Als solchem gelangen Johann Grill beachtliche Touren in den Hohen Tauern und 1871 mit dem Prager Kaufmann und Mitbegründer des Deutschen Alpenvereins Johann Stüdl der erste Gratübergang von der Hocheisspitze zum Hochkalter. 1874 erstieg der Ramsauer mit seinem Gast Eduard Richter erstmals den Hochkalter über das steile Blaueis. Im gleichen Jahr reiste er mit dem Nürnberger Heinrich Loschge in die Westalpen. Dom, Liskamm, Matterhorn und Schreckhorn sind nur ein Teil der während 14 Tagen erreichten Gipfelausbeute. Gleich danach glückte dem Kederbacher mit Georg Hofmann und Nikolaus Winhart der Pflerscher Tribulaun in den Stubaier Alpen, an dem wackere Briten samt ihren Schweizer Führern gescheitert waren. Mit dem Wiener Josef Pöschl stand Grill 1877 erstmals auf dem Großen Ödstein im Gesäuse. Vier Jahre später dann der Paukenschlag Watzmann-Ostwand. Johann Grill war also bei seinem größten bergsteigerischen Erfolg bereits 45 Jahre alt. 1882 machte der Suldener Führer Peter Dangl seinen Ramsauer Kollegen mit dem jungen englischen Alpinisten John Percy Farrar bekannt. Die beiden waren soeben von einer Weißhorn-Ersteigung zurückgekehrt und trafen in Alexander Seilers «Mont Cervin» den Kederbacher. «Ich war eher enttäuscht, als ich seine nicht sehr imponierende Erscheinung sah, mit ziegelrotem Gesicht, langem braunen Bart, zusammengekniffenen und vom Wetter angegriffenen Augen, und soweit man sehen konnte, nur zwei großen Eckzähnen, was seine Aussprache einigermaßen un-

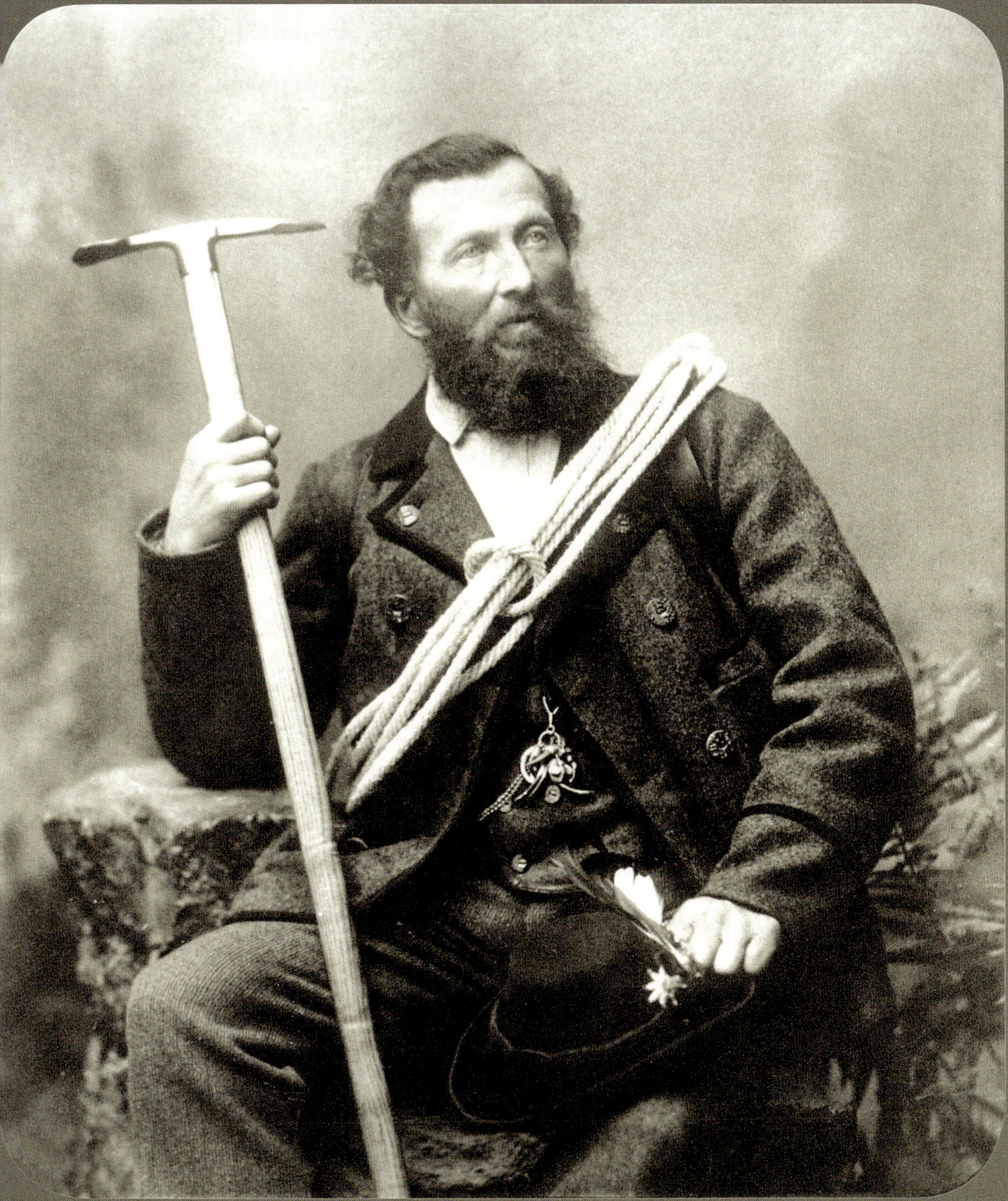

John Percy Farrar (1857–1929), der große britische Alpinist, ließ sich von Johann Grill durch die gefährliche Weißhorn-Westwand (zweite Begehung) in den Walliser Alpen führen. 1892 zeigte der Kederbacher dem Engländer «seine» Bartholomäwand.

deutlich machte. In gewisser Weise erinnerte er mich an die kaum imponierendere Gestalt Christian Almers [des legendären Bergführers aus Grindelwald; Anm. d. V.]. Wenig ahnte ich von den Herzen, die in den Körpern der beiden wohnten, noch von der Bergkunst, die in ihren klugen Köpfen steckte.» (Farrar).

1883 schlug Johann Grill dem Briten allen Ernstes einen Versuch an der Eigernordwand vor, was Paul Montandon 1939 in «Die Alpen» bestätigte: «Farrar äußerte sich in einem Briefe, nach einem Gang über die Wengernalpe in Begleitung des Führers Kederbacher, wie folgt: ‹Wenn Sie die Wand von Alpiglen aus betrachten, sieht sie durchaus nicht schlecht oder gar sehr steil aus. Kederbacher war dafür, sie zu versuchen.›» Der Engländer konnte sich dann aber doch nicht für die Eigerwand erwärmen und schlug stattdessen eine Durchsteigung der 1300 Meter hohen Weißhorn-Westwand vor. Diese war erst einmal – 1879 von George August Passingham, geführt von Ferdinand Imseng und Alois Zurbriggen – begangen worden. 1888 sollte an ihr der Gymnasiast Georg Winkler, der verwegene Münchner Alleingänger, zu Tode kommen. Farrar galt als hervorragender Alpinist, und das hatte er am Weißhorn auch unter Beweis zu stellen. Es setzte ein hartes Biwak im oberen Wandteil bei Schneesturm und bitterer Kälte. Anderntags schafften die beiden heil den Gipfel und den Abstieg. Die Schweizer Führer zollten Respekt!

1884 unternahm Johann Grill zusammen mit Ludwig Purtscheller die erste Winterersteigung der Watzmann-Mittelspitze, und ein Jahr später führte der Kederbacher zum letzten Mal in den Westalpen. Seine späten Jahre verliefen bis auf wenige Ausnahmen unspektakulär. 19 Sommer verbrachte Grill als erster Pächter des Watzmannhauses. Mitunter packte ihn aber doch noch die Bergleidenschaft. So 1892, als ihn sein bekannter Klient Farrar besuchte, die beiden zusammen die Bartholomäwand durchstiegen und Touren im Dachstein- und im Großglocknergebiet unternahmen. 1895 stand der sechzigjährige Kederbacher auf der Kleinen Zinne und auf der Croda da Lago in den Dolomiten.

1905 übernahm Johann Grill Sohn das Watzmannhaus. Der Vater kehrte auf sein Lehen zurück. Seine Frau Wabi starb 1908. Aus der Ehe waren neun Kinder hervorgegangen, von denen sieben am Leben blieben: vier Mädel und drei Buben. Und die ergriffen wie der Vater den Bergführerberuf. Der Kederbacher «beschloss sein Leben im Austrag, hoch geehrt von jung und alt, weit über die Grenzen seines Vaterlandes hinaus berühmt im 82. Jahre stehend. Am 18. Januar 1917 entschlief er sanft auf seinem Hofe.» (Fritz Schmitt)

Ohne weiteres darf man Johann Grill in einem Atemzug mit dem Walliser Alexander Burgener oder mit dem Sextener Michl Innerkofler nennen. Ohne Zweifel war der Kederbacher der Erfolgreichste unter den deutschen Bergführern zu einer Zeit, da der führerlose Alpinismus erste Blüten trieb. Auch Ludwig Purtscheller kletterte noch am Seil des Kederbachers, ehe er sich zum berühmten Führerlosen entwickelte. Kederbachers Klienten, berühmte Alpinisten ihrer Epoche, erkannten Johann Grills Meisterschaft neidlos an. Lassen wir ein paar von ihnen zu Wort kommen. «Ein Führer allerersten Ranges», schrieb der Stuttgarter Amtsrichter Blezinger, den der Kederbacher über den Finsteraarhorn-Südostgrat geführt hatte, ins Führerbüchl des Ramsauers. Louis Friedmann bedachte ihn nach reichem Viertausenderreigen mit dem Satz: «Ich wünsche mir keinen besseren Mann.» Mit dem Berliner Studenten Carl Anders kletterte Johann Grill über den viel umworbenen Roten Turm aufs Bietschhorn. Danach konnte der Führer folgende Laudatio über sich lesen: «Man darf Kederbacher nicht nur einen Führer ersten Ranges, sondern auch einen Menschen ersten Ranges nennen, dem die Natur ihre schönsten Gaben verlieh: Kraft, hellen Verstand, Freundlichkeit der Sitten, Freude an ihren Wundern [der Natur; Anm. d. V.] und Zufriedenheit. Ich scheide von Kederbacher mit Bewunderung und Achtung.» Und Karl Blodig schrieb im Geleitwort einer Neuauflage von Fritz Schmitts Roman «Grill, genannt Kederbacher»: «Im Juli 1882 traf ich Kederbacher in Zermatt, wo er mit meinem Freunde Louis Friedmann aus Wien Tag für Tag Hochgipfel ersten Ranges besuchte. Damals überzeugte ich mich, dass die Zermatter Führer Kederbacher eine ganz außergewöhnliche Wertschätzung zollten. Sein würdiges Benehmen sowie seine vornehme Zurückhaltung machten auf jedermann einen nachhaltigen Eindruck. Mir kam unser Kederbacher stets als der Inbegriff des selbstbewussten, aber bescheidenen großen Bergführers und Mannes aus dem Volke vor. Ein Fürst im Bauernkittel.» John Percy Farrar schließlich widmete seinem Führer Johann Grill im englischen «Alpine Journal» einen großen Nachruf. Darin heißt es unter anderem: «Immer wirst Du für mich das Sinnbild der Unerschrockenheit bleiben. Du flößtest Deinen Leuten eine Willenskraft ein, die schon die Hälfte des Sieges bedeutete. Oft noch werde ich Dich in Erinnerung sehen, immer auf dem verantwortlichen Posten. Vorsichtig, ruhig und gefasst in den Stunden der Gefahr – ein großer Pilot, ein Mann, der sich stets ganz einsetzt. Ein in jeder Beziehung großer Mann.»

Der obere Teil der Watzmann-Ostwand mit der Südspitze; ganz im Hintergrund die Glocknergruppe der Hohen Tauern. Das Risssystem rechts der Bildmitte markiert die Ausstiegskamine. Grill und Schück stiegen 1881 allerdings zur Mittelspitze hinauf.

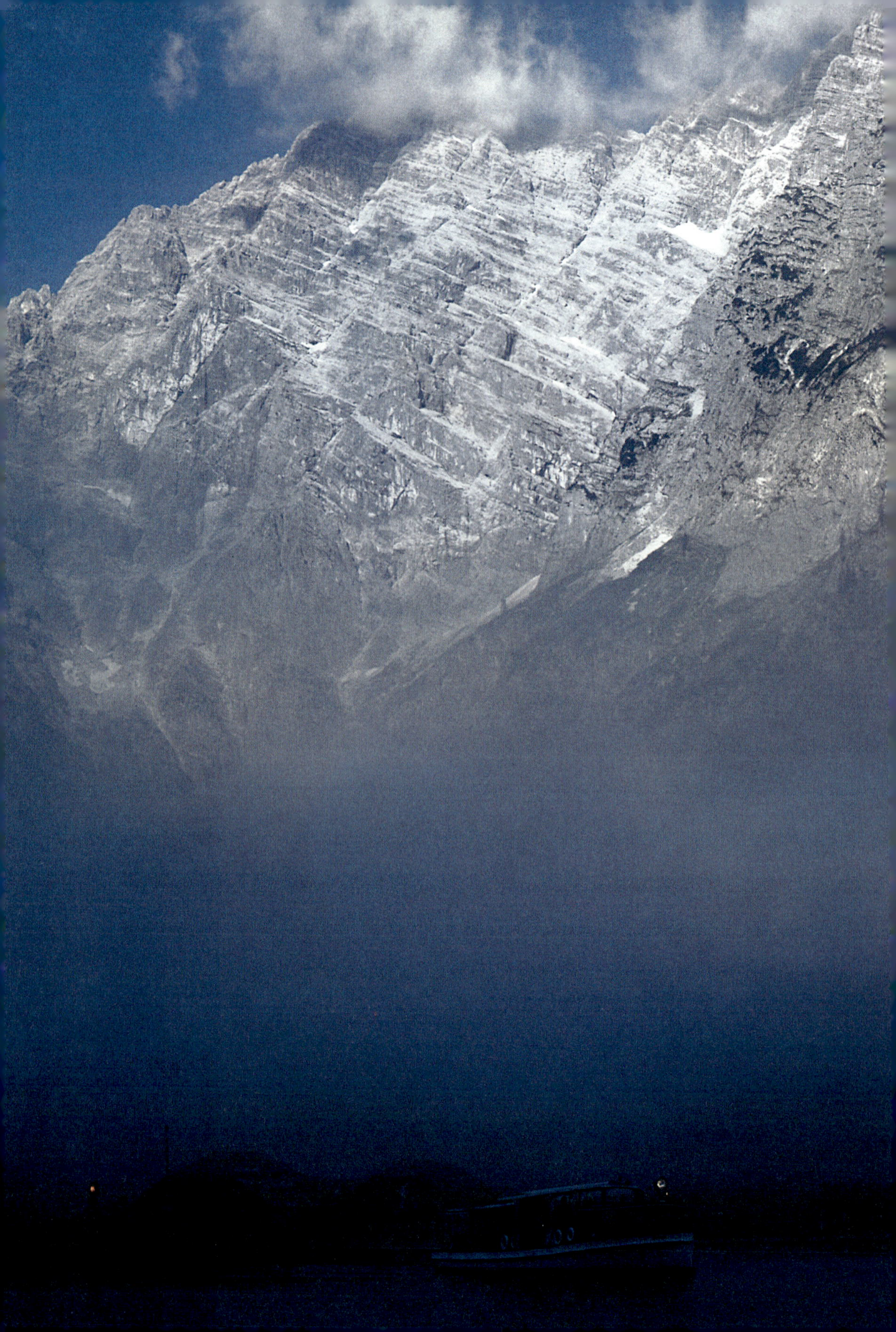

Die große Wand

Von Sankt Bartholomä aus wirkt die Watzmann-Ostwand verkürzt und doch bedrohlich, besonders nachmittags, wenn sie im Schatten steht. Ihre 1800 Meter Höhe und ihre Breite von über einem Kilometer erfasst so recht, wer vom Feuerpalfen – draußen am Abbruchrand der Gotzenalm gegen den Königssee hin – in die Ostwand schaut. Man sollte einen ganzen klaren Herbsttag lang am Feuerpalfen sitzen. Zuerst sieht die Wand fast schwarz aus, dann fahlgrau, danach hellt sie sich auf, und irgendwann erstrahlt sie rötlichbraun und freundlich im jungen Morgenlicht. Trotzdem verbirgt sie noch ihre Eigenart: Die schrägen Schichtbänder, teilweise breit wie Autobahnen, lassen sich erst bei Seitlicht plastisch erfassen. Über einige dieser Bänder führen die Routen und die Varianten an der höchsten Ostalpenwand. Schauplätze entschlossener Bergsteigertat und erschütternder Tragödie. Die Hauptrouten in der Watzmann-Ostwand haben nicht den Ruf des Extremen. Wenn es schwierig wird, dann eher kurzzeitig. Die Tücken lauern anderswo. Auf zweieinhalb bis drei Kilometer Geh- und Kletterstrecke gibt es unzählig viele Möglichkeiten, sich zu verirren. Besonders wenn Nebel in der Wand hängt. Dann sieht alles gleich aus. Man klettert hier, sucht dort. Plötzlich findest du dich in viel größeren Schwierigkeiten, als es sein dürfte. Also zurück. Aber wohin dann? Wohl denen, die den «Riecher» haben für den richtigen Weg. Viele, die ihn nicht hatten, sind umgekommen. Aber auch solche, von denen man annehmen musste, dass sie Instinkt und Erfahrung besaßen. Mehr, viel mehr als die meisten, die in die Ostwand eingestiegen sind. Steinschlag! Nur wenige Flecken in der riesenhaften Felsflucht sind vor ihm sicher. Wenn bei heftigem Gewitterregen die Sturzbäche über die Wand rasen, wird der Steinschlag zur Hölle. Altschnee-Stöcke, die auf den schrägen Bändern haften und abrutschen können. Wenn es passiert, und jemand steht unterhalb in einer Rinne...
Es ist schon passiert. Nicht nur einmal. Annähernd 100 Menschen kamen in der Watzmann-Ostwand um. Abgestürzt. Erfroren. Erschöpft für immer eingeschlafen. Von Lawinen in die Tiefe gerissen. Von Schnee und Steinen erschlagen.
Bei all ihrer Gefährlichkeit ist die Wand faszinierend. Früher Morgen. Sicht etwa zehn, fünfzehn Meter. Macht nichts, Ostwand-«Hausmeister» Heinz Zembsch ist bei uns. Er kennt jede Ecke, jede Leiste, jedes Band. Da! Es reißt auf. Gelb, beige, rot, grau dräut es von oben. Ostwandfels, so weit das Auge reicht. Dann senkt sich der Vorhang. Alles wieder kalt, dumpf, undurchsichtig. Griff um Griff, Tritt um Tritt. Stundenlang.
Am Gipfelgrat blanker Himmel. Im Westen strahlendes Wetter. Nur drunten in der Ostwand immer noch das klamme Grau.

Herbststimmung: Ein Königssee-Schiff vor Sankt Bartholomä und der Watzmann-Ostwand.

Klassisch durch die Ostwand

Der Kederbacher-Weg

Johann Grill, Holzknecht, Bauer, Bergführer und Hüttenwirt. Bodenständig, doch bisweilen von sportlichem Ehrgeiz getrieben. Die erste Durchsteigung der Watzmann-Ostwand wollte er sich von niemandem wegschnappen lassen.

Johann Grill hatte wieder und wieder Gelegenheit, die große Wand des Watzmanns zu studieren. Sechzehnjährig stand er 1852 vermutlich als Erster auf dem Kleinen Watzmann. Im Folgejahr soll er anlässlich einer Treibjagd erneut dort droben gewesen sein. Und nicht nur das. Er sei durch die Südwand abgeklettert und habe dabei deren langes, ausgesetztes Kriechband überwunden. Dazu brauchte es Schneid und ein gutes Auge für das Machbare. Bestimmt hat sich der Kederbacher-Bub vor dieser frechen Überschreitungstour die Südwand genau angeschaut. Vielleicht vom Ersten Watzmannkind aus?
Unabhängig von Grill wird auch dessen (jüngerem) Nachbarsbuben Johann Punz, den sie nach seinem Hausnamen Preiß nannten, der Südwandabstieg zugeschrieben. Mag sein, dass sich die zwei Jungen in gesunder Konkurrenz zueinander befanden. Mit ihren abenteuerlichen Aktionen am Kleinen Watzmann jedenfalls hatte sie das Bergsteigen endgültig gepackt. Sie gingen gemeinsam los. Auf so ziemlich alle namhaften Gipfel der Berchtesgadener Alpen pinselten sie fortan die Initialen ihrer Hausnamen: «K» für Kederbacher und «P» für Preiß.

Die «Watzmann-Ost» muss die beiden bergnarrischen Freunde ab irgendeinem Zeitpunkt heftig interessiert haben. Doch sie näherten sich ihr behutsam. Als 1860 die Eisenbahnlinie von Rosenheim nach Salzburg fertig gestellt worden war und es immer mehr «Städtische» ins Berchtesgadener Land trieb, verdingten sich Grill und Punz als Führer. Zusammen oder getrennt, jedenfalls meist erfolgreich. Sie gingen an fast jedem freien Tag zum Bergsteigen und erwarben sich so ihr Allroundkönnen. Bald waren sie allem Gelände gewachsen: Steilgras, brüchigem und festem Fels, Eis- und Fels-/Eis-Passagen.

1868 führten Kederbacher und Preiß den Linzer Lederkaufmann Albert Kaindl über den gesamten Watzmanngrat, nachdem sie die Tour zuvor begangen, sozusagen ausprobiert hatten. Das anspruchsvollste Stück, der Übergang von der Mittel- zur Südspitze, war dabei eine Neutour gewesen. Im gleichen Jahr kletterte Johann Grill erstmals am Ostwandfels. Kederbacher und als «leitender Führer» (Wilhelm von

Hermi End, die Frau des maßgebenden Führerautors für den östlichen Bereich der Nordalpen, Willi End, 1955 an der Unterbrechungsstelle des Dritten Bandes (Kederbacher-Weg), dem so genannten «Kaserereck» in der Watzmann-Ostwand. Die Schlüsselstelle dieser Route – die Schöllhorn-Platte – ist hier bereits überwunden.

Frerichs) Joseph Berger lotsten ihre Gäste Kaindl und den Wiener Josef Pöschl vom Watzmanngletscher – er besteht heute nur noch aus kümmerlichen Restchen – beziehungsweise von der heutigen Watzmann-Skischarte auf die Mittelspitze. Damit war die erste Durchsteigung der so genannten «Kleinen» (doch auch immerhin bis zu 700 Meter hohen) Ostwand geglückt.
Für die Königsseer Seite des Watzmanns, für die gigantische Bartholomäwand überm Eisbachtal, schien die Zeit noch nicht «reif». Die großen durchstiegenen Wände der Westalpen (Montblanc-Brenvaflanke, 1865; Monte-Rosa-Ostwand, 1872) besaßen einen gänzlich anderen Charakter, waren überwiegend Eisrouten. An vergleichbar hohe Felsfluchten wagte man sich nicht heran. Das Kletterkönnen der Besten erschöpfte sich Ende der siebziger Jahre des 19. Jahrhunderts etwa im heutigen dritten Schwierigkeitsgrad.
Manche Quellen schreiben Johann Grill bereits 1872 einen ernsthaften Versuch an der Watzmann-Ostwand zu. Jedenfalls, der Kederbacher wollte es an «seiner» Wand wissen. Mit zahlenden Gästen. Nach mündlichen Aussagen ist überliefert, dass Grill

Ludwig Purtscheller (1849–1900), der zusammen mit den Brüdern Emil und Otto Zsigmondy aus Wien das berühmte «Trio der Führerlosen» bilden sollte, glückte 1885 – mit Führer! – die zweite Durchsteigung der Watzmann-Ostwand.

Unten: **Johann Punz-Preiß** (1843–1906), der «Preißei», war dem Kederbacher jahrelang ebenbürtig. Er führte Purtscheller durch die Bartholomäwand und wagte sich 1890 mit Christian Schöllhorn in die Watzmann-Ostwand. Schöllhorn kam bei diesem Durchsteigungsversuch ums Leben, was den Preiß, der sich mitschuldig am Tod des Münchners fühlte, seelisch dermaßen erschütterte, dass er fortan nicht mehr zum erstklassigen Führer taugte.

den Pöschl, sein Freund Punz-Preiß den ebenfalls aus Wien stammenden Wairinger führte. Und das geschah sehr wahrscheinlich im Jahr 1880. Die vier suchten nach einem Durchkommen an den Südwänden der Watzmannkinder, um so den Rand des Watzmanngletschers und in der Folge die Mittelspitze auf dem 1868 eröffneten Anstieg zu erreichen. Doch das Gelände wurde zunehmend anspruchsvoll. Die Partie kam nur langsam vorwärts, bis sie endlich ein Gewitter und «die durch den Regen entfesselten Steinfälle» (von Frerichs) zurücktrieb. 16 Stunden waren die Bergsteiger in der Wand gewesen. «Preiß erzählte mir, er halte auf der versuchten Route ein Durchkommen nicht für möglich.» (von Frerichs)

Zu Ostern 1881 kam der Wiener Otto Schück, der damals schon an der südlichen Begrenzungsrinne des Marltgrates am Ortler («Schück-Rinne») erfolgreich gewesen war, zum Watzmann. Von der Mittelspitze aus machte der Kederbacher den Schück auf das «Problem Watzmann-Ostwand» heiß. Was für ein Abgrund! Schück fing Feuer. Für Pfingsten desselben Jahres vereinbarten sie die Tour. Und tatsächlich, am Pfingstsonntag, den 6. Juni 1881, glückte ihnen nach einem Biwak am Wandfuß in 14 Stunden die erste Durchsteigung der Bartholomäwand. Damit war Otto Schück zu einem der erfolgreichsten ostalpinen Führertouristen und der Kederbacher zumindest im Ostalpenraum zu einer mittleren Berühmtheit geworden.

Im Stil der Zeit hatte sich Johann Grill seine Route über das steile Schneefeld im Wandzentrum zurechtgelegt. Die oberhalb des Firns aufragende Wandstufe forderte Kletterei bis zum IV. Grad der heutigen UIAA-Skala. Damit konnte der Kederbacher das Leistungsniveau im Felsklettern beträchtlich steigern. Zieht man Schwierigkeitsgrad,

Wandhöhe und die bestechende Linienführung – der originale Kederbacher-Weg ist fast eine Direkte zur Watzmann-Mittelspitze! – in Betracht, so war Johann Grill als Bergsteiger seiner Zeit um 15 bis 20 Jahre voraus.

Vier Jahre sollte es dauern, bis die Durchsteigung der Watzmann-Ostwand wiederholt wurde. Im Juni 1885 führte Johann Punz den gebürtigen Innsbrucker Ludwig Purtscheller durch die 1800 Meter Fels. Der Turnlehrer, der seit 1874 in Salzburg lebte und der Ende Oktober (!) 1883 mit dem Kederbacher an den Randklüften der Bartholomäwand gescheitert war, stieg mit seinem Führer Preiß zur Watzmann-Südspitze aus. (Heutzutage enden nahezu alle Watzmann-Ostwand-Durchsteigungen auf der Südspitze; die ursprüngliche Ideallinie zum Watzmann-Hauptgipfel geriet außer Mode.)

Wiederum im Juni, 1889, führten Johann Grill und Johann Punz die dritte Begehung. Kein Geringerer als der Kürschner und spätere Forscher Gottfried Merzbacher aus dem fränkischen Baiersdorf war ihr Klient – bekannt geworden durch die erste Ersteigung des Totenkirchls im Wilden Kaiser 1881. Kederbacher konnte wegen Nebels im oberen Wandteil seine eigene Route nicht mehr finden. Preiß fand sie schon gar nicht, weil er sich vier Jahre zuvor mit Purtscheller um einiges weiter unten in Richtung Südspitze gewandt hatte. Die drei kamen trotzdem durch und erreichten nach Merzbachers Schilderung den Watzmanngrat durch die markante Rinne links der zur Mittelspitze führenden Hauptrinne.

Doch ein Jahr später schon ereignete sich der erste Unfall, und der endete gleich tödlich. Am 26. Mai 1890 führte Punz-Preiß den Münchner Christian Schöllhorn (den Erstersteiger der Fleischbank im Wilden Kaiser) in die Bartholomäwand. Schöllhorn, der an der Randkluft am oberen Ende des zentralen Schneefeldes hätte warten sollen, bis Preiß oberhalb der Wandstelle, die das Firnfeld überragt, Stand gefunden hatte, missachtete die Anweisungen seines Führers. Er kletterte unaufgefordert los – heute würde man sagen, die Partie war in dem Moment gleichzeitig gehend mit Schlappseil unterwegs –, glitt aus und stürzte in die tiefe Kluft. Punz, dem es die Seilschlingen aus der Hand riss, hatte keine Chance, Schöllhorn zu halten. Seitdem heißt das Firnfeld «Schöllhorn-Eis» und die Wandstufe oberhalb davon «Schöllhorn-Platte». Johann Punz-Preiß soll der Todessturz Schöllhorns – der Führer fühlte sich offenbar mitschuldig daran – seelisch gebrochen haben. Des Weiteren hieß es, die Regierung habe nach Schöllhorns Unfall den Berchtesgadener Bergführern die Durchsteigung der Watzmann-Ostwand untersagt, und dieses Verbot sei erst 1909 wieder aufgehoben worden (Werner Crantz). Wenn dem auch tatsächlich so war: Der Kederbacher erwirkte beim Forstamt eine Sondergenehmigung. 1892 lud er den Briten John Percy Farrar, mit dem er

neun Jahre zuvor die zweite Durchsteigung der Weißhorn-Westwand ausgeführt hatte, nach Berchtesgaden ein – und kletterte mit ihm und Johann Grill-Sohn durch «seine» Ostwand.

Indessen war die Zeit der «Führerlosen» längst angebrochen. An der Bartholomäwand schlug ihre Stunde 1895. Albrecht von Krafft, Gründungsmitglied des elitären Akademischen Alpenvereins München (AAVM), durchstieg die Kederbacher-Route zusammen mit dem Bergsteigermaler Ernst Platz. (Siehe auch Seite 106)

Heinz Zembsch an der Schöllhorn-Platte (IV), der Schlüsselstelle des klassischen Kederbacher-Weges oberhalb der Schmelzkluft des Schöllhorn-Eises.

Nächste Doppelseite: Im Watzmannkar. Die Ostwände der Watzmann-Mittelspitze (links) und des Watzmann-Hochecks stehen im strahlenden Licht des frühen Vormittags.

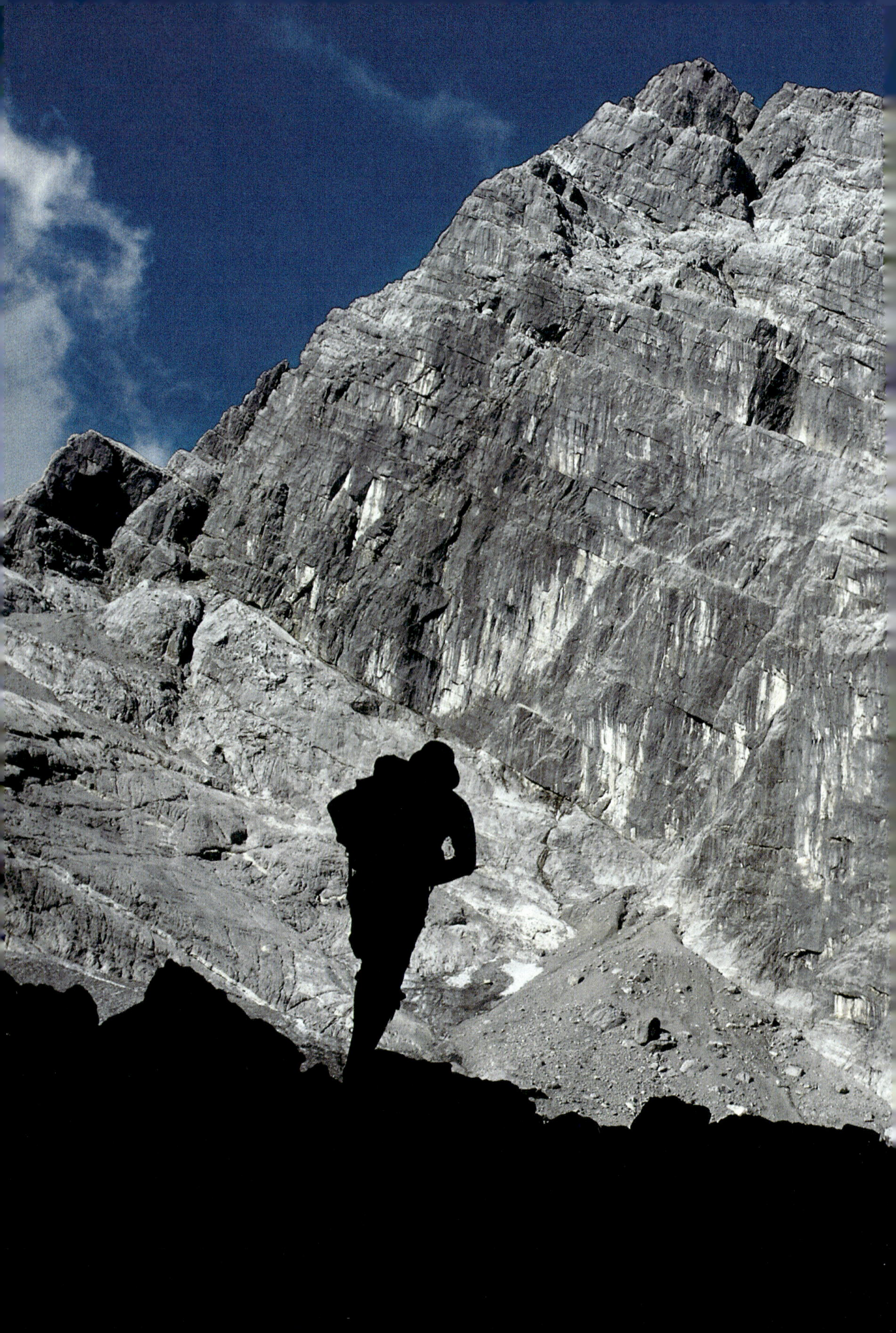

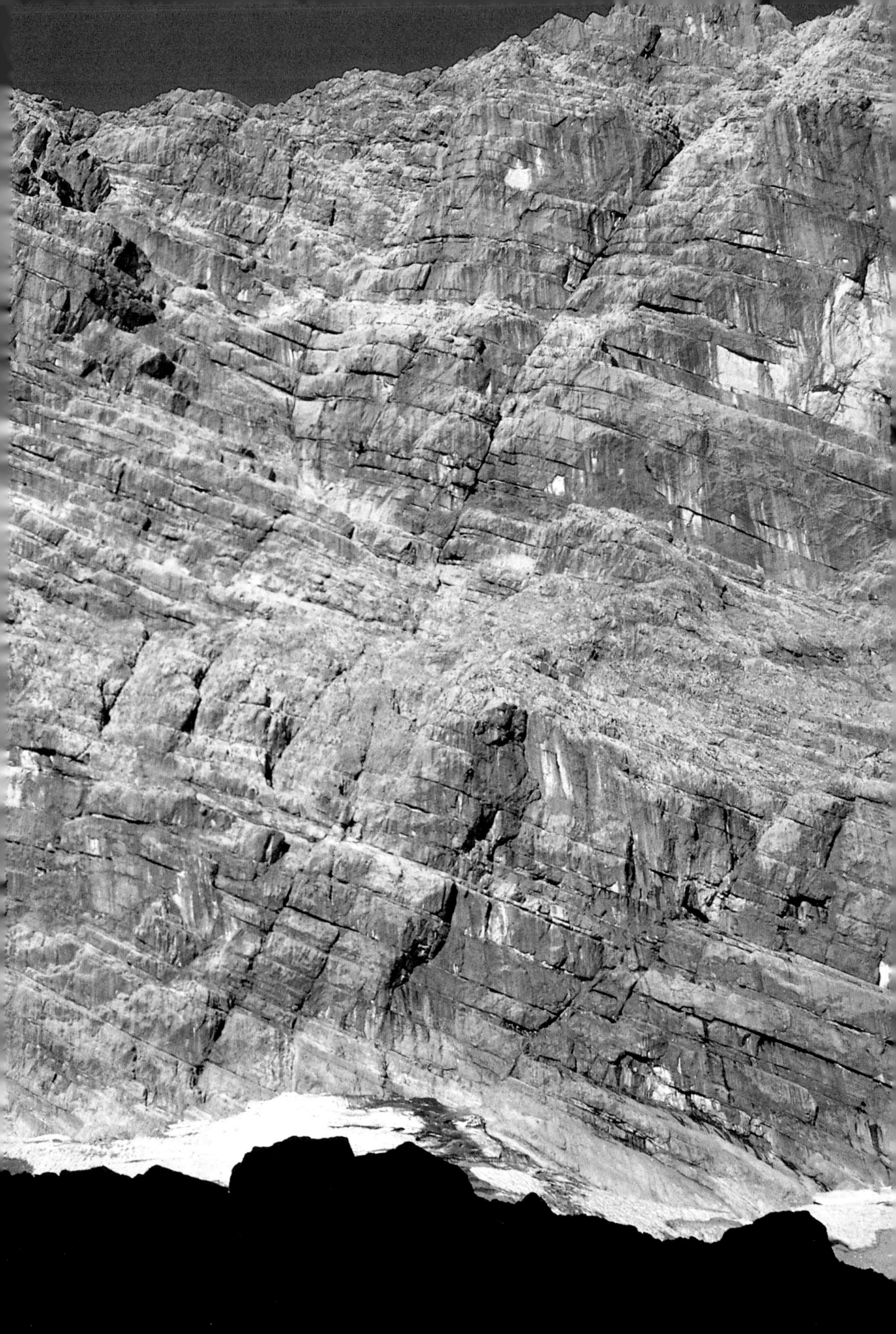

Die Schmelzkluft vermieden

Spätere Durchstiege

Georg Leuchs (1876–1944), gebürtiger Nürnberger, Mediziner, gehörte um 1900 zu den besten deutschen Bergsteigern. Bekannt wurde er vor allem durch seine Neutouren im Wilden Kaiser und im Kaukasus (erste Überschreitung der beiden Ushba-Gipfel 1903). Am Watzmann eröffnete er eine Ostwandroute, die den Kederbacher-Weg an Kletterschwierigkeiten übertraf.

19 Jahre lang blieb Kederbachers «Weg» mit seinen Varianten zur Südspitze die einzige Route in der Watzmann-Ostwand. Am 8. September 1900 stiegen der Nürnberger Mediziner Georg Leuchs und der Berchtesgadener-Alpen-Spezialist Wilhelm von Frerichs – beide AAVM-ler – in die große Wand ein. Sie hielten sich von der Eiskapelle aus schräg nach links aufwärts, strebten also dem südlichen Teil der Ostwand zu und berührten dabei – das geht aus von Frerichs Routenbeschreibung hervor – die «Platte» des heutigen Berchtesgadener Weges. Die oberhalb von dieser parallel zueinander hochziehenden, verlockenden Schrägrampen ignorierend, kletterten Leuchs und von Frerichs an teilweise sehr schwierigem Fels gegen eine sich zum Südgrat der Watzmann-Südspitze hinaufziehende Rippe empor. Frerichs erzählte über die Ersteigung einer der Schlüsselstellen im mittleren Wandteil: «Die letzte Stufe spottete allen Bemühungen, es wollte uns nicht gelingen, sie unter uns zu bringen. Schließlich trieb ich in den unteren, tritt- und grifflosen Teil einen Mauerhaken und erstieg sie dann vollends. Vielleicht kostet mich dies Geständnis meinen bergsteigerischen Ruf. Aber nun war das Spiel gewonnen, der Fels wurde kletterbarer, die furchtbare Wand lag unter uns.»

Gewichtige Worte, wenn man sich bewusst macht, wie gut Leuchs und von Frerichs klettern konnten – bis in den V. Schwierigkeitsgrad hinein! An dieser neuen Ostwandroute erreichten sie doch ihre Leistungsgrenze. Wilhelm von Frerichs sprach von «äußerster Schwierigkeit» und dass die Anforderungen gegenüber denen des Kederbacher-Weges «mehrfach ganz bedeutend» höher lagen, «namentlich in der großen Steilwand, wo eine Höhe von 150 m nur unter ungewöhnlichen Anstrengungen errungen werden kann». Hier lief eine alpinistische Großtat im Verborgenen ab. Wer hat sie je wiederholt?

Von Frerichs verbuchte gut 14 Tage später zusammen mit Richard von Below einen weiteren Erfolg: die Ersteigung der Watzmann-Südspitze aus dem hinteren Eisbachtal. Eine Route zwar, die mit der eigentlichen Ostwand nichts zu tun hatte, führte sie doch grob gesagt an der die Wand südlich begrenzenden, oben erwähnten Rippe hoch. Trotzdem, es war ein teilweise überaus brüchiger Anstieg von 1400 Höhenmetern, und auch ihn schätzte von Frerichs klettertechnisch schwieriger ein als den Kederbacher-Durchstieg.

Allein der Kederbacher-Weg wurde zu einem Muss für gute Bergsteiger. 1896 durchstieg Rose Friedmann aus Wien als erste Frau die Bartholomäwand. 1905 erfolgte der erste Alleingang, und 1908 bewältigte eine Dreierseilschaft den ersten Abstieg.

Das Hauptproblem in der Watzmann-Ostwand blieb die Randkluft unterhalb der «Schöllhorn-Platte», die gegen den Spätsommer hin – an und für sich die beste

Jahreszeit für eine Begehung, weil bis dahin die Altschneereste auf den Schichtbändern weitestgehend abgeschmolzen sind und die Gewittergefahr nachlässt – so breit werden kann, dass sie kaum noch oder nicht mehr überschreitbar ist. Wie konnte diese Schmelzkluft umgangen werden? Vier Salzburger – Hans und Hermann Feichtner, Viktor Reitmayr und Ludwig Schifferer – beantworteten diese Frage auf eindrucksvolle Weise: Am 8. September 1923 erkletterten sie den Wandpfeiler links des Schöllhorn-Eises und folgten danach dem Ersten Band, über das sie die heute so genannte «Gipfelschlucht» erreichten. Die Kletterei am 250 Meter hohen Pfeiler erwies sich als ziemlich schwierig (V).

Auch der am 15. Juli 1929 von Fritz Thiersch im Alleingang eröffnete «Münchner Weg» stellt eine selbständige Route durch den mittleren Wandteil dar. Thiersch folgte zunächst der von Leuchs und von Frerichs gefundenen Linie, wandte sich jedoch noch vor der erwähnten «Platte» nach rechts aufwärts und kletterte durch eine Schlucht auf einen vom Wandmassiv abgespaltenen Turm. Über den Grat, der den Turm mit der Wand verbindet, und durch eine ausgewaschene Schlucht erreichte Thiersch das Erste Band des Salzburger Weges und über die schwierige Bandunterbrechung (IV) hinweg die Gipfelschlucht. Obwohl der Münchner Weg der bis dahin geradlinigste Durchstieg zur Südspitze war, kam er nie in Mode. Dabei vermeidet er beide Randklüfte: die der Eiskapelle ebenso wie jene des Schöllhorn-Eises.

Am 28. September 1947 wollten die Berchtesgadener Josef Aschauer – von ihm wird noch die Rede sein – und Hellmuth Schuster auf dem «Münchner Weg» durch die Ostwand steigen. Sie kannten die Wand, hatten sie viele Male durchklettert und etliche Rettungseinsätze in ihr durchgeführt. Ohne Routenbeschreibung stiegen sie dort aufwärts, wo sie den Münchner Weg vermuteten. Ließen sich über die «Platte» locken und merkten dann freilich, dass dies der ursprünglich geplante Weg nicht mehr sein konnte. So folgten sie aufs Geratewohl der untersten der markanten Schrägrampen, die die Ostwand der Watzmann-Südspitze durchziehen. Die Rampe erwies sich als gut gangbar (stellenweise III). Aschauer und Schuster kamen bis zur Gipfelschlucht durch. Sie hatten sozusagen aus Versehen die heutzutage einfachste und sicherste Watzmann-Ostwand-Route, den «Berchtesgadener Weg», eröffnet.

Kletterer auf dem Ersten Band des Salzburger Weges an der Watzmann-Ostwand. Die Hauptschwierigkeiten am Salzburger Pfeiler sind hier bereits gemeistert.

Nächste Doppelseite: Dieses mächtige Band wird von keiner der Hauptrouten der Watzmann-Ostwand berührt. Es zieht sich vom Ausstieg der so genannten «Schlebrügge-Rampe» zum Ansatz der Gipfelschlucht herab.

59

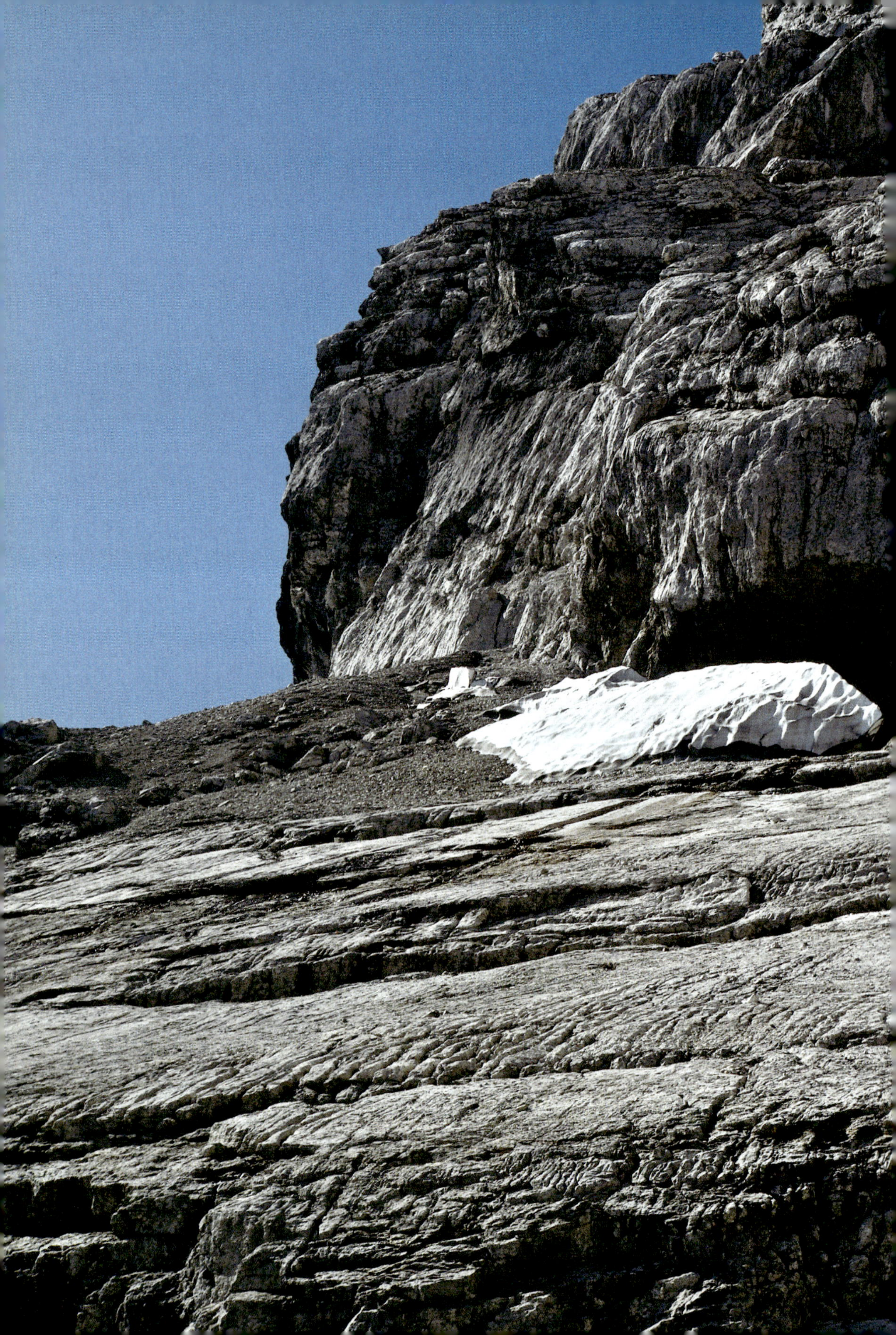

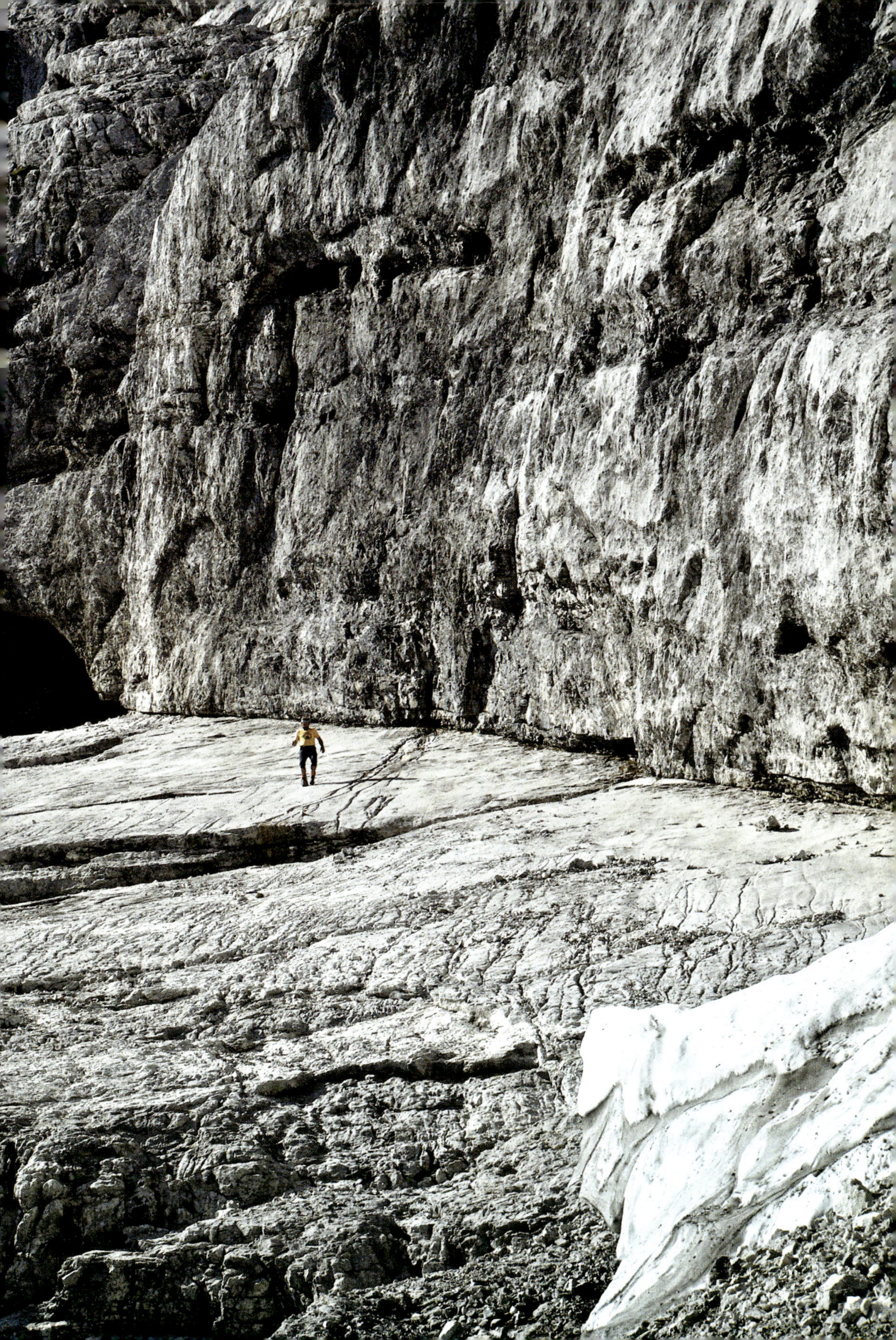

Ein neuer Weg: Lisa Meyer und Michael Graßl während der Erstbegehung des «Franz-Rasp-Gedächtnisweges» (VI) im Sommer 1999. Lisa Meyer ist die erste Frau, der eine neue Route an der Watzmann-Ostwand glückte (oben). Michael Graßl in der ersten Seillänge (unten).

Rechte Seite: In der Watzmann-Ostwand gibt es über weite Strecken hinweg Gehgelände. Insgesamt sind drei Kilometer kletternd und steigend zu bewältigen – erstklassige Kondition ist also gefragt. Rechts im Hintergrund die Südwände des Fünften und des Vierten Watzmannkindes.

Damit waren sämtliche Hauptanstiege realisiert worden. Es folgten Fleißaufgaben. Die großzügigste lösten am 2. August 1949 Fritz Krämer und Werner Kohn mit ihrem «Frankfurter Weg»: 800 Höhenmeter Neutour an brüchigem und schwierigem Fels (V und IV) bis hinauf zum «Münchner Turm». Franz Rasp fand 19 Jahre später bei fast gleicher Linienführung eine wesentlich einfachere Variante hierzu.

Von einiger Bedeutung erscheint der von Sepp Kurz und Julius Hribar im September 1949 gefundene Durchstieg vom Salzburger Weg zur Mittelspitze, der sämtliche der markanten Bänder dieses Wandteils kreuzt. Zwischen dem Vierten und dem Fünften Band erfolgt die Kletterei in einer Schachthöhle, also im Innern des Berges. Zuletzt mündet die Route in Kederbachers Originalweg. Ebenfalls 1949 querten drei Bergwachtmänner anlässlich eines Rettungseinsatzes von der Watzmann-Skischarte aus den gesamten obersten Wandteil bis hinüber zu der von von Frerichs und von Below 1900 erstiegenen Rippe (siehe Seite 58). Das Wissen um diese Möglichkeit blieb für Rettungen und Bergungen aus der Ostwand wichtig.

Wenn man sämtliche Varianten betrachtet – diejenigen über die Bänder ebenso wie jene über die Schrägrampen sowie die aus so genannten «Verhauern» entstandenen «Wege» –, lässt sich ohne Übertreibung feststellen, dass die Watzmann-Ostwand kreuz und quer durchstiegen worden ist. Exzellente Wandkenner wie Franz Rasp vermochten fast überall durchzukommen. Erwähnenswert erscheint die Route der beiden Polen Boguslaw Mazurkiewicz und Adam Uznanski vom 16. August 1973. Doch ist auch dieser «Polenweg» nicht ganz neu. Georg von Kaufmann – Forstmeister, Volksmusik- und Volkstanzförderer und Mitte der 1930er-Jahre einer der besten deutschen Skilangläufer – hatte jenen von den polnischen Bergsteigern bezwungenen Pfeiler links der Gipfelschlucht bereits 1950 erklettert. Eine schöne, wirklich neue und sehr schwierige Route im Wandmittelteil – den «Franz-Rasp-Gedächtnisweg» – eröffneten Michael Graßl, Lisa Meyer und Peter Hundegger im Sommer 1999. Der Anstieg verläuft an der kompakten grauen Steilwand links des Salzburger Pfeilers und weist in einer Seillänge den Schwierigkeitsgrad VI auf.

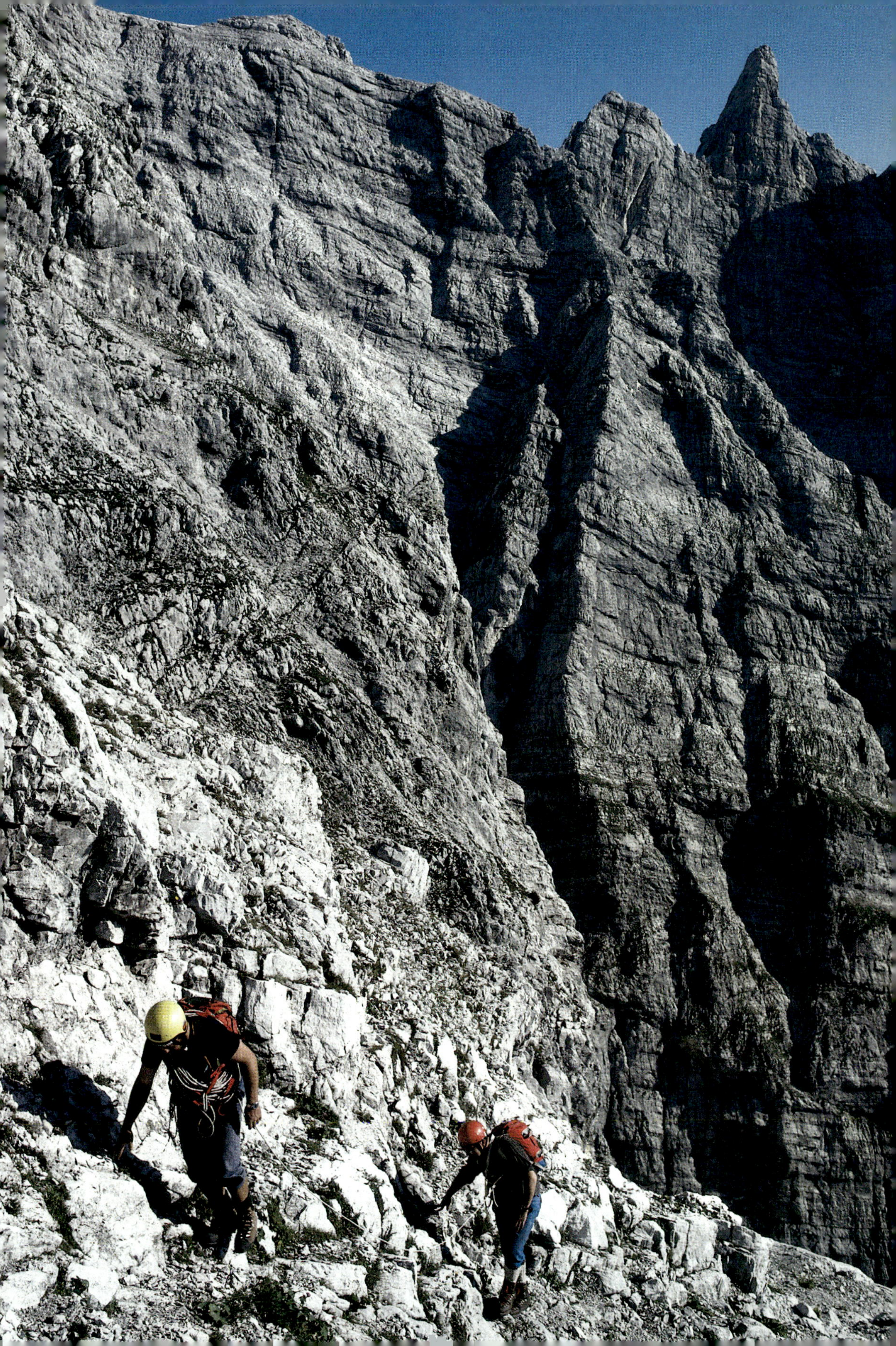

Kälte, Lawinen und Mondenschein

Die Ostwand im Winter

Winterpioniere: Georg Mitterer (1907–1990), einer der Wintererstdurchsteiger der Watzmann-Ostwand, im Jahr 1986 (oben). Simon «Simmerl» Flatscher aus Bad Reichenhall im Seilquergang zum Großen Trichter der Westwand des Hohen Gölls (unten).

Rechte Seite: Die tief verschneite Watzmann-Ostwand. Je nach Beschaffenheit des Schnees kann eine Winterbegehung genussvolles Gehen mit Steigeisen oder anstrengende «Wühlarbeit» bedeuten. Oft herrscht extreme Lawinengefahr.

Bei wirklich winterlichen Verhältnissen, bei viel Schnee, Vereisung und grimmiger Kälte, wird eine Durchsteigung der Watzmann-Ostwand immer eine große, harte Tour sein. Anders als in steileren Wänden bleibt die «weiße Pracht» in der Bartholomäwand in Massen und bis in den Frühsommer hinein haften. Besonders auf den Bändern bilden sich dicke Schneedecken, und an manchen Tagen und Wochen ist die Lawinengefahr beträchtlich. Nur Ostwandkenner, die mit den während der kalten Jahreszeit fortwährend wechselnden Bedingungen vertraut sind, vermögen die Gefahren einigermaßen realistisch einzuschätzen. Für Unkundige kann eine Winterbegehung rasch zu einem Vabanquespiel werden. Schön, dass es Einheimische gewesen waren, die die Hauptrouten der Watzmann-Ostwand erschlossen haben. Berchtesgadener und Salzburger. Diese «Tradition» setzte sich bei den Wintererstdurchsteigungen zunächst fort. Jede Chronik nennt als Wintererstbegeher die Reichenhaller Toni Beringer, Simon Flatscher und Ludwig Zankl sowie den Trostberger Georg Mitterer, den oftmaligen Seilgefährten des bekannten Bergsteigerchronisten und Schreibers Fritz Schmitt. Vom 6. bis zum 8. Dezember 1930 glückte dem Quartett – sie waren vier erfahrene Extreme – die erste Begehung des Kederbacher-Weges während der kalten Jahreszeit (kalendarisch war es ja keine Winterbegehung) bei überwiegend griffigem Schnee, jedoch starker Vereisung. Die erste «echte» Winterbegehung holten sich am 28. Januar 1932 die Traunsteiner Gustl Kröner und Hans Huber. Relativ günstige Verhältnisse erlaubten ihren Durchstieg in 1½ Tagen. Die erste Winterbegehung des Salzburger Weges gelang Bernulf von Crailsheim – er lebte jahrzehntelang bis zu seinem Tod in Berchtesgaden-Strub –, Thomas Freiberger und Konrad Hollerieth vom 8. bis zum 10. Januar 1949. Nach dem Kalender war es bereits Frühling gewesen, als der Frankfurter Karl Krämer, dessen Sohn Fritz sowie Oskar Dorfmann aus Regensburg den Münchner Weg bezwangen (28. März bis 1. April 1949). Eine gefährliche Unternehmung! Ein Föhneinbruch ließ die Lawinen donnern; im oberen Wandteil mussten sich die drei Bergsteiger durch tiefen Pulverschnee quälen.

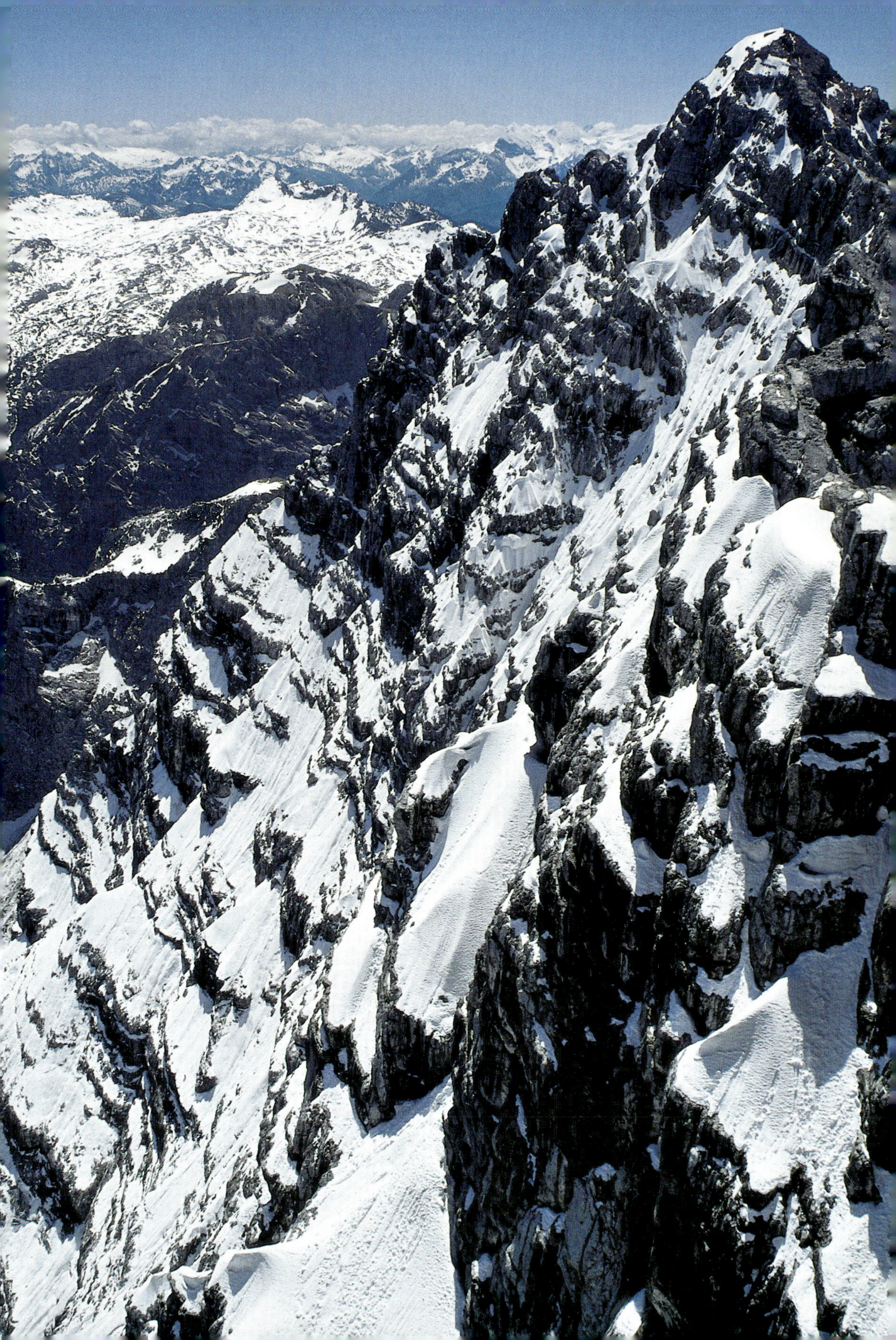

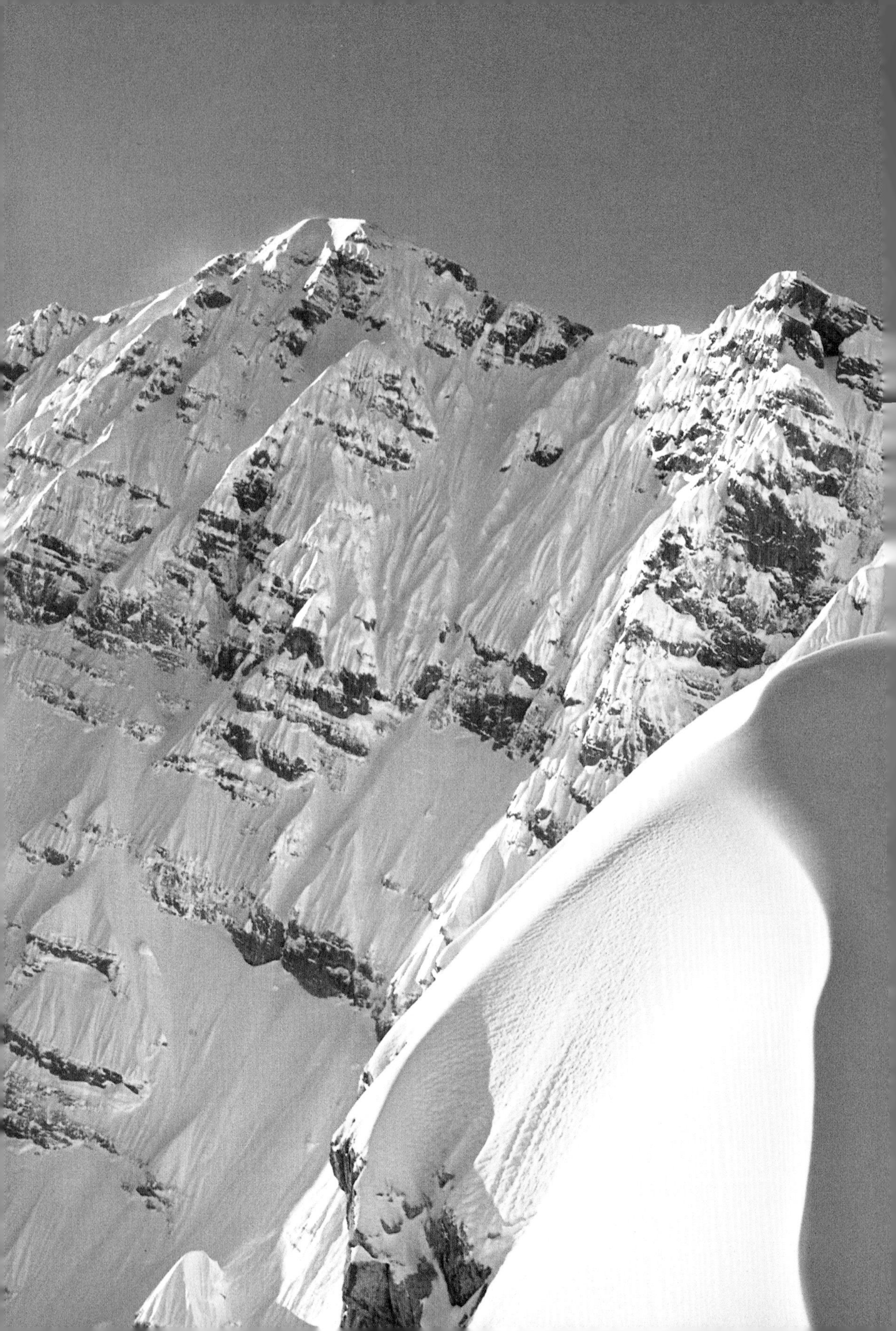

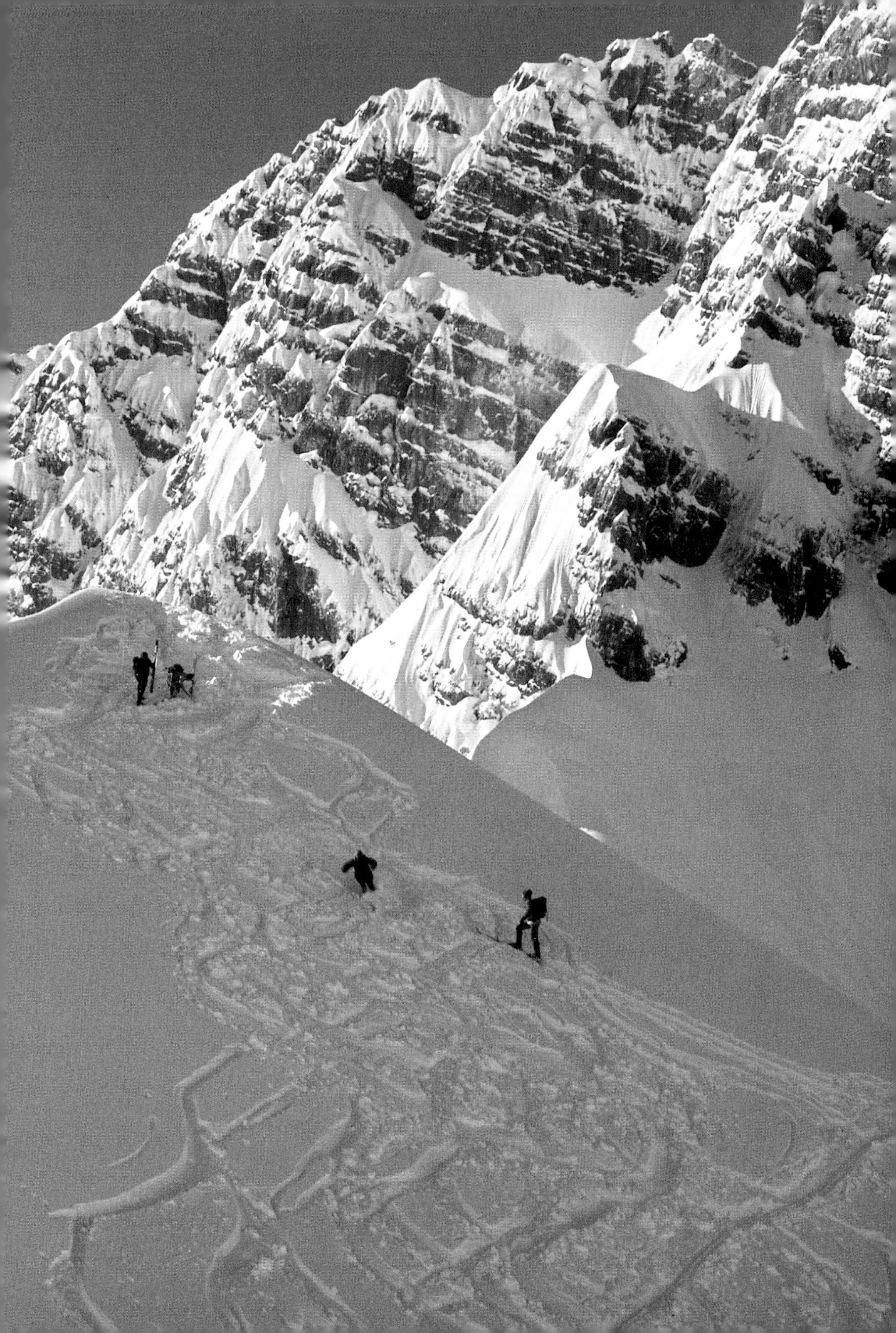

tesgadener Weg. Der ehemals erbitterte Gegner der Anfang September 1951 im Schutze des «Massigen Pfeiler» installierten Biwakschachtel gestand, eine warme Nacht in der aus Teilen eines abgewrackten Flugzeugs konstruierten Notunterkunft verbracht zu haben. «Aus dem Saulus wurde ein Paulus», schrieb Fritz Schmitt in seiner «Watzmann-Biwakschachtel-Story». (Kaufmann hatte provokativ den gesamten Berchtesgadener Weg mit roten Markierungen ausgestattet und am Einstieg eine Hinweistafel aufgestellt; er musste beides natürlich wieder entfernen, weil die Aktion – die Markierungen endeten ja etwa 400 Meter unterhalb des Gipfels – nicht anders als grob fahrlässig zu bewerten war.)

Dann kam Hermann Buhl. Als zur Teilnahme an der «Deutsch-Österreichischen Willy-Merkl-Gedächtnis-Expedition» Berufener absolvierte der gebürtige Innsbrucker und seit 1952 Wahl-Münchner sein für ihn typisches Trainingsprogramm: lange winterliche Solotouren. Vom 28. Februar auf den 1. März 1953 gelang Buhl die erste winterliche Alleinbegehung des Salzburger Weges. Nachts! «Eine kleine Ruckstemme, und der Überhang, die Schlüsselstelle, liegt unter mir. Der Rucksack wird heraufgeholt, noch ein Blick im Scheine der Taschenlampe in den Zeller-Führer, um wieder Gewissheit über den weiteren Verlauf des Anstiegs zu erlangen, da ja das Mondlicht gerade bei größerer Entfernung jedes Beurteilungsvermögen nimmt und dem Gelände keine Plastik gibt.» Bald darauf stieg Buhl über das Erste Band empor. «An verschiedenen Stellen ist der Schnee aufgerissen und lässt mich in schwarze Klüfte schauen. Hier mag die Schneehöhe bis zu zehn Meter betragen. Das Band wird immer schmäler und gibt bald den Blick in steil abfallende Schneerinnen frei. Eine fast senkrechte Schneewand zieht vor mir in die

Schnappschuss von der ersten Winterbegehung des Salzburger Weges 1949. Die Aufnahme belichtete Bernulf von Crailsheim.

Vorangehende Doppelseite: Skibergsteiger auf dem Fünften Watzmannkind. Im Hintergrund der oberste Teil der winterlichen Watzmann-Ostwand.

Und wiederum waren es Frankfurter, denen 1949 die erste Winterbegehung des Berchtesgadener Weges zufiel: Werner Kohn und Reinhard Sander. Jawohl, der Reinhard Sander, welcher von 1974 bis 1980 Erster Vorsitzender des Deutschen Alpenvereins gewesen war und für den alpiner Naturschutz nicht nur eine Feigenblatt-Funktion innehatte. Unter Sanders Ägide entstand das «Grundsatzprogramm zum Schutz des Alpenraums», was dem DAV sogar Schlagzeilen auf den Titelseiten großer Tageszeitungen einbrachte.

Es liegt auf der Hand, dass sich auch Alleingänger in die winterliche Bartholomäwand wagten. Im Dezember 1952 tat es der Kaufmann Schorsch. Er wählte den Berch-

Höhe. Ganze Eiskaskaden hängen an den Wänden, doch sie scheinen sehr stabil. Die vorderen Zacken der Zwölfzacker und die Pickelspitze bieten den einzigen Halt in dem abschüssigen Gelände. Kurze Zeit später stehe ich am Quergang zur Gipfelschlucht.»
Um vier Uhr morgens betrat Hermann Buhl die Südspitze. Seit seinem Aufbruch in Sankt Bartholomä waren erst neun Stunden vergangen. «Kein Händedruck, kein Freund weit und breit, dem man seine Gefühle übermitteln könnte. Trotzdem ein großer Augenblick.» Hermann Buhl überschritt nach seiner Ostwand-Durchsteigung noch den gesamten Watzmanngrat über die Mittelspitze zum Hocheck und stieg über das Watzmannhaus ab.

Franz Rasp glückte vom 25. auf den 26. Dezember 1963 bei sehr guten Verhältnissen die erste Solo-Durchsteigung des Kederbacher-Weges. Auch den Münchner (1968) und den Frankfurter Weg (1969) kletterte der Berchtesgadener als Erster allein im Winter. Rasp kam beim Versuch seiner 295. Ostwand-Durchsteigung am Neujahrstag 1988 zusammen mit seinem Oberpfälzer Gast Dr. Max Stauber durch einen Seilschaftsabsturz am Berchtesgadener Weg ums Leben. Darin liegt eine besondere Tragik, denn dieser überlegene Allrounder Franz Rasp war (und ist es bis heute) der beste Watzmann-Ostwand-Kenner.

Queren eines Schneefelds in der winterlichen Watzmann-Ostwand. Im Hintergrund der Schneibstein und der Windschartenkopf im Hagengebirge (oben). Hermann Buhl – hier frei kletternd an der Südkante des Dritten Watzmannkindes – durchstieg in der Nacht vom 28. Februar auf den 1. März 1953 erstmals den Salzburger Weg allein im Winter (unten).

Tragödien und Rettungen

Auf Tod oder Leben

Der Berchtesgadener Josef Aschauer (1902–1995) – seine Freunde nannten ihn «Asche» – gehörte zu den besten einheimischen Kletterern der 1920er-Jahre. Im Juni 1922 überlebte er den «schwarzen Tag der Ostwand», der fünf Bergsteigern das Leben kostete.

August 1994. Wir befinden uns in der langen Querung zur «Platte» des Berchtesgadener Weges. Es ist die zweihundertste Ostwand-Durchsteigung unseres Freundes Heinz Zembsch. Von den Einheimischen sind noch der famose Kletterer Michael Graßl und der erfahrene Bergwachtmann Edi Kastner dabei. Da sagt Edi plötzlich mit einer Stimme, aus der Bestürzung herauszuhören ist: «Da hab'n ma an ‹Hasei› g'fund'n.» Jeder von uns weiß Bescheid. Hier ist die Stelle, an der Franz Rasp, der «Hasei», und Max Stauber am Neujahrstag 1988 umkamen – abgestürzt aus der «Rampe».

Schweigsam klettern wir weiter. Wie das damals passieren konnte, wissen wir nicht. Jeder von uns vieren wird sich seine Gedanken machen. Einer von den beiden, Rasp oder Stauber, muss ausgerutscht sein, und der andere – man geht in einer Führerpartie den überwiegenden Teil der Watzmann-Ostwand gleichzeitig am Seil, weil sonst der Durchstieg viel zu lange dauern würde – konnte den Sturz nicht halten. Seilschaftsabsturz. Ihn fürchten die Ostwand-Bergführer am meisten.

Man schrieb das Jahr 1922. Seit Schöllhorns Tod in der Schmelzkluft unterhalb der Schlüsselstelle des Kederbacher-Weges war niemand mehr in der Ostwand gestorben. Das spricht für das Können der Ostwand-Kletterer. Bisweilen aber hatten sie auch Glück. – Zwei der sieben, die im Juni 1922 in die große Wand des Watzmanns eingestiegen waren, galten auf ihre Art als Bergsteigerstars. Der Einheimische Josef Aschauer, eher eine lokale Berühmtheit, hatte bereits mit den ersten Durchsteigungen der Direkten Westwand des Kleinen Watzmanns und der Direkten Hocheck-Ostwand – zwei schwere Freiklettertouren – auf sich aufmerksam gemacht. Er sollte im Juli 1922 den Großen Trichter an der Westwand des Hohen Gölls erstmals begehen und die Schlüsselstelle mittels Seilquergang bewältigen. Damit sollte es Aschauer gelingen, Hans Dülfers Stil auch in die Berchtesgadener Alpen zu tragen. Zweifellos war der «Asche» damals der beste einheimische Kletterer. Der «Kopf» der Münchner Seilschaft hingegen, Otto Leixl, konnte nach dem Ersten Weltkrieg mit der Durchsteigung der Südverschneidung am Predigtstuhl-Mittelgipfel im Wilden Kaiser das Schwierigkeitsniveau gegenüber Dülfers

Josef Aschauer (links) und Sepp Kurz bildeten in den 1920er-Jahren eine überaus erfolgreiche Seilschaft. Ihre schwierigste Route am Watzmann: die Direkte Ostwand des Hochecks (V), eine anspruchsvolle Freikletterei. In späteren Jahren erlangte der «Asche» vor allem als Bergrettungsmann Bedeutung.

Touren steigern. Und nun kam er mit seinen Begleitern Ehrensberger und Dr. Kaußler zur Watzmann-Ostwand. Für Leixl eine Routineangelegenheit. Doch die Münchner schleppten schwere Rucksäcke mit. Sie beabsichtigten, mitsamt ihrem für eine Woche Aufenthalt bemessenen Gepäck die Ostwand zu durchsteigen, über die Mittelspitze und das Hocheck zum Watzmannhaus zu gehen und dort einen Kletterurlaub zu verbringen. «Warum habt's ihr so damische Rucksäck' dabei», hatte sich Aschauer damals gewundert.

Josef Aschauers Begleiter Diensthuber, Pöhlmann und Stangassinger waren Berchtesgadener. Zufällig trafen die einheimische und die Münchner Partie im untersten Wandteil zusammen. Nebel hing in den Felsen, es begann zu regnen. Die schwer bepackten Münchner konnten die nasse Schöllhorn-Platte nur mühsam überwinden. In der Zeller-Höhle oberhalb der Schlüsselstelle suchten alle sieben Bergsteiger Schutz. «Die Berchtesgadener mit Ausnahme Aschauers haben kurze Lederhosen, denn alles war eher zu erwarten als ein Wettersturz.» (Hellmut Schöner) Pöhlmann trug im Rucksack eine Knickerbocker-Hose mit, die er nun anzog.

Um neun Uhr vormittags hörte der Regen auf. Beide Partien kletterten weiter. Kaußler tat sich schwer, benötigte immer wieder Seilzug und wurde zunehmend müder. «Ziag halt a bissl o», riet Josef Aschauer dem sichernden Leixl. Doch der erwiderte, was ihn – Aschauer – dies anginge.

Langsam nur kamen die Münchner vorwärts. Am frühen Nachmittag setzte erneut Regen ein; Dauerregen. Von der Südspitze aus hatte Aschauer noch Rufverbindung

Der Watzmanngrat – im Bild (1955) die von der Süd- zur Mittelspitze verlaufende Gratstrecke – wurde bei Wetterstürzen und bei Gewittern vielen Bergsteigern zum Verhängnis. Sturm, Kälte, Regen, Schnee und Blitzschläge zermürbten den Überlebenswillen der durch das anstrengende Steigen in der Ostwand Ermüdeten. Nur bei genügend körperlicher Frische, Zeitreserve und bei besten Witterungsbedingungen sollte nach Durchsteigung der Bartholomäwand der Watzmanngrat als Abstiegsroute angegangen werden.

mit Leixl aufnehmen können. Dieser bat, um Kaußler besorgt, dass die Berchtesgadener vom Watzmannhaus aus eine Rettungsmannschaft alarmieren beziehungsweise entsenden sollten, falls er und seine Freunde bis zum Abend nicht in der Hütte eintreffen würden.

Von den drei Berchtesgadernern zeigte nur der – wie sich später herausstellte – herzkranke Diensthuber Anzeichen von Erschöpfung. «Nun tritt ein jäher Umschwung ein. Aus der windgeschützten Ostwand treten sie um halb vier Uhr in den eisigen Sturm, der heulend um die Gratzacken fegt. Am tiefsten Punkt zwischen Mittel- und Südspitze beginnt es zu schneien. Die kurzen Hosen Stangassingers und Diensthubers rächen sich bitter. [...] Glatteis überzieht die Felsen, der Schnee wächst rasch an.» (Schöner)

Der erschöpfte, zuletzt apathische und sich gegen alle Rettungsversuche heftig wehrende Diensthuber starb knapp unterhalb der Mittelspitze. Besonders Stangassinger hatte sich bei den Versuchen, den Freund über den vom Schneesturm umtosten Watzmanngrat weiterzuzerren, verausgabt. Dazu kam die seelische Erschütterung durch den Tod Diensthubers. Alles wiederholte sich. Aschauer zog und schleppte Stangassinger unter Aufbietung aller Kräfte weiter, doch dieser sträubte sich. Immer mehr. Auch er mochte nicht mehr am Leben bleiben. «Kurz unter dem Hocheck bricht [...] er zusammen. Es ist schon sieben Uhr abends.» (Schöner)

Aschauer trug nun seinen Freund. Doch der klammerte sich an den Drahtseilen fest, was den «Asche» samt seiner Last fast jedes Mal beinahe in den Abgrund gerissen hätte. Sie erreichten die kleine Schutzhütte auf dem Hocheck nicht mehr. Stangassinger starb während des letzten, des allerletzten Gegenanstiegs.

Auch Josef Aschauer war nun seiner Leistungsgrenze nahe gekommen. Doch er schaffte es, sich ins Watzmannhaus hinunter zu retten. Unterwegs traf er auf den Hüttenwirt Gschoßmann, der sich, von Pöhlmann alarmiert – dieser war nach dem Tode Diensthubers vorausgeeilt, um Hilfe zu holen –, mit Decken und heißen Getränken im Aufstieg zum Hocheck befand. Da es nichts mehr zu retten gab, stiegen Aschauer, Gschoßmann und dessen Träger zum Schutzhaus ab. Sie vermuteten, dass die Münchner bei diesem Wettersturz sicherlich ins Wimbachgries abgestiegen sein mussten. Die rascheste Möglichkeit, am Watzmann aus der kritischen Zone herauszukommen.

Am folgenden Tag wurden die beiden Leichen vom Watzmanngrat geborgen. Doch von den Münchnern fehlte zunächst jede Spur. Bis einer der Bergungsmannschaft bei Diensthubers Leiche den Rucksack Kaußlers fand – ans Drahtseil angebunden. Was war geschehen?

Drei Tage später stieß ein Bergführer unterhalb der «Hohen Stieg», also bereits im letzten und problemlosen Teil des Hocheck-Abstiegs, auf die Leichen von Leixl und Ehrensberger. Otto Leixl schien einige Meter abgestürzt zu sein. Ehrensberger stand noch in Kletterstellung am Fels. Nach weiteren zehn Tagen wurde der tote Kaußler in einer kleinen Höhle unterhalb der Südspitze – also noch in der Ostwand – aufgefunden. «Der schwarze Tag der Ostwand», so betitelte der Journalist und Autor des packenden Watzmann-Ostwand-Buches «2000 Meter Fels», Hellmut Schöner, seine Erzählung über jene große Tragödie, zu deren Dokumentation Josef Aschauer die Fakten geliefert hatte. Und Tragödien dieses Ausmaßes sollten sich immer wieder ereignen. Am 18. August 1946 hatten, nach einem Biwak in der Wand, eine Dreierseilschaft

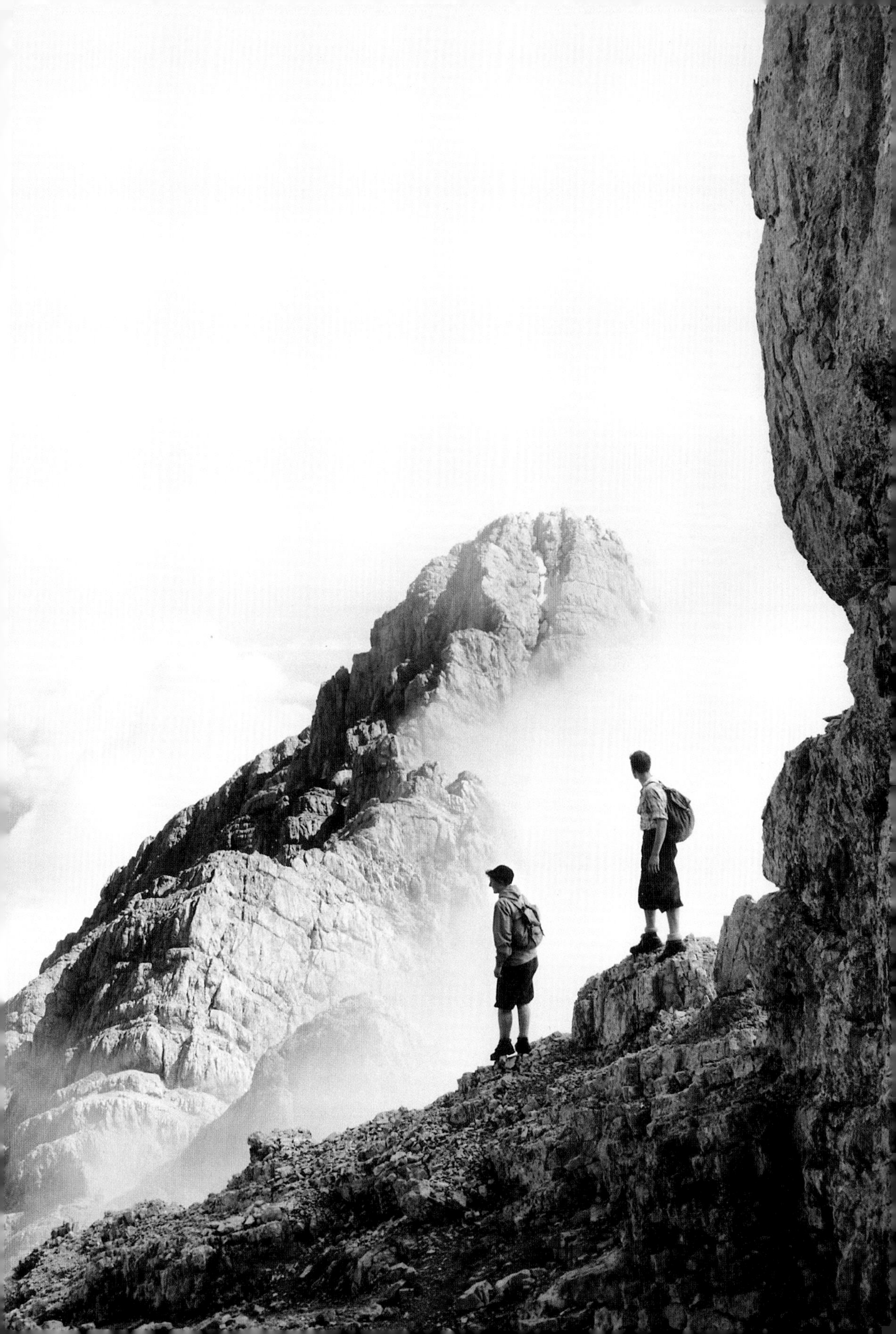

Konrad Schimke (1926–1961) in seinem Element. Er war ein optimistischer, lebensbejahender Mann; ein Bergsteiger, der seine Partner durch seine Begeisterungsfähigkeit motivierte.

und zwei Zweierpartien um halb sechs Uhr abends die Südspitze erreicht. Von Westen trieb eine Gewitterfront heran. Doch anstatt sich in die Südwestflanke der Südspitze zu retten, folgten die sieben Bergsteiger dem Watzmanngrat. Drei Gewitter mussten die Unglücklichen über sich ergehen lassen. Wer um die Blitzschlaggefahr auf exponierten und noch dazu mit Drahtseilen ausgestatteten Graten weiß, kann ahnen, was die sieben dort oben mitgemacht hatten. «Waagrecht peitscht ihnen der Regen ins Gesicht. Die Kleider kleben bis zur letzten Faser durchnässt am Körper.» (Schöner) Die Dreierpartie vermochte sich, unterkühlt und erschöpft zwar, zu retten. Auch eine der Zweierseilschaften befand sich bereits im Abstieg vom Hocheck, als sie nicht mehr weiterkam. Einer der beiden konnte zwar noch ins Watzmannhaus geborgen werden, doch starb er dort den Rettern unter den Händen. Am nächsten Tag wurden die noch fehlenden Bergsteiger gefunden. Sie lagen tot auf dem Grat zur Mittelspitze, etwa 25 Meter unterhalb des Hocheck-Gipfels. Immer wieder kamen Alpinisten in der Watzmann-Ostwand oder nach ihrer Durchsteigung während des Abstiegs um. Das ist – so zynisch es möglicherweise klingt – angesichts der Dimensionen einer solchen Felsflanke und der menschlichen Unzuläng-

lichkeit nicht zu vermeiden. Viele, die glaubten einsteigen zu müssen, sahen sich den Anforderungen nicht gewachsen. Etliche Partien brauchten zu lang, verloren durch Wegsuche und «Verhauer» wertvolle Zeit, wurden zu Notbiwaks gezwungen, stürzten ab, weil sie erschöpft waren oder sich in schwieriges Terrain hinein verstiegen hatten, das sie nicht mehr klettern konnten. Doch immer wieder erwischte es auch Könner, wie 1961 den Salzburger Richter und bekannten Extremen Konrad Schimke, dessen tüchtigen jüngeren Partner Walter Jungwirth und den Zufallsbekannten der beiden, Christian Bögl aus Miesbach. In den frühen Morgenstunden des 18. März stiegen die drei Alpinisten in die winterliche Ostwand ein. «Von Skifahrern am Dritten Watzmannkind wurden schon in den Mittagsstunden Spuren auf dem Dritten Band, also bereits oberhalb der schwierigsten Wandpartie, gesehen. Um die gleiche Zeit wurde von einem Motorbootführer auf dem Königssee eine Lawine beobachtet, die vom Dritten Band abging.» (Schöner)
In der Tat, diese Lawine hatte vermutlich das Leben der drei Bergsteiger ausgelöscht. Doch das ahnte zunächst kaum jemand. Am wenigsten mochte Helma Schimke – Konrads Frau und eine der besten Bergsteigerinnen der 1950er-Jahre im deutschsprachigen Raum – an einen Unfall glauben. Eine große Rettungsaktion lief an. Hellmuth Schuster koordinierte die Berchtesgadener Bergwachtleute, von München aus fuhr Ludwig Grammingen mit seinen bewährten Männern zum Watzmann. Und auch der bekannte Salzburger Marcus Schmuck, Ersteiger des Karakorum-Achttausenders Broad Peak und mehrfacher Kletterpartner von Helma, war zugegen. Es half alles nichts. Die Rettungsversuche erstickten in den Schneemassen, und es

gelang nicht einmal, von der Südspitze aus zur Biwakschachtel vorzudringen.

Am sechsten Tag nachdem die Bergsteiger in die Ostwand eingestiegen waren, glückte es dem Berchtesgadener Heeresbergführer Peter Hillebrand, von einem Helikopter aus am Stahlseil auf den zur Biwakschachtel führenden Gratrücken zu gelangen. Hillebrand fand die Notunterkunft leer. Damit brach die Hoffnung auf Rettung der drei Vermissten zusammen.

Aber noch einmal wurde geflogen. Helma Schimke saß mit im amerikanischen Militärhubschrauber. «Wunder der Technik. Die ganze Zweitausendmeter-Wand steht unter Beobachtung. Wie da plötzlich die Zuversicht wächst. Wie sehr wir wieder hoffen. [...] Der Vogel hebt und senkt sich, schwebt nord- und südwärts, hängt als zitternder Punkt im leeren Raum und brüllt – brüllt vergeblich. Der Freund neben mir senkt das Glas und steckt die Skizzen ein. ‹Nichts.› Er blickt ins Leere. [...] Der Vogel gleitet über die Kapelle von Bartholomä, schwenkt ein, sinkt tiefer, noch tiefer, setzt zitternd auf. Die Riesenschraube steht. Captain S. reicht mir die Hand: ‹I'm sorry.› [...] Auch der Hubschrauber mit Hellmuth Schuster an Bord landet, setzt neben dem unseren auf. Schuster kommt auf uns zu. ‹Wir haben auf dem Dritten Band – ja, auf dem Dritten – einen Pickel gesichtet...› Ein Pickel auf dem Dritten Band? Dann ist wohl alles klar. Auch die Absturzstelle. Dann ist eben die Dreierseilschaft Schimke-Jungwirth-Bögl vom Dritten Band abgestürzt.» (Schimke)

Und so war es. Am 29. April 1961 wurden die noch durch das Seil verbundenen toten Bergsteiger in der Nähe des Einstiegs zum Salzburger Weg gefunden. Ein paar Tage später konnten sie geborgen werden. – Wie schwer es für Helma Schimke gewesen war, den Tod ihres Mannes zu verarbeiten, weiß nur sie allein. Zusammen hatten sie große Alpentouren unternommen, und es waren ihnen erfüllte Jahre miteinander und mit ihren drei Kindern gegönnt. Nach dem Unfall Konrads kletterte Helma Schimke zusammen mit Georg von Kaufmann durch die winterliche Watzmann-Ostwand. (Siehe Seite 140)

Wiederholt aber war die Ostwand auch Schauplatz gelungener, heroischer Rettungen, selbst wenn sich die Retter am wenigsten als Helden gefühlt haben mögen. Am Neujahrstag 1931 stiegen zwei junge Münchner, die Cousins Frey, in die Ostwand ein. Nachmittags wurden sie in der Nähe der Schöllhorn-Platte entdeckt. Und später: «Der Förster von Bartholomä rauft mi o' und sagt, in da Ostwand is a Liacht obag'falln. I sag drauf, wia vui Glasln Punsch hast denn trunk'n, dass du da a Liacht siehst?» (Aschauer)

Auf der Suche nach der Seilschaft Schimke-Jungwirth-Bögl, 1961: Peter Hillebrand, aus dem Hubschrauber mit dem Stahlseil in der Watzmann-Ostwand abgesetzt, spurt über den steilen Schneehang empor zum «Massigen Pfeiler», in dessen Schutz die Biwakschachtel steht. Er hofft, dort die vermissten Bergsteiger lebend anzutreffen.

Himmel, Hölle, Watzmanngrat: Szene während der Rettungseinsätze für die Cousins Frey, 1931.

Rechte Seite: Die Cousins (Vettern) Frey (vorne) waren nach ihrer Rettung in der Lage, aus eigenen Kräften von der Watzmann-Südspitze zur Wimbachgrieshütte abzusteigen (oben). Durchs Wimbachtal mussten sie sich wegen starker Frostschäden an den Füßen auf Schlitten ziehen lassen. Es grenzt fast an ein Wunder, dass die beiden Bergsteiger so glimpflich davonkamen (unten).

Doch mit dem Spaß war es schnell vorbei. Am nächsten Morgen stiegen Bergrettungsmänner bis in Rufweite zu den beiden Bergsteigern, die soeben an der Schlüsselstelle kletterten, empor. Die Bergwachtler warnten vor dem drohenden Wettersturz und forderten die beiden zum Rückzug auf. Aber die Freys dachten nicht daran. Sie gingen weiter. Dann kam der Schlechtwettereinbruch. Es regnete und schneite, die Wand stak in dichtem Nebel. Am Morgen des vierten Tages, als es wieder aufriss, wurden die Bergsteiger am Beginn des Dritten Bandes entdeckt. Sie wühlten sich durch hüfttiefen Schnee, kamen nur quälend langsam voran. Die Bergrettung forderte ein Flugzeug an. Josef Aschauer, der exzellente Ostwand-Kenner, saß mit im Cockpit und wies den famosen Piloten Neininger ein. Die Crew entdeckte die beiden Kletterer. Der «Asche» warf aus der Maschine heraus sieben Pakete ab, von denen eines oder zwei in der Nähe der beiden im Schnee verschwanden. «Wenn sich auch später herausstellte, dass sie die abgeworfenen Proviant- und Ausrüstungssäcke nicht erreichen konnten, so waren sie doch moralisch gestärkt durch das Bewusstsein, dass für ihre Rettung alles getan wurde.» (Schöner)

Am Abend des 4. Januar trafen die Münchner Bergwachtleute ein: Wiggerl Gramminger und sein legendärer «Dienst VI». (Die Bezeichnung rührt daher, dass sich in Grammingers «Mannschaft fürs Grobe» nur Kletterer befanden, die den sechsten Schwierigkeitsgrad beherrschten.) Adi Göttner, Herbert Paidar, Ludwig Schmaderer, Ernst Rosenschohn, Hartl Steinberger und Karl von Kraus waren zum Watzmann geeilt. Zusammen mit Aschauers Leuten, darunter «Asches» bewährter Kletterpartner Sepp Kurz, hatte sich die beste Einsatzgruppe gefunden, die man sich nur denken konnte.

Um 10 Uhr am 5. Januar stand die Rettungsmannschaft auf der Südspitze. Doch erst um 13.15 Uhr ergab sich vom Grat aus Rufverbindung mit den Münchnern. Aber die baten nicht um Hilfe, nur um Proviant! Trieb sie der Ehrgeiz, die dritte Winterbegehung der Watzmann-Ostwand oder gar die kalendarisch zweite vollenden zu wollen, dermaßen, dass sie nach vier harten Biwaks die Realität nicht mehr einzuschätzen vermochten? Göttner und Schmaderer wurden an zusammengeknoteten Seilen in die vom Nebel verhüllte Wand hinuntergelassen. Währenddessen verschlechterte sich das Wetter rapide, und die Freys riefen nun doch um Hilfe. Es klappte nicht. Die Retter kamen nicht an die nun wirklich in Bergnot Geratenen heran. Zu wenig Seil! Dazu der tiefe Schnee und die schlechte Sicht. Schluss für diesen Tag. Während das

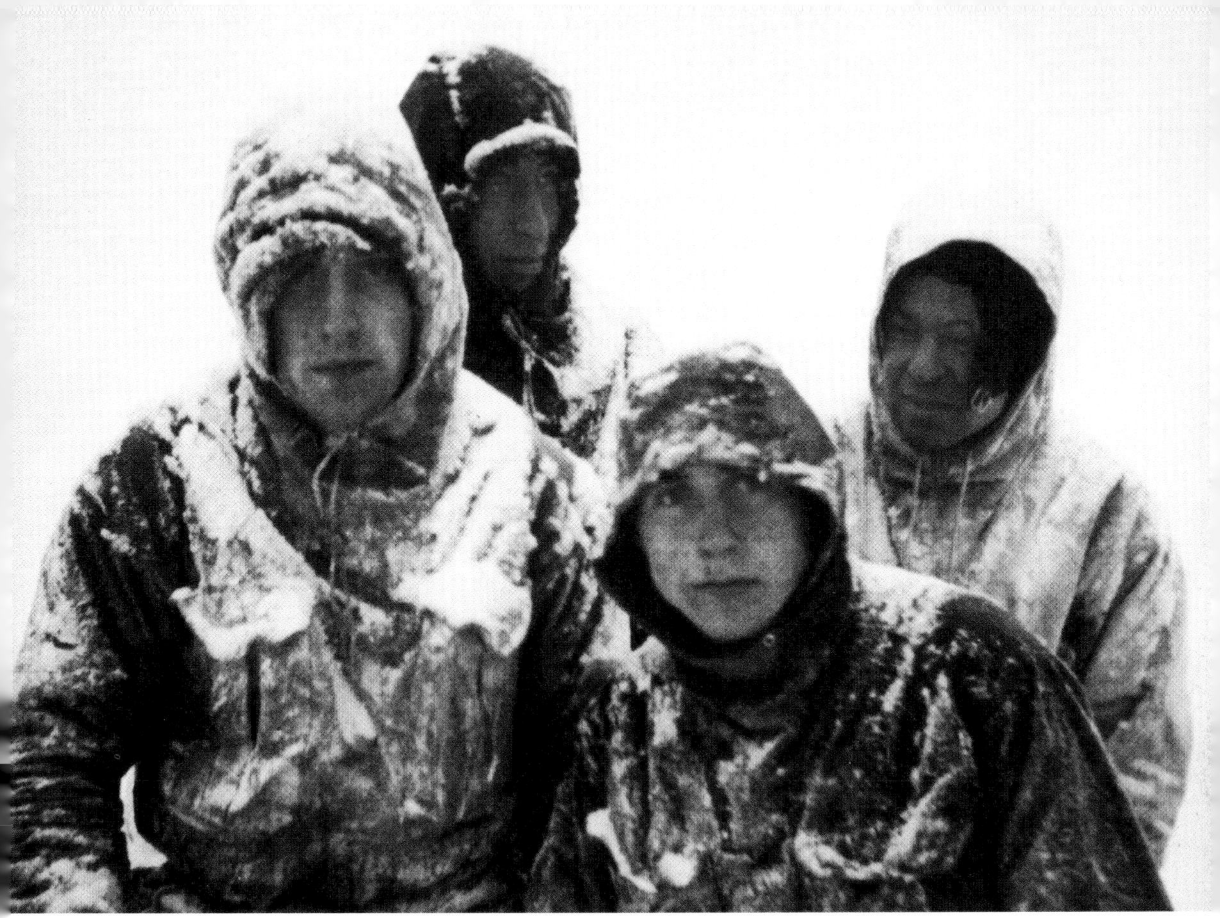
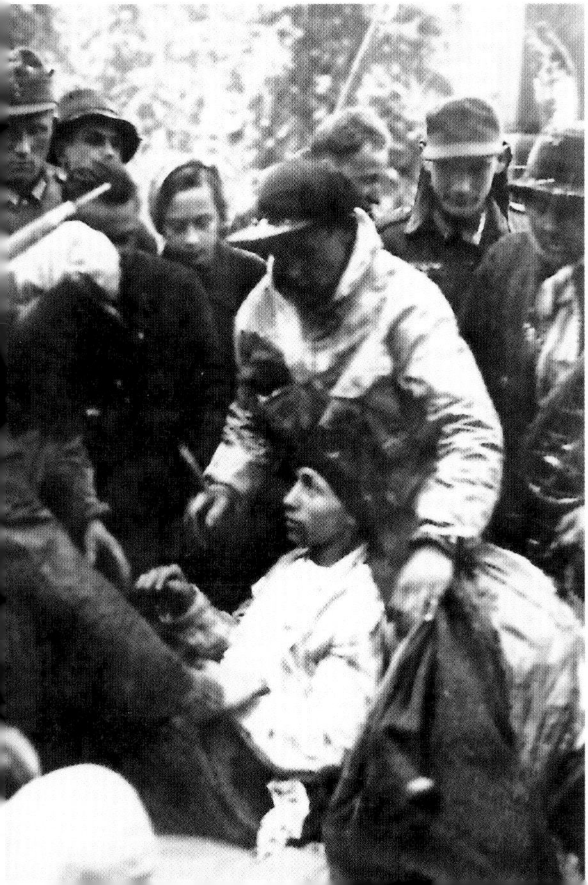
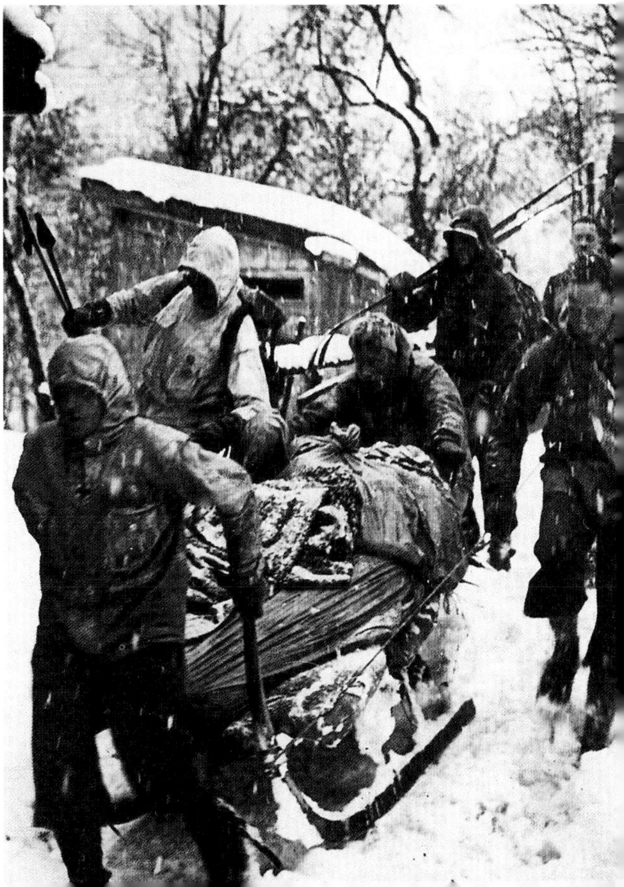

Der «Schutzkäfig» in der Watzmann-Ostwand war anfänglich umstritten. Etwa ein Jahr lang (1950/51) stand er nahe der Südspitze (oben). An seinem heutigen Standort ist er auch ein beliebter Rastplatz: Edi Kastner (ganz links) und Heinz Zembsch (Bildmitte) mit Gästen 1994 (unten).

Rechte Seite: «Aufgetaut» – die Biwakschachtel 1955. Unten rechts Willi End.

Gros der Bergwachtler auf der Südspitze biwakierte, stieg Aschauer mit zwei Begleitern ins Wimbachtal ab, um weitere Seile zu holen.
Am sechsten Tag sah man weder vom Watzmanngrat noch von Sankt Bartholomä aus etwas von den unglücklichen Bergsteigern. Während der Nacht war ein halber Meter Neuschnee gefallen, alle Versuche, wiederum Rufverbindung mit den Münchnern herzustellen, blieben erfolglos. Die Bergrettungsleute mussten annehmen, dass die Freys das fünfte Biwak nicht überlebt hatten. Die Aktion wurde abgebrochen.

12.30 Uhr. Da! Von Sankt Bartholomä aus ortete man die beiden Punkte wieder. Sie bewegten sich langsam aufwärts. «In schwierigem Gelände versuchen sie, von einem Schneefeld auf einen steilen Grat hinauszuqueren. Etwa 50 Meter noch, und sie kommen auf leichteres Gelände.» (Schöner) Doch sie blieben stecken. Es ging nicht mehr ...
Die Rettungsmänner waren mittlerweile bereits bei der Wimbachbrücke eingetroffen, als sie erfuhren, dass die Münchner noch lebten «und sogar bis in Gipfelnähe gekommen seien». (Schöner) Also neu organisieren! 50 Gebirgsjäger aus Bad Reichenhall wurden am gleichen Abend zur Wimbachbrücke gefahren. Während der Nacht schleppten sie 700 Meter Seile und Rettungsgerät auf die Südspitze. Am Morgen des siebten Tages Föhnsturm. Zwei Retter, Paidar und Schmaderer, wurden in die Wand hinuntergelassen. Inzwischen hatten die Freys verzweifelt in einer Höhle Schutz gesucht und wurden von Schmaderer nur durch den Zufall entdeckt, dass er beim Abseilen genau auf jene Höhle traf. Er versorgte die Erschöpften an Ort und Stelle mit Getränken und Essen, danach band er sie ins Rettungsseil ein. Und dann war es vollbracht. Um 15 Uhr hatten Retter und Gerettete die Südspitze erreicht. Die Münchner schafften aus eigener Kraft – von den Rettungsleuten gesichert – den Abstieg ins Wimbachgries. Was besaßen diese Burschen doch für eine Konstitution! Ihre Füße waren erfroren, doch auch das ging glimpflich ab, weil der Arzt Karl von Kraus noch in der Wimbachgrieshütte die richtige Erstbehandlung vornahm.
Seit 1959 glückten in der Watzmann-Ostwand Rettungen und Bergungen vom Helikopter aus. Wieder und wieder holten die Bergwachtmänner Ahnungslose, Leichtsinnige oder Pechvögel zurück ins Leben.

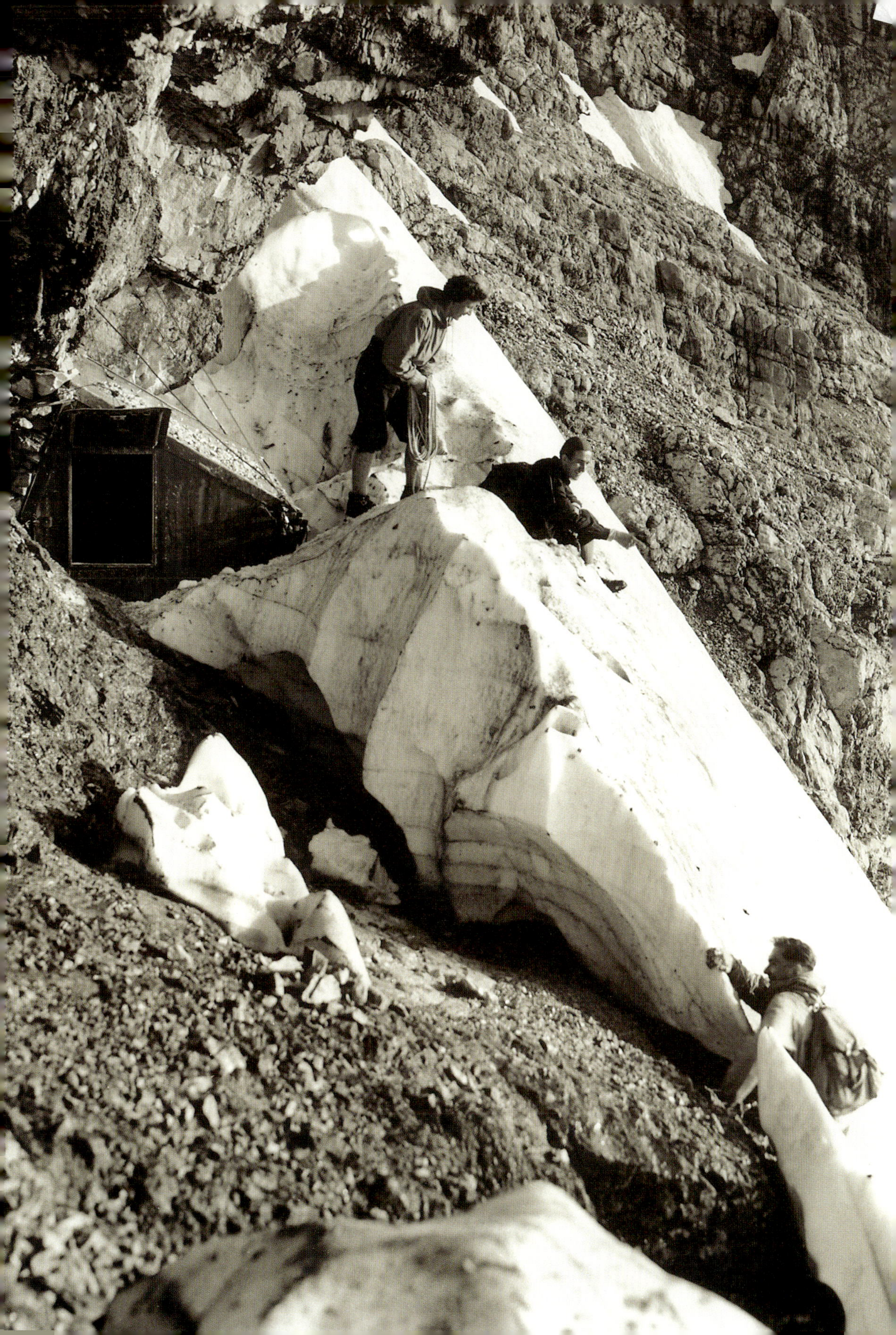

Der obere Teil der Watzmann-Südspitze-Ostwand. Die Biwakschachtel ortet man unter dem dunklen Felsvorsprung links in der unteren Bildhälfte. In der Bildmitte schräg nach rechts aufwärts ziehen sich die «Ausstiegskamine» mit ihren kurzen Stellen im III. Schwierigkeitsgrad.

«Heiße» Tag gab es für die Einsatzbereitschaften, als nach der innerdeutschen Grenzöffnung ab Frühsommer 1990 einige unserer Bergfreunde aus der ehemaligen DDR erlebnishungrig – wer würde das nicht verstehen? – zum Watzmann eilten und anstatt sechs bis acht Stunden Durchstiegszeit mehrere Tage benötigten. Doch auch da kam es Gott sei Dank nicht zu großen Tragödien, wie überhaupt die Unfallziffern der Watzmann-Ostwand während der vergangenen zehn Jahre nahezu stagnierten.
Die jüngste – perfekte – Rettungsaktion indessen lief erst im Juli 2000 ab. Zwei Bergsteiger aus Düsseldorf werden im oberen Teil der Watzmann-Ostwand von einem Gewitter überrascht, geraten in die Dunkelheit und finden die Biwakschachtel nicht. Michael Graßl, mittlerweile auch Einsatzleiter der Bergwacht Berchtesgaden, wird von der Rettungsleitstelle Traunstein alarmiert. Die Kletterer haben ihren Notruf per Handy abgegeben, und Graßl telefoniert nun mit den beiden, die sich vollkommen erschöpft auf ihrer Meinung nach 2200 Metern Höhe befinden. Nebel und Schneefall würden jedes Weiterkommen vereiteln, zudem seien sie nach dem eiskalten Biwak auch nicht in der Lage, selbständig abzusteigen.
Die «Rettungsmaschinerie» läuft an. Michael Graßl und sein Partner werden mit dem Polizeihubschrauber in den Bereich des Berchtesgadener Weges geflogen und springen dort auf etwa 1000 Meter Höhe, während der Pilot den «Heli» im Standflug hält, aus der Maschine. «Nach und nach wird der Rest der Mannschaft immer wieder ein Stück höher in der Wand abgesetzt.» (Graßl) Ein weiterer Berufsbergführer, Dirk Brandner, kann mit einer fliegerischen Meisterleistung auf 2000 Meter Höhe in die Gipfelschlucht transportiert werden. Mittels Mobiltelefon verständigt er sich mit den Düsseldorfern, erfährt deren Standort. Nach einer Stunde erreicht der Retter die in Bergnot Geratenen abseits der Route im Bereich des Dritten Bandes. Brandner führt die Erschöpften am kurzen Seil zum Beginn der Gipfelschlucht. Bei der Biwakhöhle am Ende des Berchtesgadener Weges treffen alle zusammen. Sie müssen ein unangenehmes, kaltes Freilager überstehen. Für die sich nun in Obhut Befindlichen ist es das zweite.
Um halb vier Uhr morgens wird der Einsatzleiter im Tal per Handy geweckt. Er fordert einen Rettungshubschrauber der Bundeswehr an. Um sechs Uhr beginnen die Bergwachtler mit ihrer Abseilaktion über das Erste Band in Richtung des Salzburger-Weg-Ausstiegs. Dort lichtet sich nun der Nebel und: «Rrrrrrooooooooorrrr. Es klingt wie die schönste Musik! Da ist der Heli, und alle atmen auf! Es geht Schlag auf Schlag: In einer tollkühnen Fliegeraktion können nun alle Neun zu Tal gebracht werden.» (Graßl)
Bravo. Was diese Retter an Einsatz leisten, ist mehr wert als jede bergsteigerische Großtat. Körperliche Präsenz und moderne Technik ließen eine rasche Rettung zu. Dass diese Zeitgewinne in erster Linie dem Mobiltelefon zu verdanken sind, wird niemand bestreiten können. Trotzdem besteht die Gefahr, dass manche dank Handy größere Risiken einzugehen bereit sind als ohne. Dahin zielt in erster Linie die Kritik eines Reinhold Messner, der die Meinung vertritt, dass das Handy auf dem Berg nichts zu suchen habe. Unter dem genannten Gesichtspunkt hat Messner Recht. Auch Barbara Hirschbichler, eine der besten deutschen Allround-Bergsteigerinnen und in Bad Reichenhall – also vor dem Watzmann – zu Hause, räumt ein: «Man muss so sicher unterwegs sein, dass nichts passiert, dass ich auch kein Handy brauche.» Das sollte jede(r) im Hinterkopf behalten.

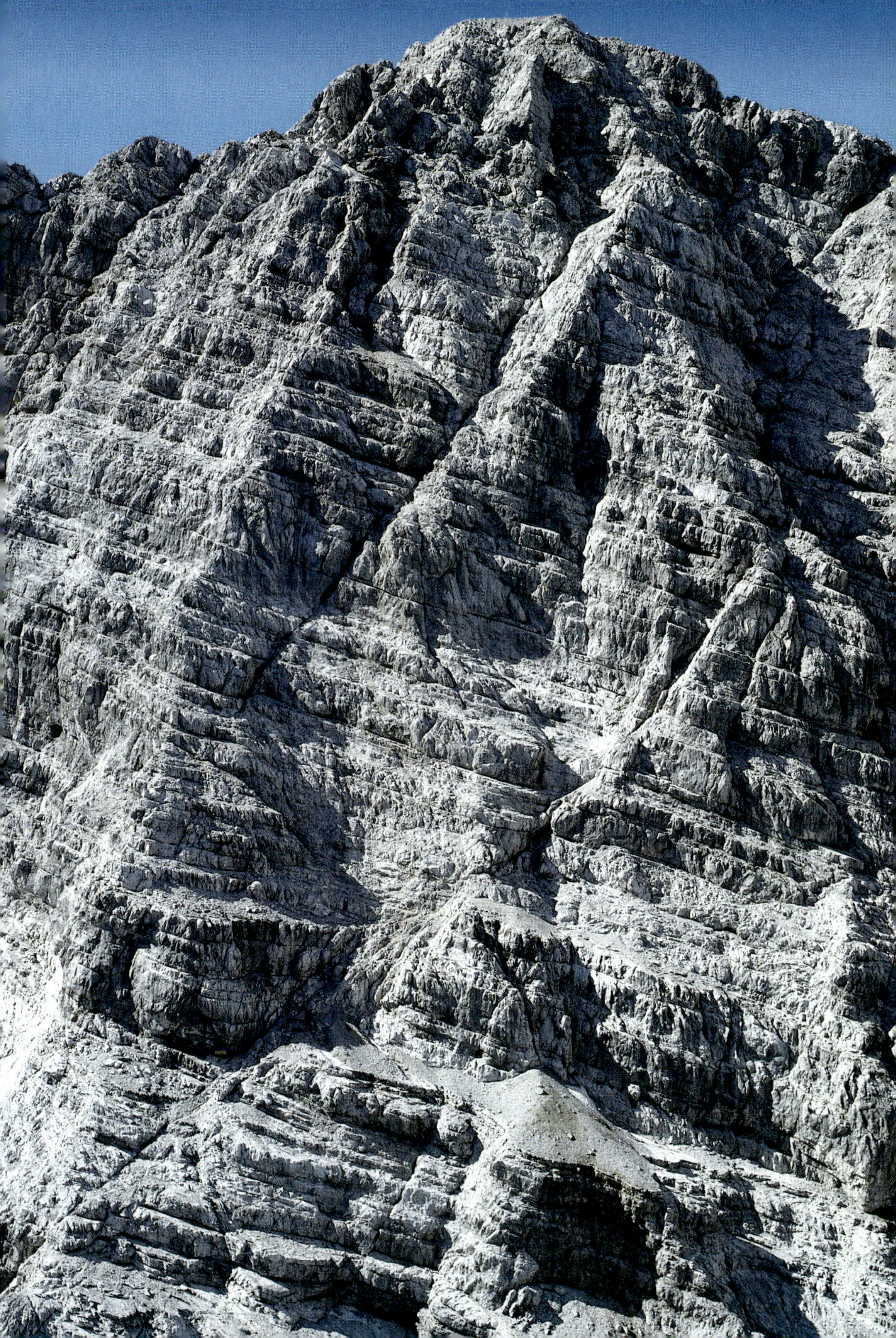

«Amateure» und Berufsbergführer

Die Watzmann-Ostwand als Arbeitsplatz

Johann Ilsanker (1816–1893) hielt einen einsamen Watzmann-Rekord: Über tausend Mal stand er auf dem Berchtesgadener Symbolberg.

Johann Ilsanker (1816–1893), den sie Stanzl nannten und der 1871 als Mittfünfziger zusammen mit einem Bergführerkollegen die erste Winterersteigung des Watzmann-Hochecks durchführte, stand über tausend Mal auf dem Watzmann. Ein einsamer Rekord, der wohl kaum jemals überboten worden sein dürfte. Ilsanker war auch Prominentenführer. 1872 lotste er den Kronprinzen und späteren deutschen Kaiser Friedrich Wilhelm von Preußen auf das Hocheck – und der schenkte Ilsanker als Lohn eine goldene Uhr.

Rekorddurchsteigungszahlen gab und gibt es natürlich auch an der Watzmann-Ostwand. Josef Aschauer beispielsweise hatte sie sowohl als Bergführer und Rettungsmann wie auch aus purer Freude mehr als einhundert Mal durchstiegen. Die erste Begehung seines Berchtesgadener Weges war nicht die einzige Premieretour des «Asche» in der Bartholomäwand. Bereits 1927 kletterte er zusammen mit Sepp Kurz den Salzburger Weg im Abstieg – ohne dass sich die beiden abgeseilt hatten. «Da muasst scho' klettern könna», sagte der «Zembschei», Heinz Zembsch, als Aschauer von diesem Abenteuer erzählte.

Franz Rasp (1940–1988) aus Berchtesgaden-Gern, Bergführer, Präsident der deutschen Berg- und Skiführer und sogar des internationalen Bergführerverbandes, Landwirt, Mitarbeiter beim Nationalpark Berchtesgaden, Brauchtumspfleger und rund 100 Jahre nach der Ära Kederbacher für Berchtesgaden eine alpinistische Symbolfigur vom selben Rang, hatte die Ostwand 294-mal durchstiegen. Ein Rekord, der heute noch Gültigkeit hat. Das Führen bedeutete für Rasp, dessen gleichnamiger Sohn ebenfalls Bergsteiger wurde und der den Watzmann-Ostwand-Führer seines Vaters weiterbetreut, nur eine seiner beruflichen Tätigkeiten. Und Franz Rasp hatte ein «großes Herz». Paul Werner aus München, der sich als Klettersteigspezialist bereits in den 1970er-Jahren einen Namen gemacht hatte, kann ein gut Lied davon singen: «Auch mich hatte der Ostwand-Virus nach mehreren Gratüberschreitungen infiziert. Die Erfüllung kam überraschend. Forstdirektor Dr. Hubert Zierl, Chef des Nationalparks Berchtesgaden, mein Jahrgangs- und Amtskollege, machte mir 1986 zu meinem 50. Geburtstag eine in der gesamten bayerischen Beamtengeschichte einzigartige ‹Schenkung›: Er stellte mir Franz Rasp, damals Angestellter des Nationalparks, für eine Ostwand-Führung ehrenhalber – also gratis – zur Verfügung. Naturschutz und Denkmalschutz sollten nicht nur eine symbolische, sondern einmal auch eine real existierende Seilschaft bilden. Rasp stellte drei Bedingungen. Es musste astreines Herbstwetter und ein Tag unter der Woche sein, und er wollte – damit es in einem Aufwasch geht – noch zwei weitere ‹Sozialfälle› ans Seil knüpfen: einen ebenfalls älteren, mittellosen Bergsteiger und eine 18-jährige Claudia, die vor einer gefährlichen Knie-Operation stand; die Wand sei ihr letzter Wunsch, bevor sie ihr Knie aufschneiden ließ … Beim Zusammentreffen an der Schiffslände in Königssee konnten wir unser gegenseitiges Misstrauen nicht unterdrücken: ‹Wie kann man nur mit so einem kaputten Knie …›, fragte ich die zarte Blondine, und sie hämte zurück: ‹Wie kann man nur in Ihrem hohen Alter …› Zuletzt hämten wir rücklings über unseren gutmütigen Rasp: ‹Wie kann der nur drei so Narrische an ein Seil knüpfen …› […] Schon bei der Fahrt über den Königssee hatte uns Rasp mit allerlei Schauergeschichten auf die Wand eingestimmt, beim Aufstieg erzählte er ‹standortgerechte Details› – wer wann und wie an welcher Stelle zu Tode kam. Bei der Brotzeit in der unteren Wandhälfte erfuhren wir zum Bei-

spiel: Genau auf dem Felsblock, auf dem ich meine Wurstsemmel verzehrte, hatte ein riesiger Eisklotz vor Jahren eine Bergsteigerin zermalmt. […] Bald darauf ging's in die steinschlaggefährlichste Wandstelle. Rasp hatte uns eingeschärft: Bei Steinschlag den Geschossen ganz kühl entgegenschauen, erst im letzten Augenblick ausweichen, sich nicht blindlings irgendwo hinwerfen. Mäuschenstille zunächst, aber in der Wandmitte ging's los – vereinzeltes Poltern, das aber bald zu einem Artilleriefeuer anschwoll. Grauenhaftes Schwirren und Pfeifen in der Luft, dazwischen immer wieder krachendes Aufprallen und Zerbersten von Steintrümmern. In kreatürlicher Todesangst hatte ich mich irgendwo in eine vermeintliche Deckung geworfen und meinen Geist dem Herrn empfohlen. Als wieder Stille einkehrte und ich mich schlotternd erhob, lag jener seltsame Geruch von Schwefel in der Luft. Erst an der Biwakschachtel letzte Rast und ein Tadel von Rasp, dass ich mich im Steinschlag als einziger ‹nicht im Griff› gehabt hätte. Doch dann kehrte sein schwarzer Humor wieder – ein ganzes Register von Todesfällen ließ er an unseren Gemütern vorüberziehen, wer wann hier

Auch Friedrich Wilhelm von Preußen (1831–1888) liess sich vor einer Watzmann-Kulisse ablichten. Er bestieg am 31. Juli 1872 mit dem Führer Johann Ilsanker das Hocheck.

Rast vor der Watzmann-Ostwand-Biwakschachtel. Der große Ostwand-Kenner Franz Rasp (1940–1988; ganz rechts) zusammen mit seinen Gästen. Ganz links Paul Werner.

total durchnässt erfroren, an Erschöpfung gestorben oder kurz vorm Eingang der Biwakschachtel noch vom Blitz erschlagen worden war. Dergestalt moralisch aufgerüstet nahmen wir die letzten Herausforderungen an, gestärkt durch das Wissen: Ein Zurück gibt es hier schon längst nicht mehr, es geht nur noch nach oben.»

Rasp stieg mit seinem Trio nicht etwa ins Wimbachgries oder über den Watzmanngrat zum Watzmannhaus ab. Nein, er wählte als besonders auserlesenes Dessert die Wieder-Route an der Watzmann-Mittelspitze-Ostwand für den Rückweg. «So was von Abstieg hätte ich noch nie erlebt, flüsterte ich Rasp mit belegter Stimme zu. Dann soll ich halt vorausgehen, damit ich mit meiner ‹Nähmaschin› den beiden Anderen ‹koan Stoa ins G'nack› trete. So empfahl ich meinen Geist abermals dem Herrn und begann mit weichen Knien schlaff angeseilt den Abstieg ins Unbekannte. […]

In der riesigen schrägen Querung endlich blanker, fester Fels, und ich erinnerte mich an ein Foto, das Hermann Göring an dieser Stelle zeigt, mit verwegener Miene und abenteuerlichem Hut, damals noch mit kleinerem Bauchansatz. […] Schließlich die letzte Seillänge bis hinab zum Wandfuß, ‹abfahren› durch ein Kar, letzte Brotzeit auf einer Alm. Die Bilanz: Rasp hat seine überglücklichen ‹Sozialfälle› wohlbehalten die Wand hinauf- und wieder hinuntergebracht, mit einer Autorität, die keinen Widerspruch duldete, aber auch mit einigen nahrhaften Leckerbissen in der Hand, die er jedem aus seinem riesigen Rucksack zusteckte, wenn sich Konditionsschwächen andeuteten. […]

Zwei Jahre später, am Neujahrstag 1988, ist Rasp auf derselben Route [Berchtesgadener Weg; Anm. d. V.; siehe auch Seite 70] zusammen mit einem routinierten Winterkletterer tödlich abgestürzt – die Unglücksursache wurde nicht aufgeklärt. Erst da kam mir eine seiner ernsten Thesen über die ‹Wahrscheinlichkeitsmathematik› wieder voll in den Sinn: ‹Du brauchst vor der Ostwand keinen Schiss haben. Du gehst ja nur einmal, wenn hier einer von uns stirbt, dann bin ich es, ganz einfach auf Grund der Wahrscheinlichkeitsrechnung.› Diese Wahrscheinlichkeit war bei seiner 295. Begehung eingetreten.»

Ich selber bin Franz Rasp einige Male begegnet. Als es bei meinem ersten Versuch, die Ostwand zu durchsteigen, im unteren Wandteil zu regnen begann, kehrte ich mit meinem Partner um. Zurück beim Bootssteg in Sankt Bartholomä trafen wir auf Franz Rasp, der mit seinen Gästen gerade das erste Schiff verlassen hatte. Ihn kümmerte der Regen wenig. «Seid's z'ruck? Schad! Wenn ihr no gnua Schmalz habt's, könnt's hinter uns hersteig'n.» Ich hatte damals höflich, aber bestimmt abgelehnt, weil ich keine Lust dazu verspürte, bei Nebel und Schnürlregen durch die Wand zu klettern. Heute bereue ich es fast, dass ich damals nicht mitgegangen bin. So kam ich nicht in den Genuss, einmal den berühmten Führer in «seiner» Wand zu erleben.

Walter Kellermann, Bergführer aus Reit im Winkl und international anerkannter Lawinenexperte, schrieb 1989 zur zweiten Auflage des Watzmann-Ostwand-Führers in seinem Geleitwort mit dem Titel «In Memoriam Franz Rasp»: «So oft wie Franz Rasp war und wird wohl niemand mehr in dieser fast zweitausend Meter hohen Felswand sein. Es ist ein bergsteigerischer Rekord, der einsam, aber in der Leistung unerhört groß ist.» Mit dem letzten Satz hat Walter Kellermann zweifellos Recht. Doch eine Durchsteigung der Watzmann-Ostwand ist heutzutage beliebter denn je. Und viele der Aspiranten sind so vernünftig, sich einem Bergführer anzuvertrauen. Deshalb sind Berufsbergführer, die sich zum Teil oder nahezu gänzlich auf Ostwand-Führungen spezialisiert haben, sehr oft in der Bartholomäwand. Der noch junge Michael Graßl «kennt die Ostwand zu jeder Tages- und Nachtzeit» und konnte im Jahr 2000 bereits an die 100 Führungen durch sie verbuchen. Und Heinz Zembsch, der «Ostwand-Hausmeister», hatte zum Ende der Sommersaison 2000 sensationelle 275 Durchsteigungen. Da läge eine dreihundertste durchaus im Bereich des Möglichen.

Auf dem Wieder-Band der Watzmann-Mittelspitze-Ostwand. Rasp wählte diese Route für seine tüchtigen Gäste bisweilen als raschen Abstiegs«weg».

Heinz Zembsch (*1943)

Lebenslänglich Ostwand

Heinz Zembsch im September 1966 an einem Biwakplatz in der Direkten Nordwand der Grubenkarspitze im Karwendel (VI/A3).

Rechte Seite: Der «Hausmeister» in seiner Ostwand knapp unterhalb der Biwakschachtel: kein Zeichen von Müdigkeit und Anspannung, während der Gast durchaus ein bisschen «schwächeln» darf. Im Hintergrund die Steilwände der Watzmannkinder.

Heinz Zembsch. Jahrgang 1943 und geboren in Regensburg. Ein «Urgestein» unter den deutschen Bergführern. Mit vierzehn kletterte er zum ersten Mal durch die Watzmann-Ostwand. Heimlich. Bald war Heinz dem Bergsteigen verfallen. Die Wehrpflicht brachte ihn 1963 nach Berchtesgaden. An den Wochenenden lernte er die schweren Touren am Untersberg, an der Reiter Alm, am Göll- und am Watzmannstock kennen. Nach Ende der Dienstpflicht fiel es ihm nicht leicht, den erlernten Beruf des Maschinenschlossers wieder aufzunehmen. Die Berge wurden zur permanenten Sehnsucht. Zembsch ging zurück nach Berchtesgaden, wurde Heeresbergführer und 1970 staatlich geprüfter Berg- und Skiführer. Bei einem Alpenvereinsball lernte er die Einheimische Christl Pfnür kennen. Eine hervorragende Bergsteigerin, die zum Beispiel die Fleischbank-Ostwand in reiner Mädchenseilschaft geklettert hatte. Seit 1973 sind Christl und Heinz verheiratet.

1971 sah ich den Zembsch Heinz zum ersten Mal. Er kam gerade von einer Winterbegehung zurück. Ich stand auf dem Kasernengelände in Berchtesgaden-Strub in einem Ehrenzug für die bei einem Hubschrauberabsturz im Wimbachtal ums Leben gekommenen deutschen und französischen Soldaten. Doch 1971 haben wir noch keine Touren miteinander unternommen. Das erste Mal war es 1982, als wir die klassische Haute Route auf der Originalroute im zügigen Fünf-Tage-Durchmarsch hinter uns brachten. Im gleichen Jahr ließ ich mich von Zembsch durch die Watzmann-Ostwand führen. 1983 waren wir wieder darin, allerdings auf verschiedenen Routen: Heinz führte einen Klienten über den Salzburger, ich zwei Bergsteiger über den Berchtesgadener Weg. Am Fuß des steilen Ausstiegswandls knapp unterhalb der Watzmann-Südspitze trafen wir wieder zusammen. Ich hatte gerade einen «Bong» (einen Spezialhaken) als Standplatzsicherung in einen Riss gedroschen, als von unten Heinz auftauchte. «Hast sauber g'macht, aber hau'n wieder ausse.» Der Zembschei ließ es sich nicht nehmen, uns alle vier über die Wandstelle hinaufzusichern. Das wollte zwar an meinem Bergsteiger-Ego kratzen, aber ich ließ es geschehen. Beim Abstieg brauchten wir ein bisschen lang, weil Traudl – so gut sie in

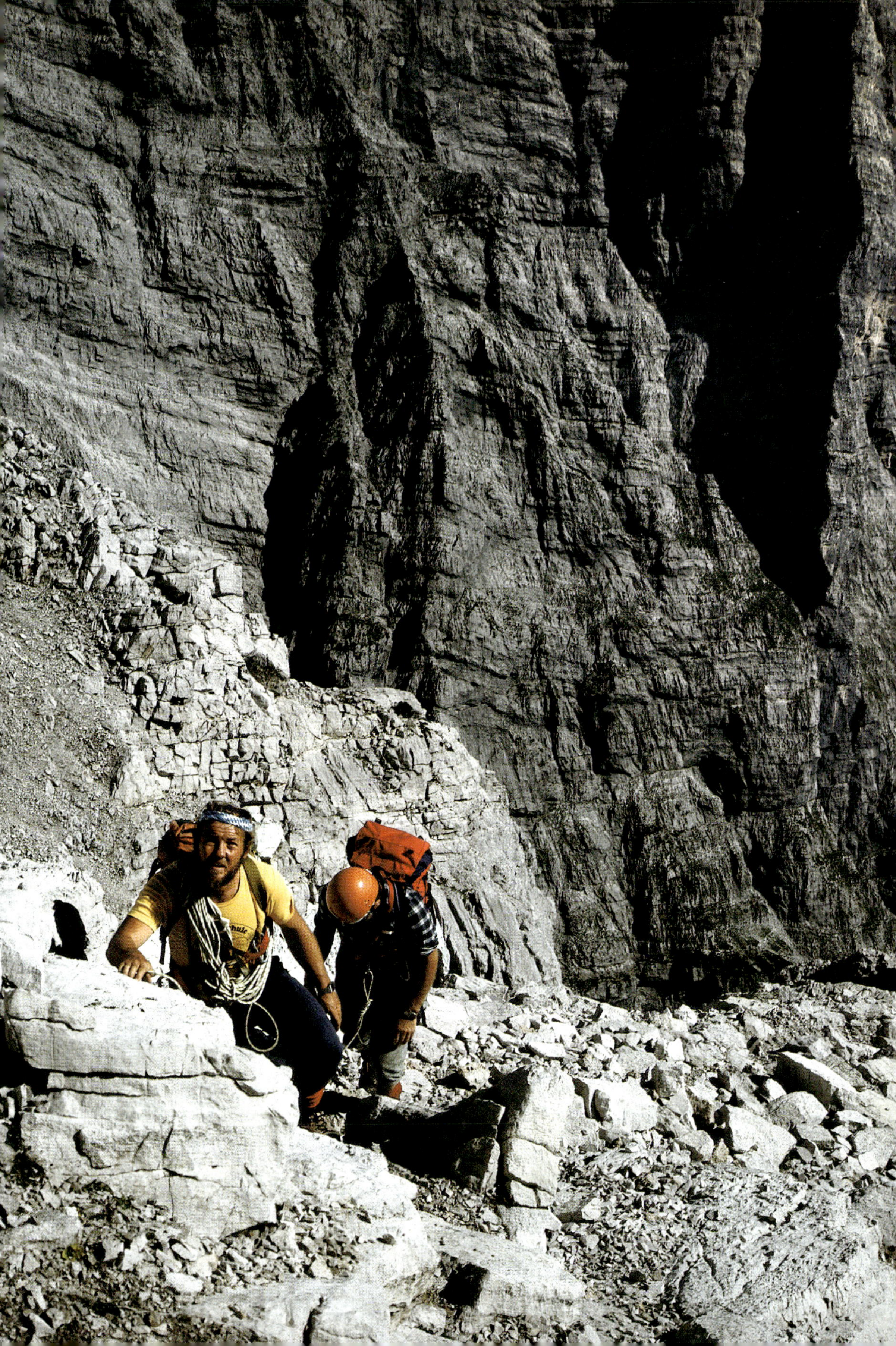

der Ostwand gestiegen war – im Steilschrofengelände der Südsüdwestflanke unsicher wurde. Fürsorglich wartete Heinz in der Hütte, bis wir endlich eintrafen. Heinz und ich unternahmen in der Folge viele gemeinsame Touren. Manche, wie der Reinl-Weg an der Trisselwand-Südwestwand im Toten Gebirge, verliefen nicht anders als abenteuerlich. Da gab es Augenblicke, wo es eng wurde. Wie etwa bei einem «Verhauer» auf dem Neunerbrett, als wir uns – gleichzeitig am Seil gehend – in brutal brüchiges Gelände manövrierten. Unter unseren Sohlen zog sich die Plattenrampe wie der Anlauf einer gigantischen Skisprungschanze gegen den jähen Abgrund hin. Hätte einer von uns einen Fehler gemacht, dann ... Als wir wieder Muße gefunden hatten, in die Runde zu schauen, erschraken wir angesichts der Gewitterfront, die sich da mit erstaunlicher Eile vom Dachstein her dem Trisselberg näherte. Wir kamen, gleichzeitig rennend, zwar noch aus der Wand. Doch wären wir um ein Haar auf der Normalroute – einem Wanderweg – vom Blitz erschlagen worden.

Wer mit Heinz Zembsch unterwegs ist, erlebt bergsteigerische Sternstunden. Sein Tourenverzeichnis ist beachtlich: Eigernordwand, vierte Winterbegehung der Matterhorn-Nordwand, die Droites-Nordwand (die, da Heinz sie «machte», noch als anspruchsvollste kombinierte Alpenroute gehandelt wurde), die berüchtigte Haber-Herzog-(«Ha-He»)-Verschneidung an der Dreizinkenspitze im Karwendel, die Dachstein-Südwand-Direttissima (Schlömmer/Perner), die ersten Begehungen der Direkten Nordwand der Grubenkarspitze (Karwendel) und des Ostpfeilers am Berchtesgadener Hochthron, die ersten Winterbegehungen der Predigtstuhl-Westwand-Direttissima und der Rebitsch-Risse am Fleischbankpfeiler (beide im Wilden Kaiser), die erste Winterbegehung des Kleinen Trichters an der Westwand des Hohen Göll, 25 (!) Erstbesteigungen in der Cordillera Real (Bolivien) – darunter der erste Gratübergang vom Pico del Norte zum Illampu-Westgipfel –, große Routen im Kaukasus (Dych-Tau-Ostgipfel, rechter Südostpfeiler, Schchara-Hauptgipfel-Nordostgrat) zusammen mit Christl, die Siebentausender Pumori (7145 m) und Minyag Kangkar (7587 m). Nur mit einem Achttausender hat es bislang nicht geklappt, wenngleich es Heinz ein paar Mal versuchte. Am Cho Oyu ist der Schweizer Stefan Wörner neben ihm im Zelt gestorben. Seitdem hat Heinz keinen Achttausender mehr angepeilt.

Die Familie Zembsch lebt von der «Ersten Bergschule Berchtesgadener Land», die Heinz gründete und leitet, und von der Bewirtschaftung des Purtscheller-Hauses am Hohen Göll, auf dem Christl das Sagen hat. Tochter Evi (20) lernt Hotelfachfrau und steht im Winter begeistert auf dem Snowboard. Sohn Christoph (17) absolvierte eine Maurerlehre.

An einen Ausspruch des Heinz denke ich oft. Als wir einst mit dem Schiff nach Sankt Bartholomä fuhren, sagte er plötzlich: «Jetzt hat's de Grace Kelly a dawischt. I glaub, es is ois vorbestimmt. Oamoi, da gehst durch d' Höll und nix passiert. A anders Moi passiert's im leichten Gelände. Wenn mir amoi was zuastoss'n sollt, derf koana nüachtern von meiner Beerdigung hoamgeh.»

Heinz Zembsch

Einmal Watzmann – immer Watzmann

Toni Hiebeler äußerte einmal über Heinz Zembsch, dass dieser mit dem Eispickel besser umzugehen pflege als mit der Feder. Das hat dem Heinz so recht nicht gefallen. Klar, dass er kein Schreiber ist. Aber ein Erzähler! Über seine Sprüche und Geschichten, während gemeinsamer Touren zum Besten gegeben, freue ich mich jedes Mal aufs Neue. Den folgenden Aufsatz habe ich bewusst so belassen, wie Heinz ihn für dieses Buch schrieb. In seinem Original-Erzählton. (H. Höfler)

Aufgewachsen bin ich in Regensburg. Mit der Alpenvereins-Jungmannschaft kletterte ich bald in der gesamten Umgebung herum. Felsen hat es ja im Umland von Regensburg genug. Aber als ganz junger «Spund» langt einem das bald nimmer. Ich wollte unbedingt durch die Watzmann-Ostwand steigen. Die hatte es mir angetan, da musste ich hinauf und nichts konnte mich halten. Nicht einmal die Eltern. Die haben mir nämlich das Klettern immer verboten. Es sei zu gefährlich, haben sie gesagt, da kann man abstürzen.
Nichtsdestotrotz: Mit einem Spezl habe ich eine Durchsteigung der Watzmann-Ostwand ausgemacht. Heimlich habe ich den Rucksack gepackt und außer Haus irgendwo deponiert. In aller Herrgottsfrühe habe ich mich auf die Toilette geschlichen, bin aus dem Fenster gestiegen und habe mich an der Hausfassade abgeseilt. Rasch den Rucksack geholt und zum vereinbarten Treffpunkt. Wer nicht kommt ist der Spezl. Was tun? Aufgeben? Und Watschen kriegen für nix und wieder nix? Fiel mir gar nicht ein.
Per Autostopp fuhr ich nach Berchtesgaden. Am Königssee war das letzte Schiff schon weg. Ich stibitzte ein Boot und ruderte hinüber nach Sankt Bartholomä. Im Ostwandlager habe ich dann übernachtet. Und hatte das Glück, dass noch zwei Ramsauer Bergwachtler dahergekommen sind. Die haben mich natürlich gefragt, was ich machen wolle, und ich hab' ihnen meine Geschichte erzählt. Nachdem sie sich vergewissert hatten, dass ich schon viel geklettert war, erlaubten sie mir, am nächsten Tag mit ihnen zu gehen. Die Zwei kannten sich natürlich gut aus und so standen wir nach fünf, sechs Stunden am Gipfel.
Von der Südspitze aus bin ich allein über den Watzmanngrat gegangen, nach Königssee abgestiegen und tags darauf per Anhalter zurück nach Regensburg gefahren. Und wie ich so im Auto saß, habe ich immer denken müssen: «Mensch Meier, wenn ich heimkomm', wird mir der Vater den Arsch aushau'n.» Ich war damals 14 Jahre alt. Nachdem ich aber drei Tage unterwegs gewesen bin, waren die Eltern froh, dass ich gesund wieder zu Hause ankam. Getan haben sie mir natürlich nichts.
Dieses Watzmann-Erlebnis hat mich so geprägt, dass ich von da an immer häufiger ins Gebirge gefahren und schließlich auch Bergführer geworden bin. Am Watzmann und an den Berchtesgadener Alpen blieb ich «hängen», wie es so

Im Element: Heinz Zembsch sichert während seiner 200. Watzmann-Ostwand-Durchsteigung in einer Variante der «Rampe» des Berchtesgadener Weges seine Klienten.

schön heißt. Auch sonst kam ich ja mittlerweile viel in der «Weltgeschichte» herum. Doch es ist schon bezeichnend, dass ich dort heimisch geworden bin, wo es mich als Bub zuallererst und mit aller Macht hingezogen hat.
Vor etlichen Jahren konnte ich dann meine Bergschule gründen. Das brachte und bringt mit sich, dass ich viele Touren durch die Watzmann-Ostwand zu führen hatte und habe. Stark in Erinnerung ist mir dabei eine Durchsteigung mit einem Gast aus Frankfurt – nennen wir ihn einfach einmal Max – geblieben.

Der Max war nicht mehr der Jüngste. Aber ich habe gewusst, dass er schon im Himalaja unterwegs gewesen ist und neben anderen bekannten Alpentouren auch den berühmten Biancograt in der Berninagruppe gemeistert hat. Allem Anschein nach war Max «guat beinand'». Zu Dritt haben wir uns an die Begehung des klassischen Kederbacher-Weges gemacht: Max, ein weiterer Gast und ich vorneweg. An diesem Tag aber ist Max nicht so gut beieinander gewesen. Ich habe ihn immer ziehen und ziehen müssen. Wir waren schon weit über der normalen Zeit und als wir die Biwakschachtel erreichten, war Max kräftemäßig am Ende. Es war nicht mehr daran zu denken, mit ihm am selben Tag noch den Gipfel zu erreichen. Wir hätten biwakieren müssen.

Das Problem war nur dies: Für den nächsten Tag hatte ich bereits wieder eine Ostwanddurchsteigung vereinbart. Die Gäste würden warten müssen und lange, enttäuschte Gesichter ziehen, wenn sie der Bergführer im Stich ließe.

9. August 1994: Heinz Zembsch nach seiner zweihundertsten Watzmann-Ostwand-Durchsteigung im Interview mit Ernst Vogt, dem Leiter der Bergsteigersendung des Bayerischen Rundfunks, vor der Wimbachgrieshütte.

Guter Rat war teuer. Da hatte ich eine Idee. «Max», sagte ich, «das Weitergeh'n hat für dich heute keinen Sinn mehr. Du bleibst da auf der Biwakschachtel. Hier kannst du unbesorgt übernachten. Morgen um Elf komme ich mit der nächsten Seilschaft und nehme dich dann zum Gipfel mit.» Er willigte ein. «Du gehst mir aus der Schachtel nicht heraus», ermahnte ich ihn eindringlich, «allenfalls zum Bieseln». Ich habe ihm was zu Essen und zu Trinken dagelassen, bin mit dem anderen Gast weitergestiegen und habe in der Nacht das Tal erreicht.

Am nächsten Morgen zog ich mit zwei Touristen los. Meinen Schwager, einen erfahrenen Bergwachtmann, habe ich vorausgeschickt. Ich hatte ihm die Sachlage erklärt und er sollte den Max zum Gipfel führen. Bei mir und meinen Gästen hätte die Durchsteigung ja doch ein bisschen länger dauern können.

Nach ein paar Stunden hat mein Schwager die Biwakschachtel erreicht. Es war schönstes Wetter, die Sonne brannte in die Ostwand. Doch an der Schachtel war niemand. Nirgendwo eine Spur von Max. Mein Schwager hat sich gleich Sorgen gemacht und befürchtet, «ja Himme no amoi, is' der obag'falln?» Dann öffnete er die Tür der Biwakschachtel. Im hintersten Eck saß der Max. Er hatte sich nicht aus der Schachtel herausgetraut. «Komm 'raus, Max, ich bin der Führer vom Heinz, ich soll dich mit hinauf zum Gipfel nehmen. Auf geht's, pack ma's.» Aber der Schwager hatte die Rechnung ohne den Max gemacht. «Kommt nicht in Frage», antwortete er. «Der Heinz hat mir befohlen zu warten, bis er kommt. Ich warte. Um Elf ist er da.» Erst als ich mit meinen Gästen etwa einhundert Meter tiefer in Sichtweite vom Schwager und von Max kam, ließ sich dieser überzeugen, nun doch zum Gipfel weiterzusteigen. Es wurde auch Zeit. Sie erreichten wohlbehalten die Südspitze und gingen hinüber zum Watzmannhaus, wo es mit Max' Kondition schon wieder zu Ende war. Hier hat er übernachtet, bestimmt um einiges bequemer und unbelasteter als in der Biwakschachtel.

Ich bin dann manchmal darauf angesprochen worden, dass ich so einfach einen Gast mitten in der Ostwand habe sitzen lassen. Aber ich denke schon, dass ich alles im Griff hatte. Der Watzmann ist ja schließlich längst mein Hausberg geworden. Und die Ostwand, die kenn' ich wie mein Westentaschl.

Die Hauptrouten an der Watzmann-Ostwand

① Berchtesgadener Weg, 1947 (III)
② Münchner Weg, 1929 (IV)
③ Franz-Rasp-Gedächtnisweg, 1999 (VI)
④ Salzburger Weg, 1923 (V)
⑤ Kederbacher-Weg, 1881 (IV)

Varianten führen über das Zweite, Vierte und Fünfte Band (im Wandmittelteil rechts der Bildmitte deutlich zu erkennen). Parallel oberhalb der Rampe des Berchtesgadener Wegs verläuft die berüchtigte Schlebrügge-Rampe (V, schon mehrere tödliche Unfälle). Der Frankfurter Weg führt über die steile Wandzone rechts des Schuttkars des Berchtesgadener Wegs.

Des Städters Traum vom unbeschwerten Leben in den Bergen: Der Watzmann als Kulisse für folkloristische Darbietungen – schon an der Wende zum 20. Jahrhundert.

Zwischen Kunst und Kitsch

Seit 1134, das ist die Zeit um die Gründung des Stifts Berchtesgaden, steht auf der Königssee-Halbinsel – einem Schwemmkegel, der sich durch das Geröllgeschiebe des Eisbachs bildete und der immer größer wird – eine Kapelle. Dieser romanische Urbau wurde in das heutige Langhaus von Sankt Bartholomä integriert. Die barocke Wallfahrtskirche, um 1698 geschaffen, besitzt einen Chor mit drei Konchen, für dessen Realisierung man «sichtlich von der Chorgestalt des Salzburger Doms inspiriert» (Herbert Schindler) worden war. Die Kirche – bezaubernder Mittelpunkt eines Ensembles mit einem kleinen Jagdschloss, dem Jägerhaus, dem früheren Meierhof und dem Schiffshaus – bestimmt mit dem Hintergrund der Watzmann-Ostwand einen der landschaftlichen Superlative im gesamten Alpenbogen.

«Der Watzmann gehört in der Romantik zu den meistgemalten Bergen der bayerisch-österreichischen Alpen» (Eberhard Ruhmer). Postmoderne und Dilettanten zieht es auch jetzt noch an den «Malerwinkel» überm Königssee oder nach Sankt Bartholomä. Ludwig Ganghofer, der bildhaft-kraftvoll Beobachtende, hinterließ mehr als ein halbes Dutzend Romane, für die die Historie des Stifts Berchtesgaden Leitbilder abgibt. Auf den Almen erleben wir mit den offenen und den geschlossenen Rundumkasern Beispiele für eine uralte Arbeitskultur. Und – natürlich – blüht allenthalben das Gewöhnliche, der Kitsch. Ihn gibt es geballt an jenen bisweilen schier unerträglich überlaufenen Plätzen des Berchtesgadener Landes, von denen sich einige wenige auch am Fuß des Watzmanns befinden.

Der folgende kleine Exkurs durch die künstlerische Entdeckung und durch den Fremdenverkehr verlässt ein bisschen den großen Berg als solchen. Doch wäre auch seine Entwicklung zum Tourismusmagneten nicht möglich gewesen ohne die Infrastruktur in seinem Vorfeld. Als schrille Dissonanz stört die «Eroberung» des Landes vor dem Watzmann durch die Agitatoren des Dritten Reiches empfindlich.

Das allzu krachlederhosene und jodelselige – das den gewachsenen Berchtesgadenern im Grunde fremd ist – nimmt Wolfgang Ambros mit seiner Posse «Der Watzmann ruft» aufs Korn. Versöhnlich stimmt die Betrachtung von fünf Bildern mit dem Watzmann als Motiv, die Angelika Witt in dieses Buch einbringt. Der Berchtesgadener Symbolberg – zumindest seine Mittel- und Südspitze – würde die Münchner Kunsthistorikerin vor Ort eher schrecken. Dennoch ist ihr die Bergwelt von vielen Wanderungen zusammen mit ihrer Mutter seit Kindheitstagen an vertraut.

Wo viel Licht, da auch Schatten

Von Malern und Schreibern, Königen, Verbrechern – und einem sarkastischen Rockstar

König Ludwig I. (1786–1868), der vorausschauende bayerische Monarch, mochte die Gegend um den Watzmann.

Anfang des 19. Jahrhunderts setzt die künstlerische Entdeckung des Berchtesgadener Landes ein. Wilhelm Friedrich Schlotterbeck und Johann Jakob Strüdt, bezeichnenderweise Schweizer, erarbeiten 1804 beziehungsweise 1807 die ersten Grafiken aus dem Gebiet Salzburgs und Berchtesgadens. Schöpferischen Entdeckerruhm erlangen insbesondere die Brüder Ferdinand und Friedrich Olivier aus Dessau, Julius Schnorr von Carolsfeld aus Dresden, Carl Philipp Fohr aus Heidelberg, die Brüder Heinrich und Friedrich Philipp Reinhold aus Gera. Zu ihnen gesellen sich die Nürnberger Johann Adam Klein, Johann Christoph Erhard und Friedrich Welker. 1823 erscheint die grafische Folge «Sieben Gegenden aus Salzburg und Berchtesgaden, geordnet nach den sieben Tagen der Woche» von Ferdinand Olivier in Ton-Lithografien. Der Dresdner Adrian Ludwig Richter malt seine Watzmann-Darstellung in Rom, nachdem er im Sommer 1823 für längere Zeit im Berchtesgadener und im Salzburger Raum geweilt hatte. Caspar David Friedrichs berühmter Watzmann entsteht nach einer Vorlage eines seiner Schüler. Denn Friedrich selber war nie in Berchtesgaden gewesen.

Die Berchtesgadener Landschaft weckt auf Grund ihrer Großartigkeit die Interessen musischer Menschen jeder Couleur. König Ludwig I., der das verschuldete Bayern saniert und der sodann mit dem Hintergrund gesicherter Finanzen Kultur- und Kirchenpolitik großen Stils betreiben kann, der die Monasterien wiederherstellt und die Münchner Universität aufbaut, hält sich wiederholt im Jagdrevier um den Königssee auf. Am 20. März 1848 sieht sich der Bayernkönig gezwungen, die Krone niederzulegen. Seine Verirrung mit der Tänzerin Maria de los Dolores Porres y Montez («Lola Montez») spielt revolutionären Gegnern der Monarchie schlechthin in die Hände. Ludwigs Sohn, Kronprinz Maximilian, kommt als König Max II. auf den bayerischen Thron.

Der vielseitig gebildete Max II. liebt Berchtesgaden wie kaum ein anderer bayerischer König. «Mit ihm kamen die Dichter, Schriftsteller, Gelehrten, die Max so gerne um sich hatte.» (Erica Schwarz) Leopold von Ranke, der Historiker, besucht das Landl, ebenso fühlen sich die Schreiber Franz von Kobell und Ludwig Steub wohl hier. Alexander Schöppner sammelt die Sagen, und Karl Stieler bringt seine «Winterreise an den Königssee» zu Papier. Der Alpenwanderer Heinrich Noë prägt den Satz: «Berchtesgaden ist der Yellowstone Park der Alpen.» Ludwig II. kommt als Kind oft in die Berchtesgadener Alpen. Nicht nur sein Vater, Max II., hegt eine besondere Vorliebe für diese Gegend. Auch Ludwigs Mutter, Königin Marie, ist eine begeisterte Bergsteigerin, die im September 1854 gar das Watzmann-Hocheck erreicht. An den Hochgebirgsjagden seines Vaters nimmt Ludwig noch als Kronprinz teil. Seine Grundhaltung ist von Frömmigkeit und Gottesfurcht geprägt, seine Naturverbundenheit von Herzen tiefgründig. Seine Neigung zu Kulturdenkmälern äußert sich nicht allein in aufwendigen Schlossbauten. 1868 verhindert er im letzten Moment den Abbruch der nach der Säkularisation dem Verfall preisgegebenen Kapelle Sankt Bartholomä, indem er die Mittel für die notwendigen Reparaturen unbürokratisch aus der eigenen Kabinettskasse zur Verfügung stellt.

Seit 1842 steht Berchtesgaden im «Baedeker», dem maßgebenden Reisehandbuch jener Zeit. Bis 1888 ist der Ort nur mit der Postkutsche zu erreichen. Aber seit 1860, seit die Eisenbahnlinie von München nach Salzburg existiert, verstärkt sich der Zustrom an Gästen deutlich.
1888 wird Berchtesgaden mit der Schienenstrecke über Hallthurm, Bayerisch Gmain und Reichenhall nach Freilassing an das Haupteisenbahnnetz angeschlossen. 1907 kann die Bahnstrecke Berchtesgaden–Schellenberg eröffnet werden. Von 1908 an führen die Gleise bis zur Landesgrenze und ab 1909 bis nach Salzburg hinüber. Im gleichen Jahr nimmt die Stichbahn Berchtesgaden–Königssee ihren Betrieb auf. Heute gibt es beide Schienenwege nicht mehr.
Ein wichtiges Kapitel Berchtesgadener Fremdenverkehrsgeschichte schreibt Mauritia Mayer, die 1877 das Steinhauslehen am Obersalzberg erwirbt, umgestaltet und es fürderhin unter dem Namen «Pension Moritz» als Fremdenunterkunft betreibt. Peter Rosegger wird dort Gast, ebenso

Trumpf Fremdenverkehr. Die Schiffslände in Königssee ist ein Brennpunkt des Alpentourismus. Geduldig warten die Urlauber auf ihren Trip nach Sankt Bartholomä.

Nächste Doppelseite: Sankt Bartholomä – das reizvolle Ensemble aus der Vogelperspektive.

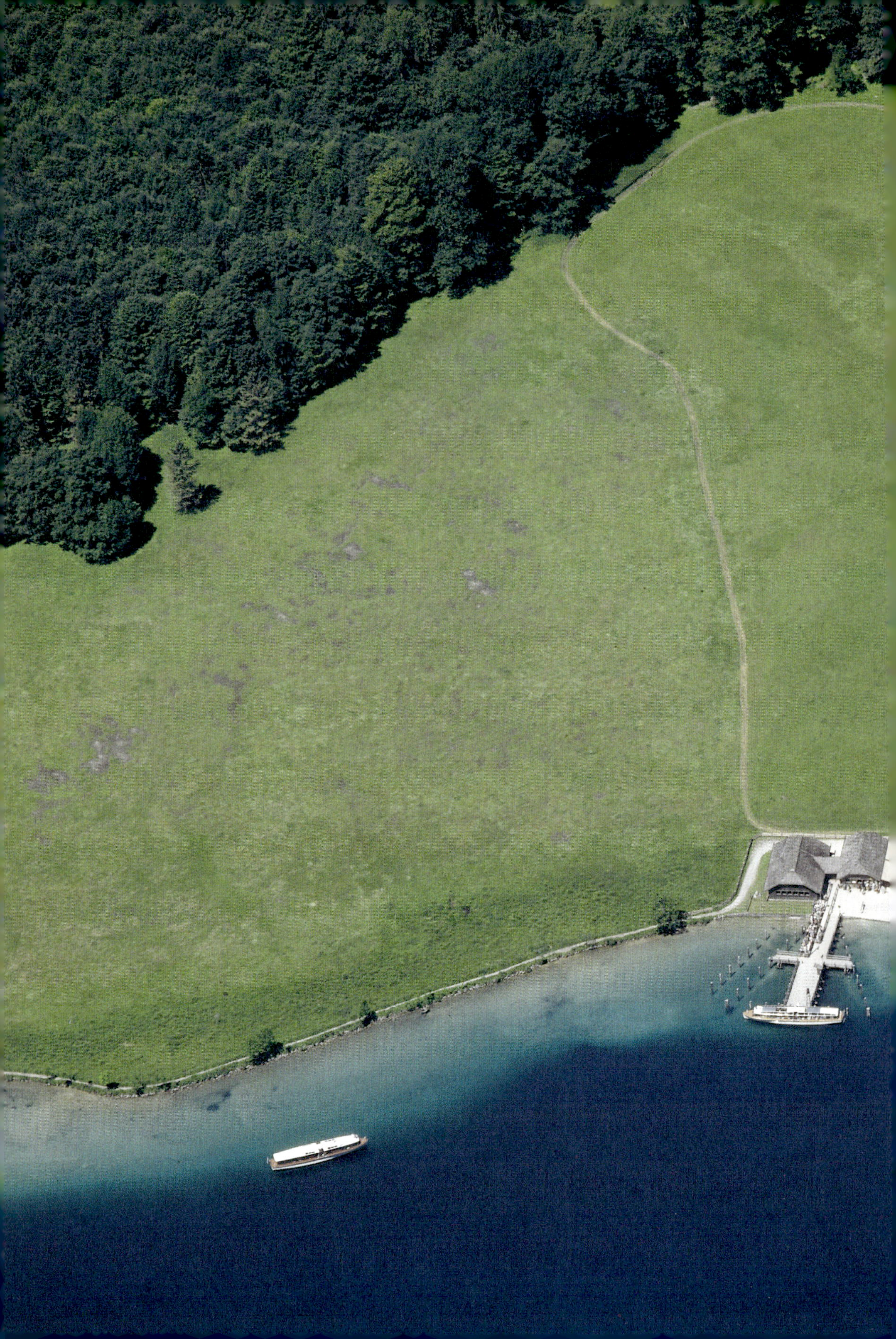

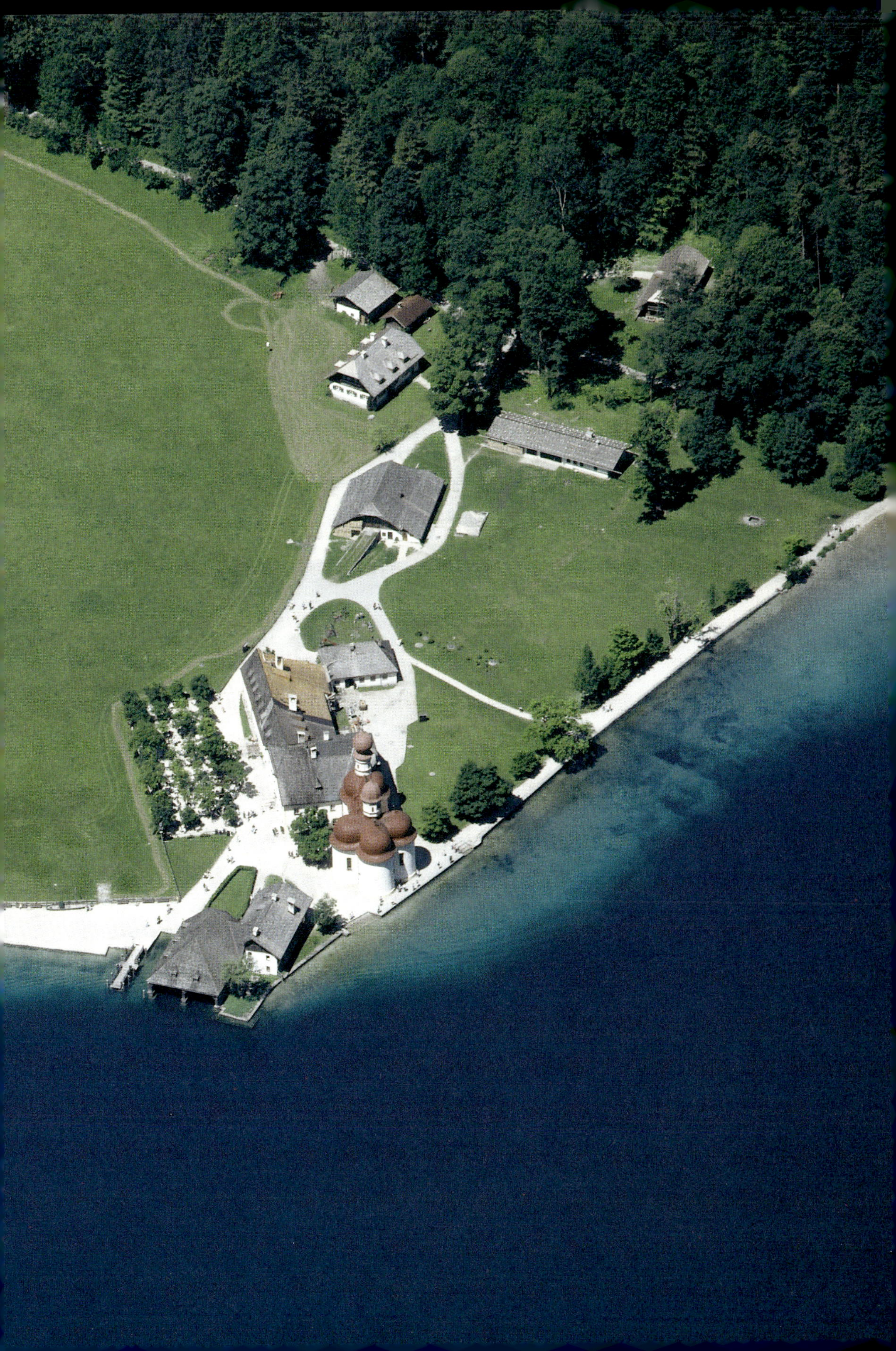

Der Reichsjägermeister gibt sich sportlich: Hermann Göring, «damals noch mit kleinerem Bauchansatz» (Paul Werner), vermutlich 1935 am Watzmannfels.

Ludwig Ganghofer und Richard Voß. Auch Johannes Brahms und Clara Schumann weilen auf dem Obersalzberg.

Manche sagen, Ganghofer habe durch seine Vielschreiberei dem Berchtesgadener Land eher geschadet als genützt, habe die Landschaft quasi «kaputtgeschrieben», indem er durch seine Bücher über die Maßen viel Touristenvolk an den Königssee lockte. Doch dermaßen schadet Ganghofer dem Landl mitnichten, wie es nur wenige Jahrzehnte später dem «großen Diktator» gelingt.

Adolf Hitler ist 1923 unter dem Decknamen «Herr Wolf» in eben dieser «Pension Moritz» – dem späteren «Platterhof», der 1936 in ein «Volkshotel» umgebaut wurde – zu Gast. (Von 1952 bis 1995 führten es die Amerikaner unter dem Namen «Hotel General Walker».) Später mietet er zunächst das in anmutiger Lage auf dem Obersalzberg stehende «Haus Wachenfeld». 1933 kauft er es. 1935/36 lässt Hitler das Anwesen in den «pseudoalpin-herrschaftlichen Berghof» (Clemens M. Hutter) mit 30 Räumen und einem versenkbaren Panoramafenster von acht mal vier Metern Größe, das den Blick vom Hochkalter über den Untersberg bis nach Salzburg freigibt, umbauen. Zehn Quadratkilometer «Führergelände» entstehen. Die Ansässigen werden zwangsumgesiedelt und diejenigen, die sich sträuben, den Obersalzberg zu verlassen, unter Androhung von KZ-Haft vertrieben. 51 Häuser – Bauernhöfe und Villen – müssen weichen, damit ein Exerzierplatz, eine Schießhalle, eine Kaserne, eine Theater- und Kinohalle mit 2000 Plätzen, ein Gutshof und anderes mehr sowie ein umfangreiches Straßennetz aus dem Boden gestampft werden können.

Anlässlich Hitlers 49. Geburtstag lässt Martin Bormann ein «Diplomatenhaus» – den «Adlerhorst» – auf dem Kehlstein bauen, das auf einer atemberaubenden Panorama-Bergstraße und zuletzt mit einem Aufzug erreicht werden kann. «Diese Überraschung […] ging jedoch daneben, weil der Beschenkte die Höhenlage nicht vertrug. Deshalb diente diese Anlage vorwiegend dazu, prominente Gäste zu beeindrucken.» (Hutter) Es ist übrigens falsch, bezüglich des Kehlsteinhauses vom «Teehaus» zu sprechen. Ein solches gab es allerdings auch. Es stand 20 Gehminuten vom «Berghof» entfernt auf dem Mooslahnerkopf. (Nicht zu verwechseln mit dem gleichnamigen Trabanten des Kleinen Watzmanns.)

Nur drei von «Hitlers Helfern» wird es erlaubt, sich auf dem Obersalzberg anzusiedeln: Bormann, dem Architekten Albert Speer und Hermann Göring. Im Gegensatz zu Hitler gibt sich der «Reichsjägermeister», solange er noch nicht seine maximale Leibesfülle erlangt hat, sportlich. Bis zu einem gewissen Grad ist er es auch. Immerhin schafft es Göring mit Hilfe von Bergführern, die Wieder-Route auf die Watzmann-Mittelspitze zu bewältigen.

1943 wird der Obersalzberg befestigt. Es entstehen Flugabwehrstellungen, fünf Kilometer Stollen und viele Quadratmeter unterirdischer Wohnraum mit allen Finessen. Von den Alliierten bombardiert und zerstört werden die Anlagen auf dem Obersalzberg erst am 25. April 1945. Hitler «verteidigt» zu diesem Zeitpunkt Berlin. Fünf Tage später begeht er Selbstmord. «Hitler hat auf dem Obersalzberg keineswegs nur Kinder gestreichelt, sondern die Angriffskriege auf Polen und auf die Sowjetunion ausgeheckt. Er hat hier nicht nur Staatsmänner und Diplomaten empfangen, sondern auch die Annexion Österreichs und des Sudetenlandes sowie die Zerstörung der ‹Rest-Tschechei› politisch orchestriert.» (Hutter)

Das, was Hitler nie wollte, wird – als das

Gelände 1996 an den Freistaat Bayern zurückfällt – Wirklichkeit: Ein Museum, realisiert vom Münchner Institut für Zeitgeschichte. Auch ein kleiner Teil der Stollenanlage ist noch zu besichtigen. Fremdenverkehr ist heutzutage der wirtschaftliche Trumpf des Marktes Berchtesgaden und auch der anderen Orte rund um die Berchtesgadener Alpen. Die einmalige Landschaft lockt zeitweise sehr viele Urlauber an den Fuß des Watzmanns, obwohl die Besucherzahlen momentan leicht rückläufig sind. Zwar konzentriert sich der Ansturm auf bestimmte Zentren, doch diese sollte der Genuss-Naturfreund während der Spitzenmonate im Sommer meiden. Da herrscht Rummel pur, und man verlöre vor lauter Menschenleiber-Gewälz – etwa in Sankt Bartholomä, auf Jenner und Kehlstein oder am Hintersee – den Blick für das Wesentliche.

Die Unkritischen erfreuen sich an den Kitsch-Blüten, die der Watzmannkult treibt: an den Postkarten mit der versteinert-vermenschlichten Watzmannfamilie, an Bierkrügen und Gläsern mit Watzmannmotiven, am Watzmann auf dem T-Shirt, am Watzmann als Wanderstockbeschlag, am Watzmann in der Schütteldose (leise rieselt der Kalk), am Watzmann als Echo-Spender während der Königssee-Überfahrt, am Watzmann als schaurigem Killerberg. Sogar die Vitrine im Münchner Messegelände-See birgt einen Watzmann.

«Wie schallts von der Höh', hollareidulljöh, guckuuu … Groß und mächtig, schicksalsträchtig … Um seinen Gipfel jagen … Nebelschwaden …» Ja, rufen tut er auch, der Watzmann. Wolfgang Ambros' sarkastische Rock-Posse «Der Watzmann ruft», in der freilich auch eine Ortsfremde – die «Gailtalerin» – mitmischt, ist köstlich. Sie veräppelt unter ihrem Watzmann-Aufhänger alles Völkstümelnde, Haglbuacherne und Älplerisch-Klischeehafte. Das Album war Anfang der 1980er-Jahre auf dem Markt aufgetaucht und gefiel auch dem aufrührerischen Reinhold Messner, der es in einer Alpin-Zeitschrift als Geschenktipp empfahl. Der Wiener Rockstar Ambros hatte, ehe und schon gar nicht während er die Platte machte, den Watzmann nie zu Gesicht bekommen. Als er ihm dann doch einmal gegenübersteht, ist er tief beeindruckt von der tatsächlichen Mächtigkeit des Berges.

Sei es als Ansichtskarte um die Wende zum 20. Jahrhundert (oben) oder als Marke für erstklassige regionale Bio-Produkte des 21. Jahrhunderts (unten): König Watzmann musste und muss seinen Kopf immer wieder für kommerzielle Zwecke hinhalten.

Entrückt schön: Caspar David Friedrich, «Der Watzmann», um 1825; Öl auf Leinwand, 133 x 170 cm, Nationalgalerie Berlin. (Beschreibung ab Seite 102)

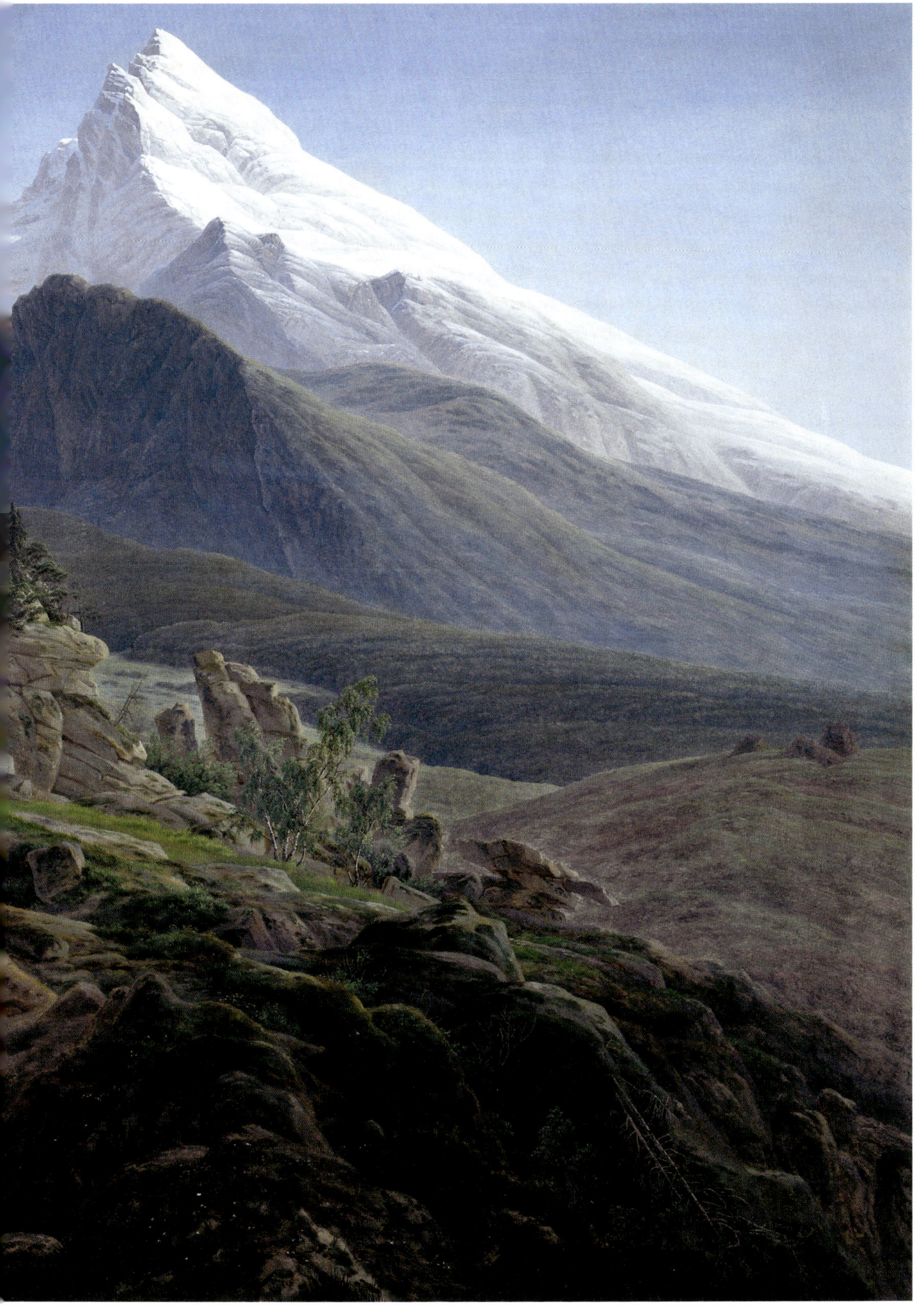

Angelika Witt

Fünf Bilder vom Watzmann

Detailverliebt: Adrian Ludwig Richter, «Der Watzmann», 1824; Öl auf Leinwand, 120 x 93 cm, Neue Pinakothek München. (Beschreibung ab Seite 104)

Mit Beginn der europäischen Landschaftsmalerei im Mittelalter entstanden auch die ersten Bergbilder. Albrecht Dürer etwa malte 1494 während seiner Reise von Nürnberg nach Venedig Berge. In Renaissance, Barock und Klassizismus war das Bergbild bei den Künstlern mal mehr, mal weniger beliebt beziehungsweise populär. Die große Zeit der deutschen Alpenmalerei setzte im 19. Jahrhundert ein. Aus dieser Epoche und vom beginnenden 20. Jahrhundert stammen die hier dargestellten Bilder.

Seit der Inthronisierung König Ludwig I. von Bayern, der ein bedeutender Kunstförderer gewesen war, stieg München zur Kunstmetropole auf. Das lag teilweise auch darin begründet, dass die Berge als Motiv zunehmend beliebter wurden und die Künstler von München aus sowohl einen guten Fernblick als auch einen relativ kurzen Weg in die Alpen hatten.

Als im 19. Jahrhundert die Alpenmalerei in Mode kam, gehörte die Furcht des urbanen Menschen vor der Rauheit und Gefährlichkeit der Berge und vor den Geistern und Dämonen, die es dort gebe, längst der Vergangenheit an. Zumindest Teile der Alpen waren zu begehrten Reise- und Erholungszielen und auch in gewisser Hinsicht zu «Sportstätten» geworden. Der Brite Leslie Stephen, Vater von Virginia Woolf und Begründer des Schwierigkeitsalpinismus, schrieb 1871 über die Alpen treffend vom «Playground of Europe».

Die Landschaftsmalerei des 19. Jahrhunderts sprengte die Hierarchien der Malerei. Hatte man bis dato gefordert, Kunst müsse Bildung vermitteln, setzte sich nun der Hang zum anspruchslosen Sujet ohne Genialitätszwang durch. Die Landschafter legitimierten ihre Kunst der rein malerischen Qualitäten mit dem Motto «l'art pour l'art» (die Kunst um der Kunst willen). Der Naturbegriff hatte sich insofern verändert, als die pure ästhetische Erscheinung der Landschaft in den Hintergrund gedrängt wurde und das Bild durch die bloße Inspiration aus der Natur seine Berechtigung erhielt. Inwieweit sich das Bergbild im 19. und 20. Jahrhundert noch wandelte und welch unterschiedliche Blickwinkel die einzelnen Künstler wahrnahmen, lässt sich anhand der in der Folge besprochenen Bilder schön nachvollziehen. Zu den Malern, die das Alpenmotiv romantisierend darstellten, gehört Caspar David Friedrich (1774–1840). Sein Bild «Der Watzmann», um 1825, entstand nach einem vor der Natur ausgeführten Aquarell seines Schülers August Heinrich und ist somit ein reines Atelierbild. Friedrich war selber nie in den Alpen. Die Felsen im Bildvordergrund sind Versatzstücke einer eigenen älteren Naturstudie aus dem Harz. Auf dem tiefer gelegenen, dunklen Bildvordergrund verweilt der Blick des Betrachters nicht lange, denn er wird über den aufgehellten Mittel- auf den im Hintergrund strahlend hellen Gipfel des Watz-

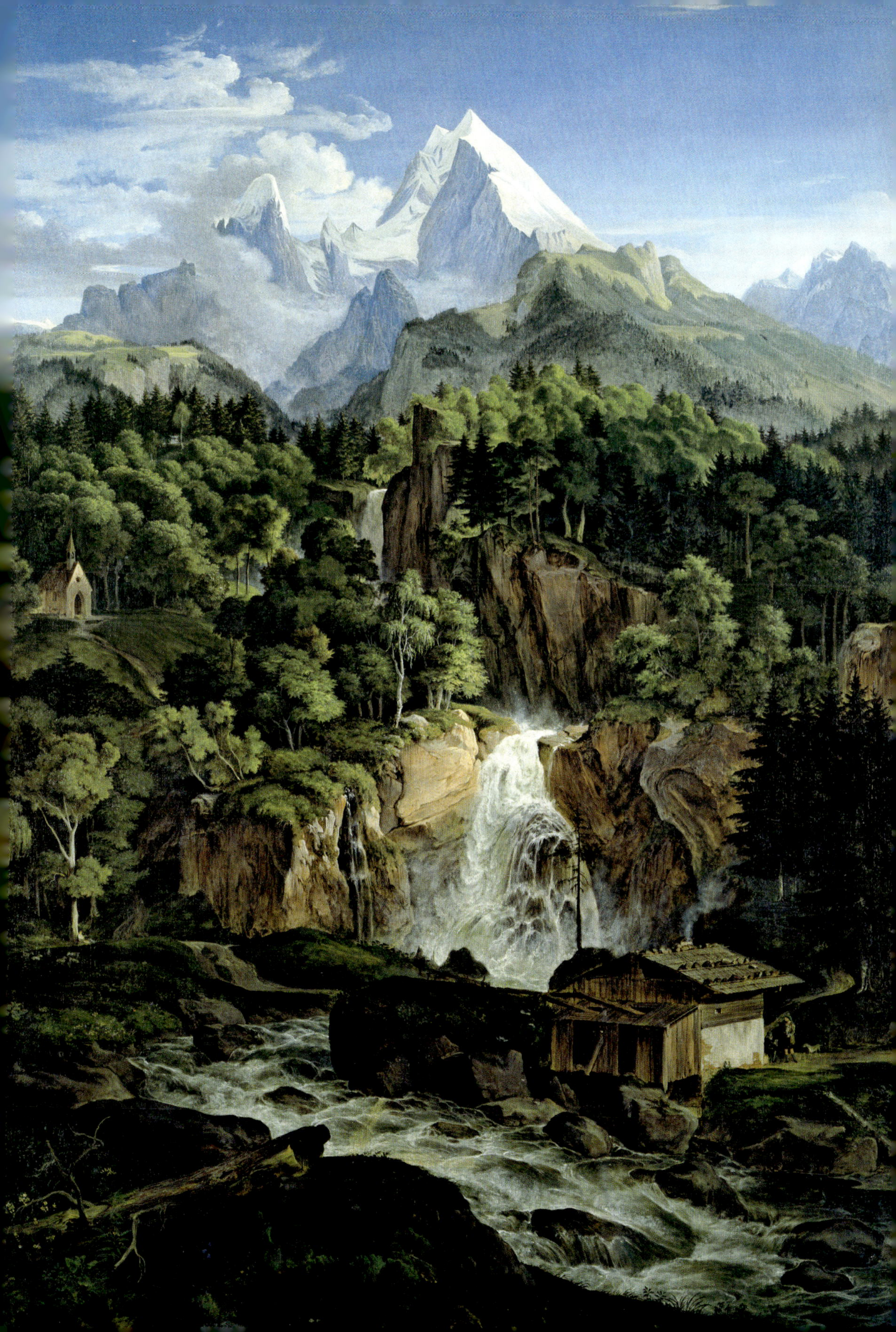

Stimmungsvoll ruhig: Leopold Rottmann, «Blick auf Sankt Batholomä am Königssee», 1856; Aquarell, 23 x 35,5 cm, Staatliche Kunsthalle Karlsruhe.

manns gezogen. Friedrich verfolgte in seinem Gemälde eine kontinuierliche Entwicklung: vom dunklen, tief gelegenen Vordergrund zum höheren, helleren Mittelgrund auf den alles überragenden, schneebedeckten, leuchtenden Watzmann. Zu dieser dominanten und überhöhten Wirkung des Berges trägt noch der symmetrische, pyramidale Bildaufbau bei. Der Gipfel liegt fast genau in der Bildmitte und damit auf den zusammentreffenden Fluchtlinien aus den beiden unteren Bildecken. Dieses Gemälde wurde gezielt mit künstlerischen Stilmitteln komponiert, um dem Berg Erhabenheit in der Natur und über den Menschen zu verleihen. «Im frühen 19. Jahrhundert wurde der Watzmann oft als Gottessymbol verstanden und ist wohl auch von Friedrich so gemeint.» (Peter Krieger)

Adrian Ludwig Richter (1803–1884) malte sein Bild «Der Watzmann» 1824 – eine Reiseerinnerung – ebenfalls im Atelier. Das Gemälde ist erkennbar von Josef Anton Kochs «Schmadribachfall im oberen Lauterbrunnental», also einer Landschaft im Berner Oberland, beeinflusst, obwohl Richter das immer verneinte. Von 1823 bis 1826 weilte er als Stipendiat in Italien und begegnete dort deutschen Künstlern – unter anderen auch Josef Anton Koch –, die sich als wichtig für seine weitere Entwicklung erweisen sollten.

Bei Richter ragt der Watzmann genau so wie bei Friedrich ebenfalls nur im oberen Bildteil über den grünen Hügeln empor. Der Gipfel wurde etwas steiler als das reelle Naturvorbild dargestellt, die Bruchkanten hingegen sind in künstlerischer Freiheit etwas geglättet worden. Mehr als zwei Drittel des Bildes nehmen Bildvorder- und Bildmittelgrund ein. Richter legte hier viel Wert auf eine so detailgenaue Darstellung, dass selbst an den Laubbäumen im Mittelgrund noch einzelne Blätter erkennbar sind. Im Bildvordergrund, um einen dekorativ abgebrochenen Baumstamm herum, wurden Gräser und einzelne Blumen so exakt gezeichnet, dass man sie sogar nach ihrer Art bestimmen kann. Durch geschickte Lichtführung ist die Aufmerksamkeit des Betrachters nicht nur auf den im Hintergrund herausragenden Watzmann gelenkt, sondern auch auf den diffus beleuchteten Wasserfall, der über die Felsen im Mittelgrund sprudelt. Die Hütte mit Hirten rechts im Bildvordergrund und die kleine Kapelle links im Bildmittelgrund weisen auf die friedliche Existenz des Menschen in der Natur und mit dem Berg hin. Das Bild strahlt eine schlicht heitere, fast idyllische Schönheit aus. Anders als bei Friedrich wirkt der Berg nicht so entrückt und unantastbar.

Leopold Rottmann (1812–1881), der Bruder des berühmten Carl Rottmann, malte den «Blick auf Sankt Bartholomä am Königssee» 1856. Typisch für Leopold Rottmann ist das satte Kolorit der tiefgrünen Bäume, das Ultramarin des Sees und die rotblau-violetten Berge im Hintergrund. Das Bild gibt spürbar wieder, wie einsam und abgelegen die Wallfahrtskirche damals noch ohne den täglichen Touristenstrom

Realistisch: Ernst Platz, «Der Watzmann von St. Bartholomä», 1895. Reproduktion nach Aquarell.

lag. Der vollkommen glatte See, in dem sich die rechts am Ufer stehenden Bäume und die Kirche mit den Wirtschaftsgebäuden spiegeln, verdeutlicht diese Ruhe. Friedvolle Stille vermittelt der vom Sonnenlicht erfasste Winkel. In einem Boot befinden sich vier Leute auf dem «Weg» zur Kirche. Ganz klein in Szene gesetzt, fallen sie kaum auf vor dem Hintergrund der mächtigen Berge. Nachdem zuerst die Wallfahrtskirche, die bildmittig liegt, den Blick auf sich gezogen hat, gleitet er weiter auf die Bergkulisse im Hintergrund, die Ehrfurcht gebietend, jedoch nicht erdrückend oder beängstigend ist. Rottmann stellte die Natur ohne Verfremdungen dar; eben so, wie sie tatsächlich ist: großartig und ein Erlebnis für den Menschen.

Ernst Platz (1867–1940) gilt als ein Klassiker in der Darstellung alpiner Geschehnisse sowie figürlicher Darstellung im alpinen Umfeld. Sein Bild «Der Watzmann von St. Bartholomä», 1895, zeigt dies bestens. Wie bei einer Fotografie sieht man nur einen ganz kleinen Ausschnitt der Watzmann-Ostwand, daher gibt es auch keinen Vorder- und keinen Hintergrund. Aus einer Entfernung, aus der man auch ein Foto «schießen» würde, hielt Platz Albrecht von Krafft bei der Erkletterung der schwierigsten Stelle der klassischen Ostwandroute, der so genannten Schöllhorn-Platte, fest. Indem er seinen Kletterpartner an dieser Wandstelle beobachtete, schuf Platz eine schaurig-schöne Spannung. Im Vordergrund von Platz' Gemälden steht, wie auch hier, der Mensch in einer konkreten Situation im Gebirge. 1895 unternahmen Platz und von Krafft die erste führerlose Durchsteigung der Watzmann-Ostwand. Vermutlich entstand dieses Bild – oder zumindest die Skizze dazu – bei eben jener Tour. Da Platz in seinen Bildern eigene Erfahrungen und Betrachtungen übermittelte, war er in der Lage, auch Nicht-Bergsteigern intime Einblicke in die alpine Welt zu gewähren. Der Künstler skizzierte detailgetreu die Felsen sowie Albrecht von Kraffts spärliche Ausrüstung. Das Landschaftsbild als solches trat hier in den Hintergrund. Bedeutung hatte nur noch ein bestimmter Ausschnitt, der den Menschen am Berg zeigt.

Edward Theodore Comptons (1849–1921) Bilder wirken so realistisch wie Fotografien. In seinem Gemälde «Watzmann-Mittelspitze», 1918, nimmt der Watzmann-Hauptgipfel das gesamte Bild ein. Wir haben hier keine Betrachtung der Berge von unten nach oben mit lieblicher Natur im Vordergrund, sondern eine Schauweise von oben nach unten und in die Ferne. Der Mensch genießt den Überblick. Man erkennt sofort, dass Compton selbst Bergsteiger war, dass er seine Skizzen und Bilder in der Natur – teilweise auch unter widrigen Umständen – anfertigte. Der Watzmann, Bildmittelpunkt, war dem Künstler am wichtigsten. Und er steht eindeutig im Vordergrund, was man daran erkennt, dass nur der obere Bildteil ausgeführt ist und die Farben zum unteren Bildrand hin in das braune Papier auslaufen. Compton beschränkte sich auf Blau- und Weißtöne in lockerem, großzügigem Farbauftrag. Man sieht gut, wie zerklüftet und steil das Gelände ist. Die Bergkette im Hintergrund lässt sich nur noch schemenhaft erahnen. Die schneebedeckten Gipfel bilden «Highlights» am Horizont. Der Watzmann hingegen nimmt nicht mehr eine erhabene Stellung ein, sondern er ist für den Bergsteiger eine bezwingbare Herausforderung.

Blick auf das Wesentliche: Edward Theodore Compton, «Watzmann-Mittelspitze», 1918; Aquarell, 18,5 x 23,5 cm, Alpenverein-Museum Innsbruck.

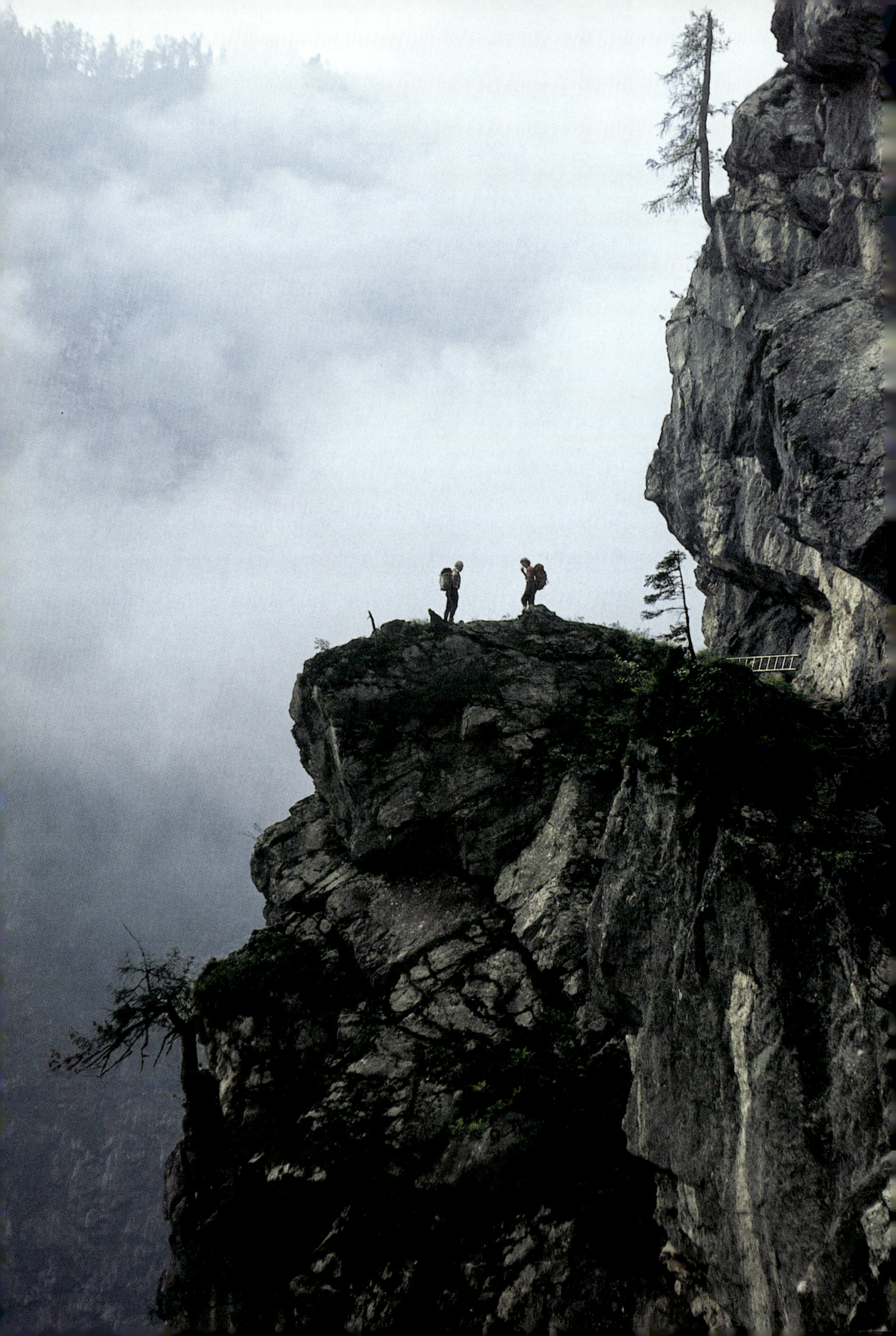

Den Moloch abgewehrt

Die Gegend um Graf Perthers Gaden (Gaden = Haus), dem späteren Berchtesgaden, war unwirtlich. Und zwar so, dass sich die Augustiner Chorherren, die dort auf Grund eines Gelübdes von Irmgart – Gemahlin des Grafen Berengar I. von Sulzbach – ein Stift gründen sollten, schleunigst wieder in mildere Gefilde absetzten: nach Baumburg an der Alz. Kalt und unfruchtbar sei es im Talkessel von Berchtesgaden gewesen. Wilde Tiere hätten allenthalben ihr Unwesen getrieben. Der Lauf der Gestirne habe sich in ungewöhnlichen Bahnen vollzogen. Flammende Körper seien durch die Luft gefahren. Orkane hätten Bäume entwurzelt, die Erde habe gebebt, und Felsen wären donnernd in die Tiefe gestürzt.

Irmgart beharrte auf dem Gelübde, aber sie erlebte die Gründung des Stifts nicht mehr. Berengars gleichnamiger Sohn führte sie aus. Eberwin wurde der Erste von 47 Pröpsten. Um 1120 ging er mit einigen Kanonikern endgültig an den Fuß des Watzmanns. Damit begann die Geschichte Berchtesgadens.

Heutzutage ist der Talkessel nahezu vollkommen zersiedelt. Wer vom Watzmannhaus hinunterschaut nach Berchtesgaden, erkennt: Hier hat nicht mehr viel Platz. Der Watzmann selber indessen ist ein wilder Berg geblieben. Ähnlich wie der Triglav in den Julischen Alpen steht er als zentrale Größe in einem Nationalpark. Er hat alle «Anschläge» unbeschadet überstanden: Mitten im Ersten Weltkrieg sollte an einer aus dem Königssee ragenden Steilwand ein riesiger assyrischer Löwe eingemeißelt werden. 1919 wollte man die Gaststätte in Sankt Bartholomä vergrößern. 1927 tauchten erstmals Pläne für eine Watzmann-Seilbahn auf. Andererseits gab es bereits seit 1910 einen 8300 Hektar großen «Pflanzenschonbezirk Berchtesgadener Alpen». Und 1921 wurde das 21000 Hektar große «Naturschutzgebiet Königssee» ausgewiesen. Mitten in jenes Naturschutzgebiet hinein wollte Berchtesgaden Ende der 1960er-Jahre wiederum eine Watzmann-Seilbahn bauen! Dazu kam es nicht. Die Verwirklichung des «Nationalparks Berchtesgaden» schließt eine Watzmannbahn endgültig aus. Damit steht der wilde Berg in der äußersten Südostecke Deutschlands als Kontrast zur mit drei Bergbahnen «erschlossenen» Zugspitze. Im Vergleich zu ihr nimmt sich die touristische Infrastruktur am Watzmann bescheiden aus: Drei bewirtschaftete Schutzhütten, ein Lager für Ostwandbegeher, eine Unterstandshütte, eine Biwakschachtel sowie Sicherungen am Hocheck und am Watzmanngrat – das wär's schon. Möge es für alle Zeiten so bleiben.

Dramatisch und wild ist die Umgebung des Watzmanns, besonders bei Schlechtwetter. An der Sigeretplatte auf dem Weg Sankt Bartholomä–Pass Trischübel, dem Übergang vom Königssee ins Wimbachtal.

Die erste Watzmann-Hütte

Das Schutzhaus auf dem Falzköpfl

Von der kleinen Schutzhütte zum Trutzbau. 1911 hat das Watzmannhaus sein heutiges Gesicht erhalten.

Rechte Seite: Ansichten und Aussichten. Die Fotovoltaik-Module auf dem Dach des Watzmannhauses symbolisieren nunmehr 15 Jahre unermüdliche Aktivität des Deutschen Alpenvereins für verstärkten praktischen Umweltschutz auf Hütten und Wegen (oben). Auf dem Weg zum Watzmannhaus öffnet sich bei der Falzalm dieser Prachtblick zum Kleinen Watzmann und zum Ersten und Zweiten Watzmannkind (unten).

Gestandene Bergsteiger brauch(t)en keine Hütte. Die «Ostwandler» ließen sich über den Königssee rudern oder legten sich selber ins Zeug. Und die, welche die Überschreitung der drei Spitzen vorhatten, bewältigten sie entweder – wenn sie besonders gut drauf waren – als Tagestour, oder sie übernachteten auf der Guglalm am Nordhang des Watzmann-Hochecks. Im erschließungswütigen Alpenverein freilich vertrat man eine ganz andere Auffassung. «Fanden sich auch manche unter den Touristen, die in dem Aufenthalte im rauchigen, nur vom flackernden Herdfeuer erleuchteten und erwärmten Kaser und in einem Nachtlager auf zugigem Heuboden ein Stück Romantik erblickten, das mit der Errichtung eines ‹Wirtshauses› hier oben verloren gehe, so hatte sich doch auch in ‹alpinen Kreisen› die Ansicht Geltung verschafft, dass den Anschauungen und Bedürfnissen der Neuzeit auch hier Rechnung getragen werden müsse, soll der eine der Zwecke des Alpenvereins – ‹die Bereisung der Alpen zu erleichtern› – erreicht werden. Von dieser Anschauung ausgehend und in der Ueberzeugung, dass die Errichtung eines Unterkunfthauses am Watzmann ein der Section München würdiges Unternehmen sei, das man nicht aus den Augen verlieren dürfe, begaben sich mehrere Mitglieder der Section […] im Sommer des Jahres 1886 an Ort und Stelle zur Ermittelung eines geeigneten Platzes für diesen Zweck.» (Franz von Schilcher)

Ach, wären die Altvordern doch Romantiker geblieben! So aber wurde einstimmig «das sogenannte Falzköpfl, ein freistehender Felsriegel an der Nordwestseite des grossen Watzmanns, 1930 m über dem Meere

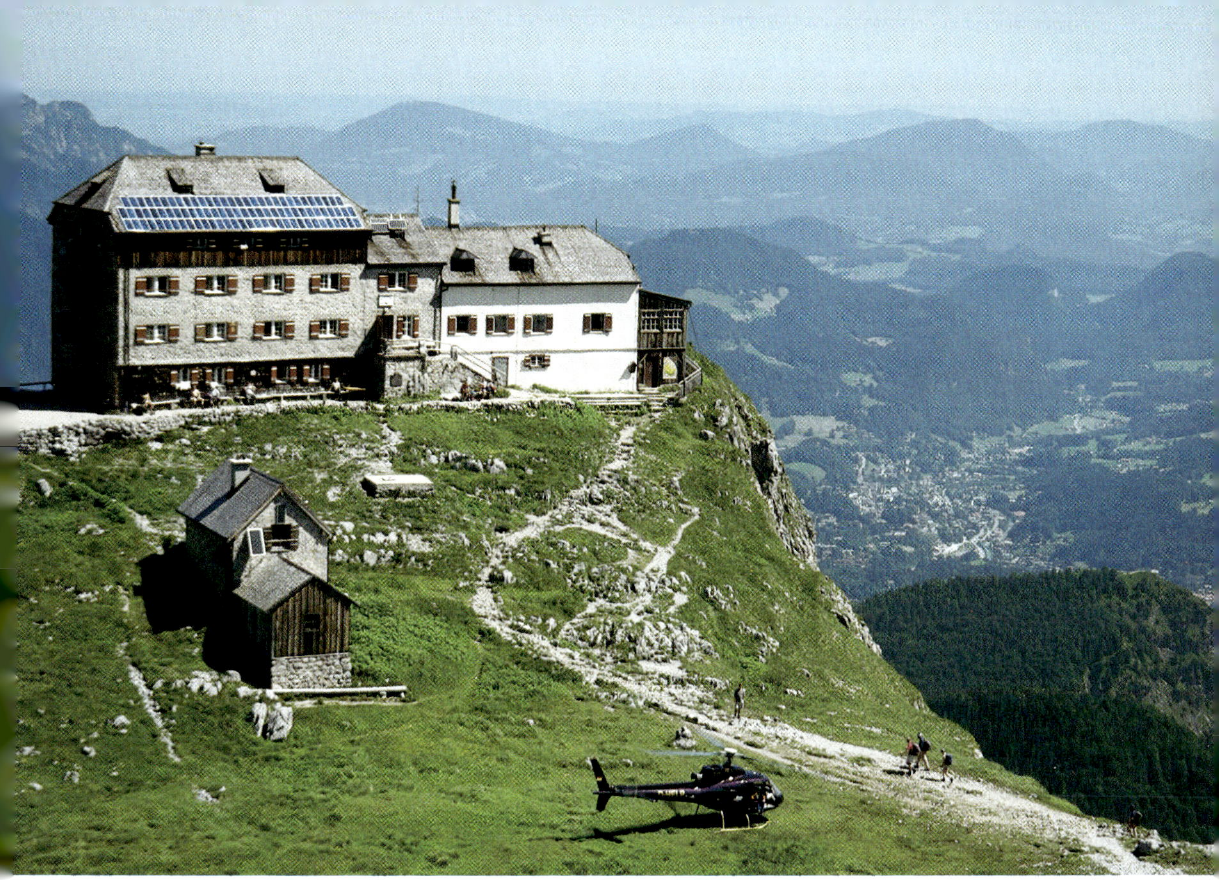

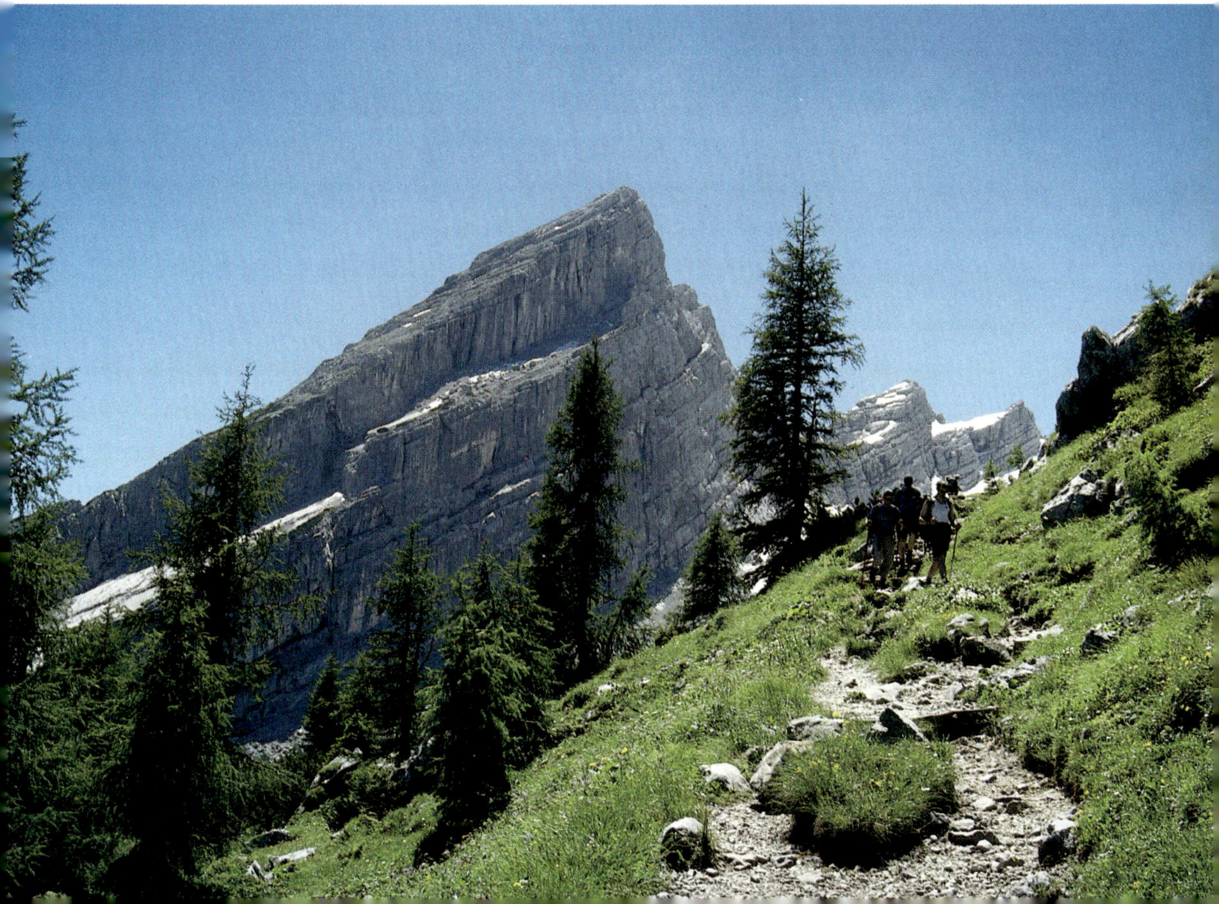

Stolz steht der Kederbacher in den 1890er-Jahren vor «seinem» Watzmannhaus. Viele Touristen nahmen die vier Stunden mühsamen Aufstiegs in Kauf, nur um dem berühmten Erstdurchsteiger der Watzmann-Ostwand einmal von Angesicht zu Angesicht gegenüberzustehen.

und in 3 Stunden von der Wimbachbrücke erreichbar, als geeigneter Platz befunden». (von Schilcher) Vorschub für die Realisierung eines Refugiums lieferte die Tatsache, dass der im Wegebau rührigen Sektion Berchtesgaden des Deutschen und Österreichischen Alpenvereins die finanziellen Mittel für eine Watzmann-Schutzhütte zu knapp geworden waren. «Da sprang die Sektion München ein [die Gründersektion des Deutschen Alpenvereins 1869; Anm. d. V.], sicherlich auch mit einem Schuss Ehrgeiz, die nach dem Wetterstein nächsthöchste Berggruppe des bayerischen Alpenanteils unter ihren Einfluss zu bekommen.» (Max A. Stöckle)

Wie eine Trutzburg steht heutzutage das Watzmannhaus samt seinen Nebengebäuden auf dem Falzköpfl. Solarmodule bedecken über die Hälfte des südseitigen Schlafhausdaches. Daneben hingeduckt fast noch der Urbau. Jedenfalls das «Gesicht» der Hütte aus dem Jahr 1894. Unter Anleitung des Bauingenieurs Joseph Schäfer hatte der erfahrene und bei vergleichbaren Projekten bewährte Valentin Raspamonti aus Tarcento bei Udine Anfang Juli 1887 mit seinen Akkordarbeiten begonnen. (Einige Jahre später ging Raspamonti pleite und musste fortan sein Leben als Drehorgelspieler fristen.) Bereits im Spätherbst desselben Jahres stand der Bau, und im Sommer 1888 war er auch innen vollendet worden. Am 5. August wurde das Watzmannhaus feierlich eröffnet. Es «enthielt Wirthschaftsraum, Küche, Keller und Raum zum Uebernachten für vorläufig 25 Personen.» (von Schilcher)

Während der restlichen Sommersaison des Jahres 1888 hatten bereits 548 Personen das Watzmannhaus besucht, im Jahr darauf waren es schon 769. «1892 wies das Fremdenbuch 1104 eingetragene Besucher auf; an schönen Tagen war das Haus dermassen überfüllt, dass es kaum zur Aufnahme aller Besucher hinreichte, so dass die Nothwendigkeit einer Erweiterung mit jedem Jahr gebieterischer hervortrat und auch allgemein anerkannt wurde.» (von Schilcher) Diese Erweiterung wurde im Sommer 1894 vollzogen. Vier Jahre später baute die Sektion München die Unterstandshütte auf dem Watzmann-Hocheck, in der 16 Personen Platz finden. Bereits 1896 hatte man den Steig auf das Hocheck neu trassiert, 1898/99 wurden die schwierigsten Passagen des Watzmanngrates mittels künstlicher Stufen, Trittstiften und Drahtseilen entschärft beziehungsweise gesichert. Der Watzmann hatte seinen Klettersteig!

Kein Geringerer als Johann Grill, der berühmte Kederbacher, wurde der erste Pächter auf dem Watzmannhaus. Viele der Gäste mühten sich eigens wegen ihm die drei anstrengenden Stunden bergwärts. Ob der prominente Hüttenwirt tatsächlich ein so guter Erzähler gewesen war, wie Fritz Schmitt uns das in seinem Roman «Grill, genannt Kederbacher» glauben ließ, wissen wir nicht. Immerhin, die Fotos, die es von Johann Grill gibt, verraten ein gesundes Selbstbewusstsein und auch eine Prise Extrovertiertheit. Nun hatte er Wurzeln geschlagen, der Ramsauer Führer. «Seinem» Watzmann freilich blieb er auch bergsteigerisch verbunden. 1890 barg Grill den toten Schöllhorn aus der Schmelzkluft der Ostwand. Zwei Jahre später durchstieg er mit John Percy Farrar noch einmal die Bartholomäwand. Über den ersten Erweiterungsbau am Watzmannhaus mag sich Kederbacher gefreut haben, weil ihm die steigenden Besucherzahlen auch mehr Geld einbrachten. «Im Juni 1899 fuhr der Blitz am Telefondraht […] in das Haus, brannte den Draht durch und brachte ein Pfund Sprengpulver, das der Hüttenwirt in der Nähe des Telefonapparates aufbewahrt hatte, zur Zerknallung. Man kam mit dem Schrecken davon.» (Georg Leuchs)

Erst mit dem Siebziger auf dem Buckel, 1905, beendete Johann Grill seine Hüttenbewirtschaftung. Nach 18 Sommern betrieb der gleichnamige Sohn das Watzmannhaus weiter. In dessen Ägide fiel – 1908 bis 1911 – der Neubau eines «Schlafhauses», das der Schutzhütte ihr heutiges Gesicht einbrachte. Dieser Neubau war nicht zuletzt auf Druck des Bezirksamtes Berchtesgaden entstanden, das «die durch den Raummangel verursachten Missstände rügte und der Sektion die Erweiterung des Hauses zur Auflage machte» (Leuchs). Ein kleines Nebengebäude diente als Waschhaus und als Mulistall. Bis weit in die 1950er-Jahre hinein versahen die braven Tragtiere ihren Dienst, ehe 1960 die Material-Seilbahn fertig gestellt werden konnte. Hatte die «Ära Kederbacher» der Bewirtschaftung des Watzmannhauses insgesamt 23 Jahre gedauert, so sollte die «Ära Strobl-Bitterling», die 1925 anhob, sage und schreibe 60 Jahre währen. Über das «Bewerbungsgespräch» 1925 zwischen Georg Leuchs, damals Erster Vorsitzender der D. u. Ö. A. V.-Sektion München, und Emma

Vater und Sohn: Mit wachem Interesse blättert der alte Johann Grill in der Watzmann-Monografie von Wilhelm von Frerichs, erschienen in der «Zeitschrift des Deutschen und Österreichischen Alpenvereins» 1903 (oben). Johann Grill, der gleichnamige Sohn des Kederbachers – Bergführer wie der Vater –, bewirtschaftete das Watzmannhaus von 1906 bis 1915 (unten).

Die Teilnehmer der «Deutsch-Österreichischen Willy-Merkl-Gedächtnis-Expedition», die 1953 zum Nanga Parbat reiste. Ganz rechts steht Hermann Buhl, dem die Erstbesteigung des Gipfels im Kaschmir-Himalaja gelang, links von ihm Albert Bitterling, der jahrzehntelange Wirt des Watzmannhauses. Obere Reihe neben Bitterling von rechts: der Expeditionsleiter Karl Maria Herrligkoffer, Peter Aschenbrenner, Kuno Rainer, Walter Frauenberger; untere Reihe von rechts: Fritz Aumann, Otto Kempter, Hermann Köllensperger, Hans Ertl.

Sprick-Strobl wird folgende Anekdote erzählt: «Unter anderem besuchte Dr. Leuchs die Witwe Strobl, die nach dem Tode ihres Mannes ein Gasthaus in Hallthurm führte und sich um die Pacht beworben hatte. Er fragte bescheiden an, wie viel ein Pfannkuchen koste, und bestellte dann nur einen halben Pfannkuchen, da ihm dieser genüge. Frau Strobl willfahrte dem Wunsch des Gastes, ohne darüber ärgerlich zu werden, zu einem anerkennenswerten Preis und zeigte sich in der Besorgung des Gastes auch sonst äußerst entgegenkommend. Dieser Eindruck gab den Ausschlag für den Abschluss des Pachtvertrages mit Frau Sprick-Strobl.» (Walter Holzapfl)

Bis 1955 war Emma Sprick-Strobl der gute Mensch auf dem Watzmannhaus. Ein prüfender Blick, und sie wusste, wie sie ihre Gäste einzuschätzen hatte. «Ihr kemmts aus der Ostwand, ihr kriagts a warm's Ess'n», so ihre Worte während der «teuren Zeit». Das hat mir Fritz Aumann – einer der beiden letzten noch lebenden Teilnehmer der von Karl M. Herrligkoffer geleiteten «Deutsch-Österreichischen Willy-Merkl-Gedächtnis-Expedition 1953» zum Nanga Parbat – erzählt. Emmas Töchter halfen beim Hüttenbetrieb nach Kräften mit. Später auch Albert Bitterling, der gebürtige Kemptener und Ehemann von Tochter Gabriele, die die Berchtesgadener liebevoll «Mausi» nannten. Sie ist erst 1999 verstorben. Bitterling war Bergführer und ebenfalls Teilnehmer der Herrligkoffer'schen Expedition. Er versah die Aufgabe des meteorologischen Beobachters und organisierte den Lastentransport in die Hochlager. Die Hunza-Träger hatten es ihm nicht leicht gemacht, und er wünschte sich bisweilen vom Nanga Parbat weg in die heimischen Alpen, «wo i jetzt so schöne Touren führen könnt'» (Aumann). Als Watzmannhaus-Wirt war Bitterling nicht unumstritten. Max A. Stöckle hat dies subtil in seiner Chronik vermerkt: «Die oft nervenaufreibende Tätigkeit hat vielleicht manchmal verhindert, sich anspruchsvollen oder gar aggressiven Gästen mit Geduld und geforderter Höflichkeit zu widmen. Jedenfalls fühlten sich einige Besucher zu wenig beachtet, andere gar benachteiligt. Gegenüber der Anerkennung der täglichen Arbeitsleistung verblassen solche Randerscheinungen. Der DAV hat Albert Bitterling bei einem Hüttensymposium gebührend geehrt und ihm ein Präsent überreicht.»

Von 1978 bis 1985 betreute Bitterling-Sohn Raimund das Watzmannhaus. Und 1978 war es auch, da ich einen unvergesslichen Abend dort droben erleben durfte. Aus Anlass des 25. Jahrestages der Nanga-Parbat-Ersteigung luden die Bitterlings ein paar der «alten Haudegen» nicht nur der 1953er-Unternehmung auf das Falzköpfl. Michl Anderl, Fritz Aumann, Hermann Köllensperger und Rudl Marek hatten sich eingefunden, und sie erzählten ihre alten Geschichten. Von den streikenden Trägern, von Hermann Buhl, den fortwährend ein ganz fürchterliches Kopfweh geplagt haben soll (der aber trotzdem den Nanga-Parbat-

Gipfel erreichte!), von wahnwitzigen Abenteuern in Skardu, von geheimnisvollen Viechern, die nächtens in den Lagern räuberten, und von haarsträubenden Erlebnissen in der Watzmann-Ostwand. Die Hüttenruhe hatten wir an jenem 3. Juli 1978 ignoriert, was nicht weiter tragisch war: Der Wetterbericht verhieß, dem prächtigen Sonnenuntergang zum Trotz, nichts Gutes. Am frühen Morgen brachen wir dennoch auf, um uns die «Watzmann-Überschreitung anzuschauen». Und kamen nur bis zum Hocheck. Nebel, starker Wind, Schneetreiben. Keine Chance. Da aßen wir lieber bei Gabriele Bitterling zu Mittag und trollten uns danach talwärts. – Albert Bitterling ist 1995 gestorben.

Nach mehrmaligen Pächterwechseln übernahmen 1993 die Einheimischen Roman und Karin Kurz das Watzmannhaus. Vier Jahre später bestand Karin die Bergwachtprüfung. Keine Selbstverständlichkeit für eine Frau, hatte sich die Bergwacht doch noch in jüngerer Zeit vehement gegen weibliche Mitglieder verwahrt. 1998 kehrten die Kurz dem Watzmannhaus den Rücken, um noch höher hinaus zu wechseln, nämlich auf das Franz-Eduard-Matras-Haus auf dem höchsten Gipfel der Berchtesgadener Alpen, dem Hochkönig.

Seit 1999 liegt der Betrieb des Watzmannhauses in den Händen von Annette Völkle und Bruno Verst. Erstere ist gelernte Krankengymnastin und stammt aus der Gegend des schwäbischen Biberach. Den Bruno hat die Annette auf dem Kärlinger-Haus kennen gelernt. Dort, an der Schwelle zum Steinernen Meer, verbrachte der aus Aschaffenburg stammende Steinmetz Verst 15 Jahre lang seine Urlaube. Auf der stark frequentierten Ur-Hütte der DAV-Sektion Berchtesgaden hat er den Hüttenwirte-Alltag hautnah erfahren. Sie werden es packen, die beiden. Die «Feuertaufe» haben sie beim großen Fest anlässlich «200 Jahre Watzmann-Erstersteigung» glänzend bestanden. «In der Ruhe liegt die Kraft» ist man geneigt zu sagen, wenn man das Pächterpaar wirtschaften sieht. Und innere Ruhe wird es auch brauchen bei den vielen Übernachtungen. Zwischen 1996 und 1999 waren es 25 316.

Reizvoller Auftakt für die Anstiege zum Watzmannhaus oder zur Wimbachgrieshütte ist der Spaziergang durch die wildromantische kühle Wimbachklamm.

Ein Kampf im Sinne Lammers

Nein zur Watzmann-Seilbahn

Der Bürgermeister der Gemeinde Berchtesgaden, Martin Beer, wollte eine Watzmann-Seilbahn! 1967 wurden die Pläne für sie wieder aufgegriffen. Die Initiatoren sahen die Talstation bei der Wimbachbrücke, die Mittelstation bei der Grubenalm und die Bergstation «in Verbindung mit dem ‹Münchner Haus›» (dem Watzmannhaus der DAV-Sektion München) vor. Die Großkabinenbahn war mit nur einer Stütze projektiert worden, was die Befürworter zu dem provozierenden Argument veranlasste, dass die Bahntrasse im Gelände verschwinden und nicht störend wirken würde. «Wir sehen bei der Watzmannbahn nicht den geringsten Eingriff in die Natur!», behauptete Beer rotzfrech während eines von der Sektion Berchtesgaden im November 1969 veranstalteten Diskussions- und Abstimmungsabends im Gasthof «Neuhaus». Mit hanebüchenen Argumenten wie etwa, dass Bergbahnen die Flora verbessern und für mehr Sauberkeit im Gelände sorgen würden und dass der Bereich des Hochalpinisten tabu bliebe, warb der Gemeindevorstand bei den Mitgliedern des Alpenvereins für sein Projekt. So wie es Seilbahn-Befürworter immer tun, wurde auch in Berchtesgaden der Existenzsicherung für die Einheimischen durch eine Bergbahn das Wort geredet. Vor allem aber könne der Winterbetrieb der Marktgemeinde intensiviert werden, und außerdem ließen sich große Sportveranstaltungen in den Ort holen. Die Mehrzahl der bei diesem Diskussionsabend anwesenden Mitglieder der DAV-Sektion Berchtesgaden stimmte beschämenderweise für eine Watzmann-Seilbahn! Nicht so der Erste Vorsitzende der das Watzmannhaus besitzenden Sektion München, Erich Berger, der damalige Zweite Vorsitzende des DAV, Hans Faber, der den gesamten Deutschen Alpenverein vertrat, sowie der Verein zum Schutz der Alpenpflanzen und -tiere. Berger stellte fest, dass dort, wo Menschen mit Massenverkehrsmitteln hinkämen, die Natur sehr wohl zerstört werden würde. Auch glaubte er nicht daran, dass man es mit einer Bahn nur bis zum Watzmannhaus bewenden ließe. «Haben Sie schon einen Lift gesehen, den man nur bis zum ersten Stock baut, wenn das Haus vier Stockwerke hat? Wenn man am Watzmannhaus ist, wird man aufs Hocheck wollen oder ins Watzmannkar. Bergbahnbauer fangen immer klein an und haben ihre Salami-Taktik. Das wissen wir Naturschützer schon! Und was man von Versprechungen halten kann, haben wir bei der Jennerbahn gesehen, wo Berchtesgaden feierlich versicherte, wir wollen nie wieder eine Bergbahn! […] Wir müssen an die Zukunft denken! Wir erweisen unseren Nachfahren den schlimmsten Dienst, wenn wir ein so herrliches unberührtes Gebiet, das wir vor der Türe haben, preisgeben!» Das war ein Wort im Sinne des radikalen Ödlandschützers Eugen Guido Lammer! Ach, was war das doch damals noch für ein Alpenverein, der Persönlichkeiten auf den

> **Der Watzmann wird entthront**
>
> **Naturschützer kämpfen gegen Seilbahn und Sessellift**
>
> Von WERNER KAHL
>
> „Rettet den Watzmann, Deutschlands zweithöchsten Berg, vor Gipfelstürmern in Sessellift und Seilbahn! Eine Bergbahn auf den Alpenlandschaft würde die Gebirgslandschaft am Königssee bei Berchtesgaden völlig zerstören." Mit diesem SOS-Ruf versuchen Bayerns Naturschützer, den Kampf um Bergsteigen oder Bergfahren zu gewinnen.
>
> Eine Bahn auf den Watzmann (2713 m) wäre heute Bayerns 59. Bergbahn. Als der Fremdenverkehrsverband von Berchtesgaden, die Gemeinden Berchtesgaden und Ramsau mit privaten Geldern in diesem Jahr eine „Watzmann-GmbH" gründeten, setzten die Proteste ein.
>
> Man sprach von Massentourismus, vom Ausverkauf der Natur. Man entrüstete sich, daß Geschäftsleute aus Natur Kapital schlagen wollen, und wies auf jene Urlauber, die es in die Einsamkeit der Berge trieb. Diese sehen Bayerns Naturschützer durch das Bahnprojekt zerstört.
>
> Doch der Fremdenverkehrsverband Berchtesgaden argumentiert: „Der Berg soll allen gehören. Eine Bahn zerstört nicht eine ganze Landschaft."
>
> Der Gemeinderat Ramsau versichert: „Die Bergstation auf dem Watzmann würde außerhalb der Vegetationszone liegen."
>
> Diese Bergstation aber, so fürchtet die bayerische Landesstelle für Naturschutz in München, würde mindestens ein Hotel, eine Gaststätte, Kioske und Liegeterrassen nach sich ziehen. Kühne Planer schwärmten sogar von einem Gipfelschwimmbad.
>
> „Lärmend und schreiend", fürchten die Naturschützer, würden die Bergfahrer über den Gipfel ziehen. „Eine Seilbahn entthront den königlichen Berg." Schlußfolgerung: „Am Watzmann darf man dem Teufel auch nicht den kleinen Finger geben."
>
> Letzter Trumpf der Seilbahnförderer: Berchtesgaden braucht die Watzmannbahn, wenn eine Bewerbung um die Olympischen Winterspiele 1976 Aussicht auf Erfolg haben soll.
>
> In ihrem Kampf gegen die Watzmannbahn erinnern die Naturschützer an eine Mahnung des verstorbenen Bundespräsidenten Theodor Heuss, der einmal in München erklärte: „Wir dürfen im Element des Verkehrs nicht vergessen, nämlich die zwei Beine und die zwei Füße."

So soll man nach dem Willen der Planer künftig auf den Watzmann fahren können: Rechts die Hauptstrecke, links weitere Lifttrassen.

Der Watzmann in den Schlagzeilen großer Tageszeitungen. Auch die Erschließung des Watzmannkars mit Skiliften war einst im Gespräch. «Bild am Sonntag», 1. September 1968.

Nächste Doppelseite: Aufstieg durch das unversehrte Watzmannkar gegen die Watzmann-Skischarte. Links das Vierte Watzmannkind (auch Watzmann-Jungfrau), ganz rechts die Ostwand der Watzmann-Mittelspitze, im Hintergrund der oberste Teil der Bartholomäwand.

Plan brachte wie Berger, die sich auch einmal ein klares Nein zu sagen wagten. Und doch hätte der DAV alleine die Verhinderung einer Watzmann-Seilbahn kaum zu Wege gebracht. Dazu bedurfte es der Allianz mit den starken Naturschutzverbänden, die den Nationalparkgedanken forcierten. Der Präsident des Vereins Naturpark, Alfred Toepfer (der spätere Bundesumweltminister), der Präsident des Deutschen Naturschutzringes, Wolfgang Engelhardt, und der Vorsitzende des Bundes Naturschutz in Bayern, Hubert Weinzierl, schrieben im Frühjahr, der Sprecher des Deutschen Rats für Landschaftspflege Graf Lennart Bernadotte wandte sich im November 1970 an Bayerns Ministerpräsidenten Alfons Goppel zugunsten eines Nationalparks. Am 13. März hatte Engelhardt anlässlich der Eröffnung des Europäischen Naturschutzjahres in München unter dem tosenden Beifall von 3500 Bürgern – unter ihnen der Landesvater – geäußert: «Es wäre ein verhängnisvoller Irrtum anzunehmen, jedes Naturschutzgebiet wäre als Massenerholungsgebiet geeignet. Auch ist nicht in jedem Falle ein Kompromiß möglich. Ein solcher Fall, in dem es absolut keinen Kompromiß geben kann, ist die unversehrte Erhaltung des Naturschutzgebietes und künftigen Nationalparkes ‹Königssee›. Wir werden niemals einer Seilbahn auf den Watzmann zustimmen.»

1972 erschien im Jahrbuch des Vereins zum Schutz der Alpenpflanzen und -tiere ein Sonderdruck von Wolfgang Engelhardt unter dem Titel «Der Kampf um den Watzmann geht weiter». Im gleichen Jahr erging, nach Anträgen der beiden großen politischen Parteien, das Gesuch des Bayerischen Landtags an die Regierung des Freistaats nach Planung eines «Bayerischen Alpenparks» im Naturschutzgebiet Königssee. Diese Planung kam in Gang. Der staatliche Forstmeister Georg Meister wurde damit beauftragt. Ein fähiger Mann! Er scheiterte letztendlich an «privilegierten Nutzungsansprüchen» (Horst Stern). Insbesondere an solchen «des wirtschaftenden Forstes und der herkömmlichen, sportlich und gesellschaftlich motivierten Jagd».

Am 26. April 1978 wurde in der Plenarsitzung des Bayerischen Landtags die Verordnung über den Alpen- und Nationalpark Berchtesgaden ohne Gegenstimmen beschlossen. Sie griff am 1. August des gleichen Jahres. Damit war auch das endgültige Aus für eine Watzmann-Seilbahn besiegelt.

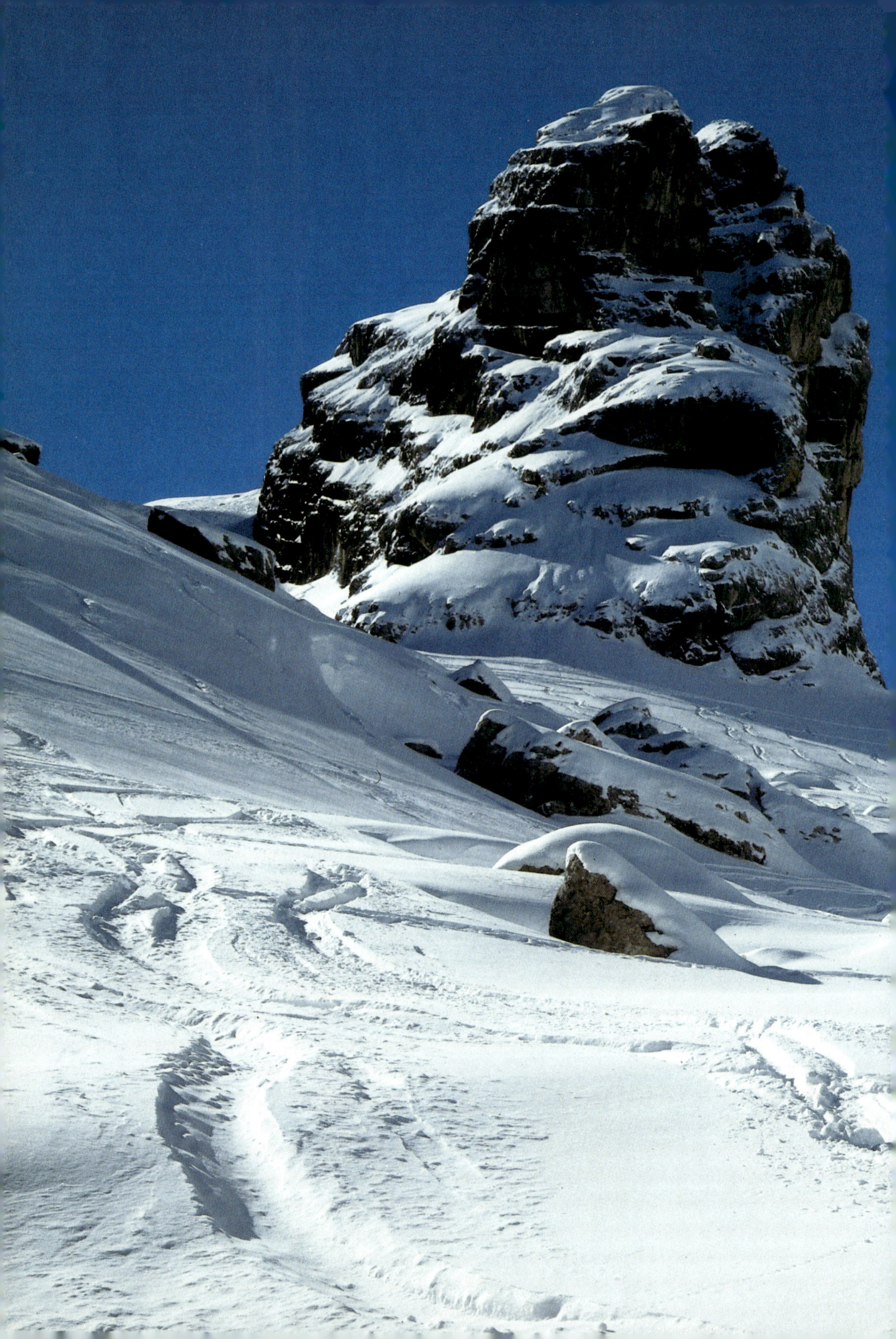

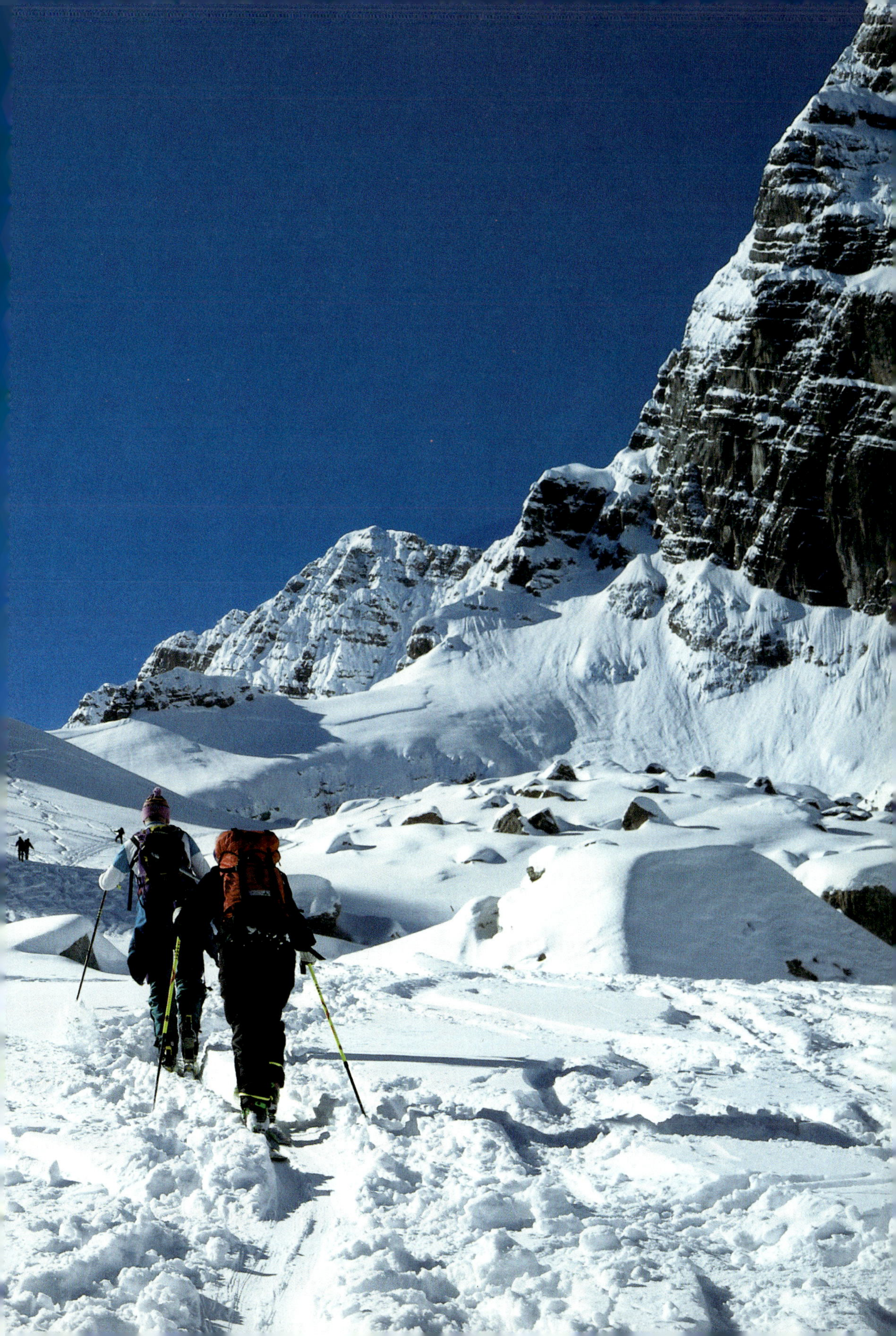

Schutzgebiet Nationalpark

Wo das Chaos herrscht …

1990 wurde der Nationalpark Berchtesgaden durch die UNESCO dem weltweiten Netz der Biosphären-Reservate eingegliedert. In greifbare Nähe gerückt ist ein grenzüberschreitender Nationalpark Kalkhochalpen Salzburg, der dann die auf österreichischem Staatsgebiet liegenden Teile der Berchtesgadener Alpen mit einschließen soll.

Biosphären-Reservate sind Schutzgebiete mit Modellfunktion. Forschungsergebnisse, vor allem aber auch praktische Erfahrungen sollen über das Schutzgebiet hinaus wirken und in Gebieten mit ähnlich gelagerten Problemen Anwendung finden. Hauptanliegen der Biosphären-Reservate ist die Erhaltung der biologischen Vielfalt, der genetischen Ressourcen und der Ökosysteme. Der Raubbau an der Natur bedingt immer mehr die Notwendigkeit, dem ansteigenden Verlust der Artenvielfalt und dem Mangel an Kenntnissen darüber, wie sie zu erhalten ist, entgegenzuwirken. Bildungsziel ist also, den Menschen zu einem pfleglichen Umgang mit den Naturgütern anzuhalten – und das nicht nur in Schutzgebieten.

In der Pflanzenwelt des Nationalparks Berchtesgaden ist zurzeit die stattliche Zahl von etwa 1000 Sippen (Arten und Unterarten) von Blütenpflanzen bekannt, darunter auch viele seltene und vom Aussterben bedrohte Arten. Außer den Blütenpflanzen gibt es etwa 1700 Pilz-, 500 Moos- und 630 Flechtenarten.

In den ungeheuren Geröllströmen des inneren Wimbachtales überleben die widerstandsfähigen Spirken (ganz rechts), die aufrechte Form der Bergkiefer.

Rechte Seite: Blick ins Wimbachtal, das zwischen Watzmann und Hochkalter eingeschnitten ist. Die Palfelhörner (rechts der Bildmitte), «Bergruinen» aus brüchigem, mehr und mehr verwitterndem Ramsaudolomit, liefern den Schutt des Wimbachgrieses.

Der Nationalpark Berchtesgaden ist nur dort Wildnis, wo den Nutzungsinteressen des Menschen Grenzen gesetzt sind. Er ist ein Neben- und Ineinander von Natur- und Kulturlandschaft. Ein Kompromiss. Aber er bewahrt sowohl die Naturschönheiten als auch die Zeugnisse alter Arbeitskultur. Die Institution Nationalpark konserviert, regeneriert, forscht, lehrt, reglementiert. Deshalb wird es in den Nördlichen Kalkalpen auch künftig eine natürliche und naturnahe Oase Berchtesgadener Alpen geben. Mit dem Watzmann als Mittelpunkt.

Der Nationalpark Berchtesgaden umfasst in seiner Kernzone in etwa das ehemalige Naturschutzgebiet und in seinem Vorfeld – dem Alpenpark – die Gemeinden Ramsau, Schönau am Königssee, Berchtesgaden, Bischofswiesen und Marktschellenberg.

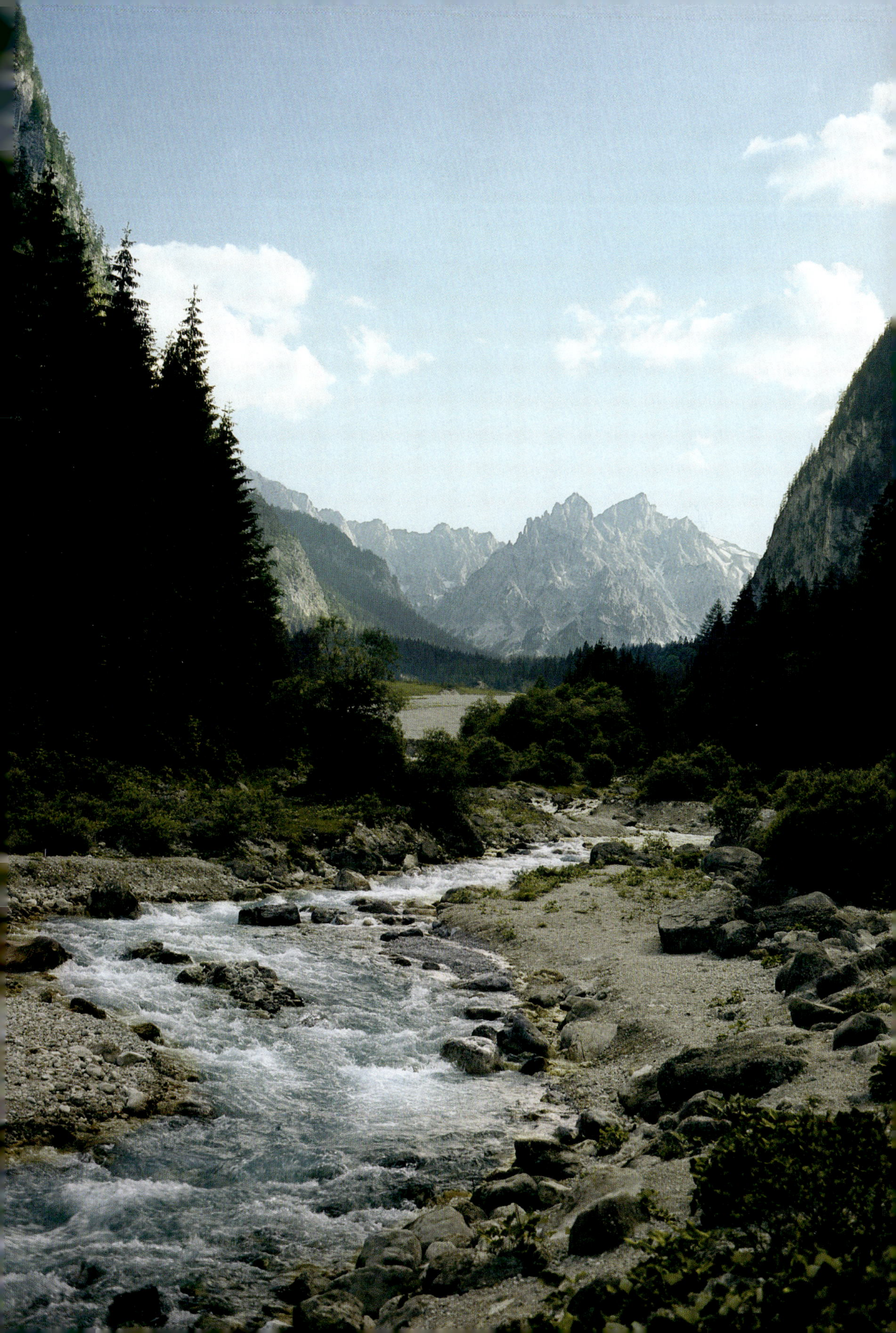

Nationalpark Berchtesgaden

In der äußersten südöstlichen Ecke Bayerns erhebt sich der Watzmannstock mitten im 21 000 Hektar großen Nationalpark Berchtesgaden. Seit 1978 ist das Gebiet vor schwer wiegenden menschlichen Eingriffen geschützt, 1990 wurde es sogar ins Unesco-Inventar der Biosphären-Reservate aufgenommen.

Das Beobachten von Wildtieren gelingt nur bei entsprechendem Verhalten und einem gerüttelt Maß an Geduld. Ein Fernglas ist unabdingbar. Es empfiehlt sich, auf den ausgebauten Wegen zu bleiben, denn in ihrem Bereich sind Wildtiere an den Menschen gewöhnt und halten in der Regel dann sehr geringe Fluchtentfernungen ein. Am einfachsten sind Dohlen, Murmeltiere und Gämsen zu beobachten. Die Gams kann man durchaus auch in der Watzmann-Ostwand antreffen. Dohlen beherrschen die Berggipfel. Schwarzes Gefieder, orangefarbene Krallen und gelber Schnabel sind die Erkennungsmerkmale dieser Flugkünstler. Laut rufend kommen sie in Gruppen angeflogen, sobald man sich zur Rast hinsetzt.

Die Murmeltierkolonien in den Berchtesgadener Alpen sind eine autochthone Population, das heißt, sie lebten schon immer dort, wurden also nicht angesiedelt wie die Steinböcke im Hagengebirge. Mehr oder weniger zufällig kann man noch weiteren interessanten Alpentieren begegnen: dem Schneehasen oder dem Schneehuhn, die sich im Winter mit einem weißen «Kleid» hervorragend tarnen, dem Auer- und Birkhuhn, dem Steinadler oder dem Alpensalamander.

Bäume sind die größten und ältesten Lebewesen im Nationalpark. Bei der Waldinventur wurden eine Zirbe mit 770 Jahren und eine Lärche mit 600 Jahren gefunden. Die älteste Fichte ist 490 Jahre alt. Großer Höhenunterschied, Vielfalt an Gesteinen und Böden sowie ein Klima, das einen Übergang vom ozeanisch getönten Alpennordrand zu den kontinental geprägten Zentralalpen zeigt, lassen verschiedene Baumarten gedeihen: von der Buche, die feuchteres Klima liebt, bis zur Zirbe, eine Vertreterin der kontinentalen Zentralalpen. Einzigartig sind die Spirken-Bestände im

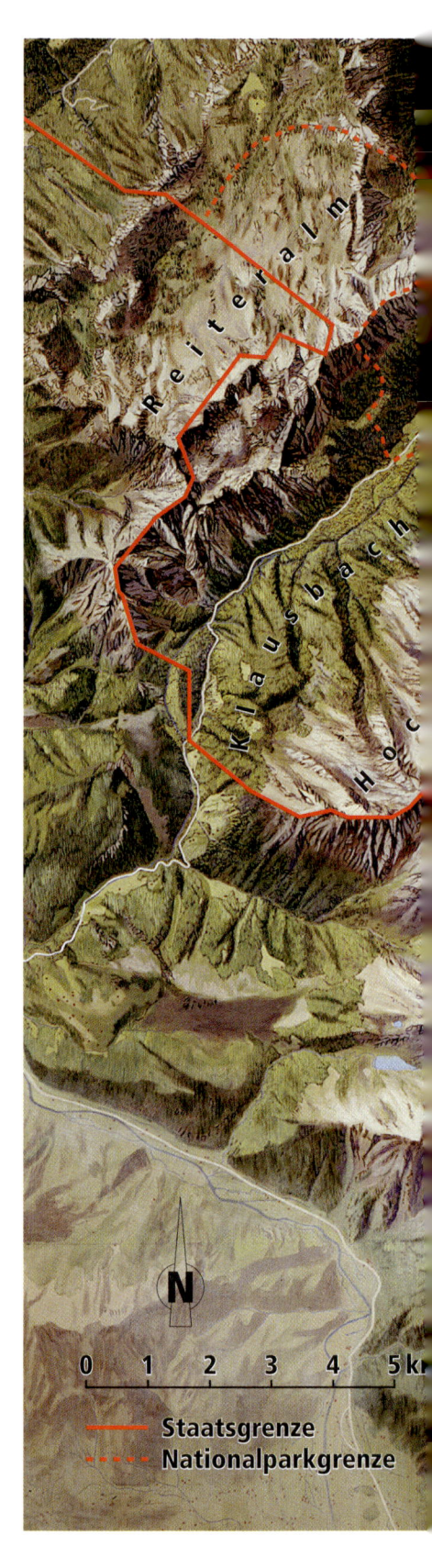

Berchtesgaden

Ramsau

Schönau a. Königssee

Wimbachtal

Watzmann

Königssee

Steinernes Meer

Hagengebirge

Öffentlichkeitsarbeit: Nationalparkdirektor Hubert Zierl war im «Watzmannjahr» 1999 für die Redakteure von Funk und Fernsehen ein gefragter Interviewpartner. Bei der Eiskapelle am Fuß der Watzmann-Ostwand stimmte noch dazu die Umgebung (oben). Der Nationalparkverwaltung obliegt auch die Betreuung der Wege und der gesicherten Steige. Franz Rasp (mit der Bohrmaschine) und Gefährten sanieren die Sicherungen am Watzmanngrat (unten).

Wimbachgries. Nur diese widerstandsfähige, aufrechte Form der Bergkiefer (die Latsche beziehungsweise Legföhre ist die liegende Form) kann auf den Geröllflächen existieren, wo sie oft meterhoch durch Schutt eingeschlossen wird. Sie trotzt den Schürfverletzungen und dem Druck der Geröllmassen.

Durch den enormen Brennholzbedarf für die Salzgewinnung wurde bis ins 18. Jahrhundert hinein der Wald stark dezimiert und mit der schnell wachsenden Fichte aufgeforstet. Reste ursprünglicher Mischwälder haben sich nur in unzugänglichen Teilbereichen erhalten können, so zum Beispiel an den Steilhängen am Königssee. Heute ist es eine dringliche Aufgabe des Nationalparks, die Fichtenmonokultur wieder in Mischwald zurückzuführen. Innerhalb jener zwei Drittel der Nationalparkfläche, in denen die Natur sich selbst überlassen bleibt, funktioniert das ohnehin von selber. Bei einer Exkursion 1999 ins Eisbachtal zum Fuß der Watzmann-Ostwand räumte Nationalparkdirektor Hubert Zierl die Gnadenlosigkeit der Natur gegenüber dem Individuum («Schwachen bietet sie keine Chance») durchaus ein. Andererseits funktionierten ihr Kreislauf und ihr Recycling perfekt. Alles sei darauf ausgerichtet, das Leben und seine Vielfalt insgesamt zu erhalten. Auch der – wenn man den Wald ausschließlich als Wirtschaftsfaktor betrachtet – viel geschmähte Borkenkäfer sei Teil dieses großartigen Wiederaufbereitungssystems. Und wo gebe es mehr Effizienz, wie wenn der Schadstoffausstoß des einen die Lebensgrundlage des anderen bedeute, wie dies im Wald geschehe. Urwald und Wildnis – «Unordnung, ja, Chaos» (Zierl) herrschen in Teilbereichen um den Watzmann. Da gibt es Totholz auch in größeren Mengen. Neues Leben – junge Bäume – drängt zum Licht. Und was die Regulierung übermäßigen Wildbestandes angehe, so würde die kalte Jahreszeit das Gros erledigen. Der Rest verbliebe dann für die Jäger. «Aber ich sähe es nicht ungern, wenn deren Aufgaben irgendwann einmal Bär, Luchs und Wolf übernähmen», sagte Hubert Zierl mit leichtem Augenzwinkern. Denn dass solches so unproblematisch nicht abliefe, konnte man aus einem Bericht des Janez Bizjak, Leiter des Nationalparks Triglav, heraushören. Bauern der Julischen Alpen hätten darunter zu leiden, dass Bären – wenn sie nicht genug Nahrung fänden – bisweilen sogar in Schafställe einbrächen und sich Tiere holen würden. Man könne die Herden nachts nicht mehr auf die Bergweide lassen, sondern müsse sie zu den Häusern bringen. Dies bedeute eine gänzlich veränderte Art der Landwirtschaft.

Andererseits werden die Nationalparke stark von Touristenströmen frequentiert. Bis zu 1,2 Millionen Besucher – inklusive der Königssee-Ausflügler – kommen jährlich in den Nationalpark Berchtesgaden. Davon sind drei- bis vierhunderttausend Wanderer. Die meisten davon bleiben in den Tälern, wie zum Beispiel im Wimbachtal.

Nur drei bis vier Prozent der Bergsteiger sind Hochtouristen und Kletterer, die über den III. Schwierigkeitsgrad hinausgehen. Probleme mit «Individualsportlern, die auf der Suche nach dem ‹Kick›» wären, sieht Nationalparkboss Hubert Zierl durchaus. Er strebt an, die Augen der Nationalparkbesucher dahingehend zu öffnen, wie sie die Natur schonend nutzen können. Zierl hat da ein ebenso einfaches wie logisches Rezept: «Unser Angebot Nationalpark richtet sich vor allem an die Fußgänger.»

Vom Rinnkendlsteig schaut man hinunter auf den Königssee und auf Sankt Bartholomä.

125

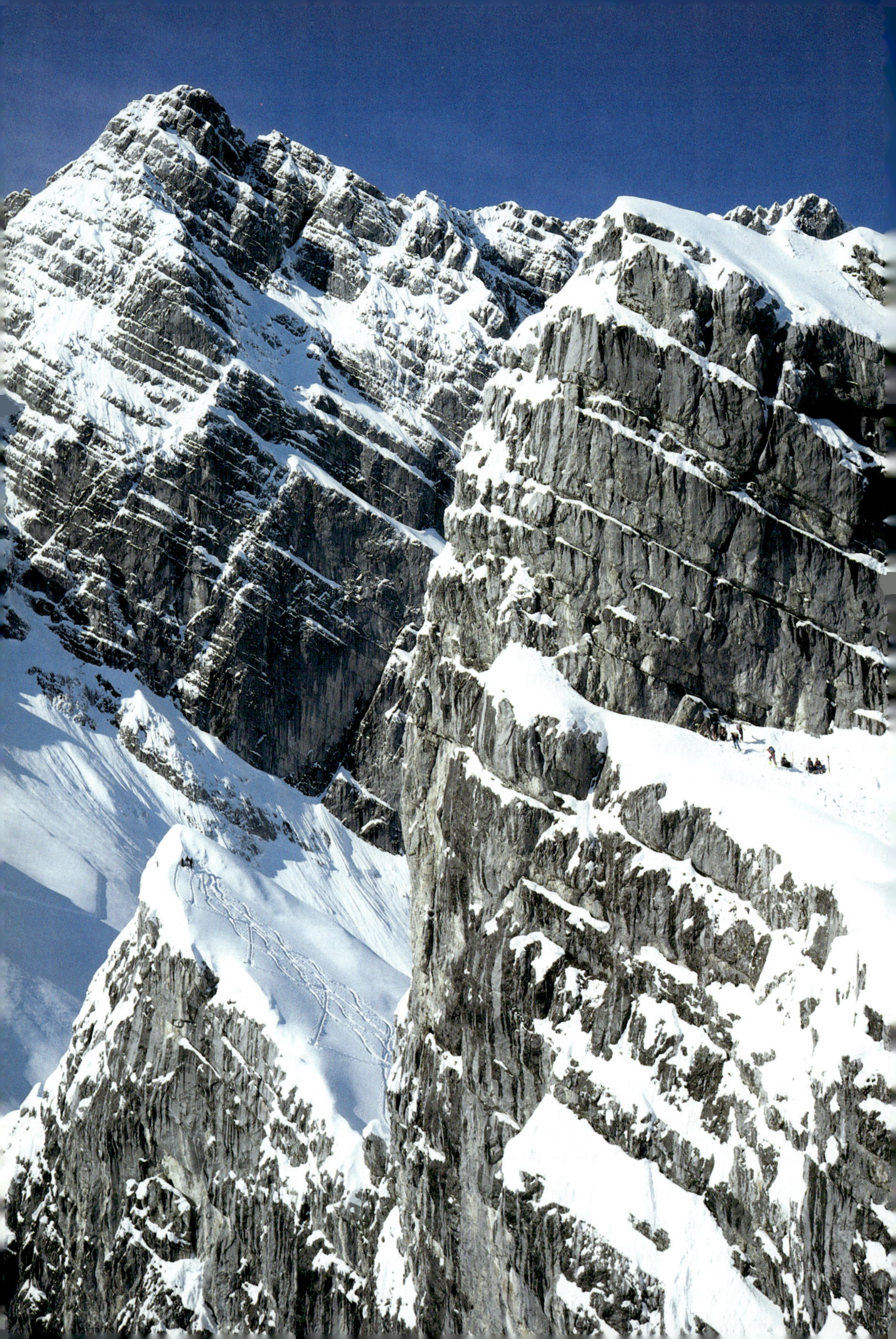

Ode an den Watzmann

Es ist viel über den Watzmann geschrieben worden. Zuallererst muss man das Buch «2000 Meter Fels» des Journalisten, Schriftstellers und Bergsteigers Hellmut Schöner nennen. Eine Ostwand-Monografie, die in ihrer Dramatik ohne weiteres an Heinrich Harrers «Die weiße Spinne. Die Geschichte der Eiger-Nordwand» heranreicht, wenn auch Harrers Buch (lässt sich aus ihm nicht Kurt Maix' Stil wiedererkennen?) sprachlich geschmeidiger erscheint.

Nur die wenigsten Käufer der Postkarte von der Wende zum 20. Jahrhundert waren wohl selbst auf der Mittelspitze gestanden (oben). Prächtige Landschaftsbilder vermittelt eine Skitour ins Watzmannkar (linke Seite). Im Hintergrund die Watzmann-Mittelspitze, unmittelbar darunter der Gipfel des Fünften Watzmannkindes, rechts die Felsbastion des Vierten Kindes.

Wilhelm von Frerichs Watzmann-Monografie, veröffentlicht in der «Zeitschrift des Deutschen u. Österreichischen Alpen-Vereins» 1903, ist eine Bestandsaufnahme aller bis dahin realisierten Unternehmungen am Berchtesgadener Symbolberg. Packend und stimmungsvoll zugleich kommt Ludwig Sineks Geschichte «Von den drei höchsten Felswänden der Ostalpen» in der «Zeitschrift» Jahrgang 1922 daher. Lesenswerte Ostwandaufsätze finden wir in Paul Hübels «Führerlose Gipfelfahrten» und in Walter Schmidkunz' Leo-Maduschka-Schriftensammlung «Junger Mensch im Gebirg». Die vier folgenden Geschichten sind etwas Besonderes, und das aus unterschiedlichen Gründen. Kederbacher hat über seine Pioniertat nichts geschrieben. Sein Werkzeug war der Eispickel, nicht die Feder. Neben Hellmut Schöner fabulierte vor allem

Fritz Schmitt, wie es für Johann Grill hätte sein können, als er die Bartholomäwand durchstieg.

Elisabeth Dabelstein, eine wunderbare Erzählerin, kennt kaum noch jemand. Ihre Geschichte von einem Sommertag an den Watzmannkindern und am Kleinen Watzmann steht nicht nur als ein Stück Poesie da, sondern auch als ein Dokument über das Kletterkönnen eines Großen der alpinistischen Watzmann-Erschließung: Josef Aschauer, der hochbetagt erst 1995 starb. «Ja, es war a schön's Leb'n», hatte der «Asche», wie ihn seine Freunde nannten, 1993 – da war er einundneunzig! – noch Heinz Zembsch und mir gegenüber während eines mehrere Stunden dauernden Gesprächs bekannt.

Helma Schimke ist die «Grande Dame» des deutschsprachigen extremen Frauenbergsteigens der 1950er-Jahre. Von manchen «Zünftigen» ob ihrer (von Kindheit an) grenzenlosen Freude am Klettern angefeindet («Was wollt's denn ihr mit eure Weiber in meine Wänd'»; der Hüttenwirt der Gaudeamushütte im Wilden Kaiser in den frühen 1950er-Jahren), fand sie doch emanzipierte Partner – Rudl Bardodej, Marcus Schmuck, nach dem Tod ihres Mannes den Schweizer Lhotse-Ersteisteiger Ernst Reiss –, die sie mit Spaß und Respekt gleichermaßen durch schwerste Wände begleiteten. Doch der Schwierigkeitsalpinismus ist Helma Schimke nicht alles. Für sie bedeutet bergwärts unterwegs zu sein allemal, «Wege zu sich selbst» zu finden und gefunden zu haben. Auch in der winterlichen Watzmann-Ostwand, in der ihr Mann Konrad durch einen Lawinenunfall ums Leben gekommen war.

Henner Schüleins Aufsatz von der Südwand des Vierten Watzmannkindes gehört zu den schönsten bislang veröffentlichten Klettergeschichten. Hier werden Naturbeobachtung und die unterschiedlichen Methoden zweier Bergsteiger-Epochen gleichermaßen in selten eindrucksvollen Sprachbildern dargestellt.

Fritz Schmitt (1905–1986)

Wie die Bartholomäwand nachgeben musste

Fritz Schmitt, gebürtiger Niederbayer und im Chiemgau aufgewachsen, glückten ab Mitte der zwanziger Jahre bis nach dem Zweiten Weltkrieg insgesamt etwa 30 Erstbegehungen, von denen einige – wie die Direkte Ostwand des Christa-Turms im Wilden Kaiser – zu den großen Klettereien ihrer Zeit gehörten. Bedeutung kommt vor allem auch dem Alpenvereinsmann Fritz Schmitt zu. Er gehörte nicht nur zu den so genannten «12 Aposteln», die den von den Alliierten verbotenen, während des Nazi-Regimes gleichgeschalteten Deutschen Alpenverein 1950 in Würzburg wiedergründeten, sondern er war auch 19 Jahre lang – von 1948 (als die von der Besatzungsmacht geduldeten Sektionen noch als «Alpenclubs» agierten) bis 1967 – Redakteur der «Mitteilungen» beziehungsweise DAV-Schriftleiter. Schmitt galt bei den Alliierten als politisch unbelastet. Als überzeugter Sozialist wurde er 1933 gar zum Staatsfeind erklärt. Der gelernte Elektriker verlor seine Arbeit und machte mit seinem schriftstellerischen Talent aus der Not eine Tugend. Er reifte zum glänzenden Erzähler und leidenschaftlichen Alpinhistoriker, der ein Leben lang an seinen Texten feilte. Sein «Buch vom Wilden Kaiser» ist bis heute das Ideal einer Bergmonografie geblieben. Sein 1935 erschienener Roman «Grill, genannt Kederbacher. Das Leben eines großen deutschen Bergführers» belegt einerseits Schmitts auf Fakten gestützte Erzählkunst, andererseits stilisierte er den Ramsauer doch auch zu einem fast nicht zu beugenden Helden «mit eisenharten Fingern», der Grill – wie wir von John Percy Farrar erfuhren – im Grunde gar nicht war. Das folgende, etwas gekürzte Kapitel aus dem Roman handelt von der Erstdurchsteigung der Watzmann-Ostwand, wie sie sich in Fritz Schmitts Fantasie zugetragen hat.

Den Tribulaun, den Oedstein und manch anderen Bergspitz hatte der Kederbacher klein gemacht, aber mit seiner Bartholomäwand erging es ihm wie einem blutjungen Liebhaber. Die Eifersucht zwickte ihn und die Besorgnis, ein anderer könnte sie ihm wegschnappen. Der Preißei schied aus, der hatte verzichtet. Es gab aber auch noch andere Führer, die sicherer im Fels standen als die Gemsen und verwegener als der wildeste Wildschütz. Man hörte allerhand von den katzenflinken, schwarzhaarigen Südtirolern, drunten in den Dolomiten. Jedesmal, wenn der Kederbacher weiter fort mußte, drückte ihn die Besorgnis wie eine Zentnerlast. Bis zur Rückkunft, und bis er sicher wußte, daß er die Wand genau so antraf, wie er sie verlassen hatte. Erst dann schnaufte er auf, rannte mit fieberheißem Kopf ins Eisbachtal, stieg in den Hachelwänden herum und schaute – schaute! Oder er lag drüben auf den Gotzenbergen, wenn die Nachmittagssonne die graue Mauer gliederte und

Fritz Schmitt (1905–1986), der glänzende Erzähler und Alpinhistoriker, kannte viele der Großen des Alpinismus.

stufte. Der Wechsel von Licht und Schatten zeigte ihm einen Weg. Einen Weg für einen Kederbacher!

«Die Bänder gehen, und die große Rinn zum Gipfel auffi a, aber die Wand vom großen Schneefleck bis zum großen Band schaut schiach her, verdammt schiach! Was für d'Augen und fürs Hirn a Narretei bedeut, dös kann für starke Händ' und für an festen Willn z'machen sein!» Er redete mit sich selber, der Kederbacher, auf den grünen Gotzenbergen gegen Sonnenuntergang.

Begeistert erzählte er daheim in der Stube vom Ergebnis seiner Erkundung. Sein Weib meinte nur: «Du sollst net gar so bergnarrisch sein, Hans, sollst mehr an dein Sachei denken! Die braune Kuh is zum Kälbern, tua aufpassen heut Nacht!»

Dem Kederbacher widmete Fritz Schmitt einen ebenso spannenden wie humorvollen, bisweilen auch etwas rührseligen Roman.

An Ostern 1881 stieg der Kederbacher mit dem Otto Schück aus Wien auf den Watzmann. Mit dem nämlichen Schück, der mit dem Dangl-Peter den Ortler erstmalig über den Hochjochgrat erstürmt hatte. Droben auf der Mittelspitze wies der Kederbacher hinunter zum Königssee. «Was sagt nachher der Herr zu der Wand?» Lange Zeit sagte er gar nichts. Immer weiter öffneten sich seine Augen, so angestrengt suchte er die verschneite steinerne Himmelsleiter ab. Bis sein Freund, der Graf Spody, hänselte: «Vergaff dich nicht, Otto! Du bist ein stürmischer Liebhaber!» Der Schück konnte sich nicht mehr von dem überwältigenden Anblick losreißen. «Da rennen hundert deutsche Bergsteiger ins Ausland und lassen solche Wände stehn!» rief er grimmig. «Solche Wände nicht angreifen, ist eine Schande, verstanden!» «Anschaun, anpacken und auffikemma sind dreierlei, Herr!» warf der Kederbacher ein. «Nach oben is noch koaner aus der Wand kemma, gar koaner!»

Der Wiener sinnierte weiter. Schließlich fragte er den Führer: «Wollen Sie mithalten, Kederbacher?» und deutete gegen den Abgrund. «An Pfingsten komme ich wieder!» Der Ramsauer schaute ungläubig drein. «Mithalten? Jederzeit pack i die Wand und Pfingsten wär net schlecht! Lang wart i schon auf an Herrn, der net nur am Führerseil auf bahnte Weg gehen will!» Er streckte dem Schück die breite Rechte hin und der schlug kräftig ein. «Auf ein gutes Gelingen!» sagte er und schaute dem Führer tief in die ehrlichen Augen. –

Der Wiener hielt sein Versprechen. Am Pfingstmontag früh hockte er neben dem Kederbacher in den Felsen der Bartholomäwand und erwartete den Tag. Aus den Schneerunsen wehte kühle Luft. Mitunter störte ein fallender Stein die nächtliche Ruhe. [...] Über glattgescheuerten und grasdurchsetzten Fels kletterten die beiden aufwärts. Rasch floß das Licht über die riesige, fahlgraue Felsmauer und hauchte sie rosig an. Ein kleines Schuttkar gewährte leichteres Vorwärtskommen bis zum Lawinenschnee und unter die dunkelgestriemte Wand, die den Zugang zu den Bändern versperrt. «Die Sakrawand!» knurrte der Kederbacher grimmig. «Kimmt mir vor wie beim Tarock, wenn i net woaß, was der andere für Trümpf in der Karten hat! Guat z'sammspieln, Herr, wenn mir g'winnen wolln!» «Daran soll's nicht fehlen», sagte der Schück bestimmt. «Einer schmiert und der andere sticht!» «Genau so, Herr!» Der Kederbacher kratzte mit den Schuhnägeln Stufen in den beinharten Firnschnee, bis zur Randkluft hinauf. Der Schück folgte tapfer, er war an steiles Eis gewöhnt und ließ sich nicht so leicht kopfscheu machen. Aber vor der Kluft prallte er doch zurück. Vierzig, fünfzig Meter, vielleicht noch tiefer sperrte sie ihren dämmerdunklen Rachen auf. Der Führer ließ sich hinüber und verkrallte sich an den jenseitigen Felsen mit seinen eisenharten Fingern. Mitten in der schweren Arbeit heulten von weit oben Felsbrocken herab und zersplitterten beim Aufprall auf die Plattenlagen. Der Kederbacher holte das Seil ein und rief: «Tuan mir uns schleunen, Herr!» [...] Der Führer zog das Seil so schnell ein, als würden sie über den Watzmanngrat und nicht über die Bartholomäwand aufsteigen. Mitunter bedeckte Schnee oder Eis die glatten Felsen. Oft tappte der Kederbacher lange nach einem Griff und klebte auf einem Fleck wie eine schlafende Stubenfliege; aber er ließ sich nicht abschütteln! Längst hatte er die Bergschuhe in den Schnerfsack gesteckt und kletterte bloßfüßig. Die Wand wollte sich nicht anders zwingen lassen.

Der Schück erinnerte sich daran, daß der Kederbacher an Ostern gesagt hatte: «Nach oben ist noch keiner aus der Wand gekommen!» Er dachte an den gefährlichen Rückzug, schaute über die Felsflucht hinab ins kleine Kar und noch tiefer auf den bleichen Geröllstrom des Eisbachtals. Wenn er etwas vom Umkehren verlauten ließ, schüttelte der Kederbacher das Haupt mit Bartzotteln und lachte wild auf. [...] «Warum umkehren? Wegen den paar Stoabrocken oder den nassen Überhangeln? Da dürfen mir net nachgeben, Herr!» Das Gesicht des Führers blieb kantig und unbeweglich wie der Fels. Nur in den Augen unter den buschigen Brauen flackerte ein begeisterndes Feuer. Dies und die Ruhe des Mannes rissen den Wiener mit. Beim Teufel! Nicht klein werden in dieser Wand; in der Bartholomäwand! Nach etlichen Seillängen rief der Kederbacher von einem Felserker aus dem nachfolgenden Schück zu: «Der letzte Trumpf is ausg'spielt und i schätz, mir g'winnen haushoch, Herr!»

Der Wiener betrachtete schweigend das breite schneebedeckte Band, das die Mauer leicht ansteigend durchzog. Der Führer holte die Pfeife und den Tabaksbeutel aus dem Sack. Jetzt schmeckte ihm das Rauchen auch wieder. Dann stülpte er die Schuhe über die kalten, blauroten Füße. Ringsum wuchtete grauer, schneebestäubter Fels. Auf einer Seite trotzten die Hachelwände, auf der anderen die steilen Stützpfeiler der Watzmannkinder. Aus der tiefen Kerbe des Eisbachtals leuchtete ein freundlich grüner Wiesenfleck um Bartholomä. Einen schmalen Seestreifen dämmten die Gotzenberge ein.

«Gehen mir weiter!» schaffte der Kederbacher an, die Pfeife im linken Mundwinkel hängend. Gut und schnell kamen die zwei vorwärts. [...] Schließlich packte der Führer die schroffen Felsen an, gerade zur Mittelspitze hinauf. Der Wiener blutete an den Fingerspitzen; seine Hände waren das Zugreifen nicht gewöhnt. Er biß die Zähne um so tapferer zusammen, je mehr sie sich der Gratschneide näherten. Steine flogen mitunter durch die Luft. [...] «Kreuzsakra, san da noch verspätete Turisten droben, die moana, sie san beim Kegelscheiben», schimpfte der Kederbacher. Diesmal brummelte aber ein größeres Felstrumm daher und zersplitterte krachend wie ein Büchsenschuß. Der Schück und der Kederbacher drückten sich eng an die Felsen und der Führer wollte den Schnerfsack über den Kopf heben. Zu spät! «Au-

Gipfelbücher vom Watzmann: Belege für überschäumende Freude und erschütternde Tragödien – aber auch für unsägliche Banalität und Angebertum.

Nächste Doppelseite: Das Erste, das Zweite, das lang gestreckte Vierte und das Fünfte Watzmannkind (von links) vom Watzmann-Hocheck. Rechts oben der Obersee.

weh!» schrie der Kederbacher und griff nach der Stirn. Blutig zog er die Hand zurück. Im Kopf klaffte ein Loch, als hätte ihm einer einen Maßkrug aufgesetzt. [...] Der Hut war fort; der Steinbrocken hatte ihn mitgerissen. Der Kederbacher knüpfte das Halstuch über die Stirn. Das helle Blut sickerte darunter hervor, tränkte die Binde und tropfte von der Hakennase. «Jetzt wird der Aufstieg glei markiert», meinte der Führer zu seinem erschrockenen Herrn und ging weiter. Geradewegs zur Mittelspitze hinauf.

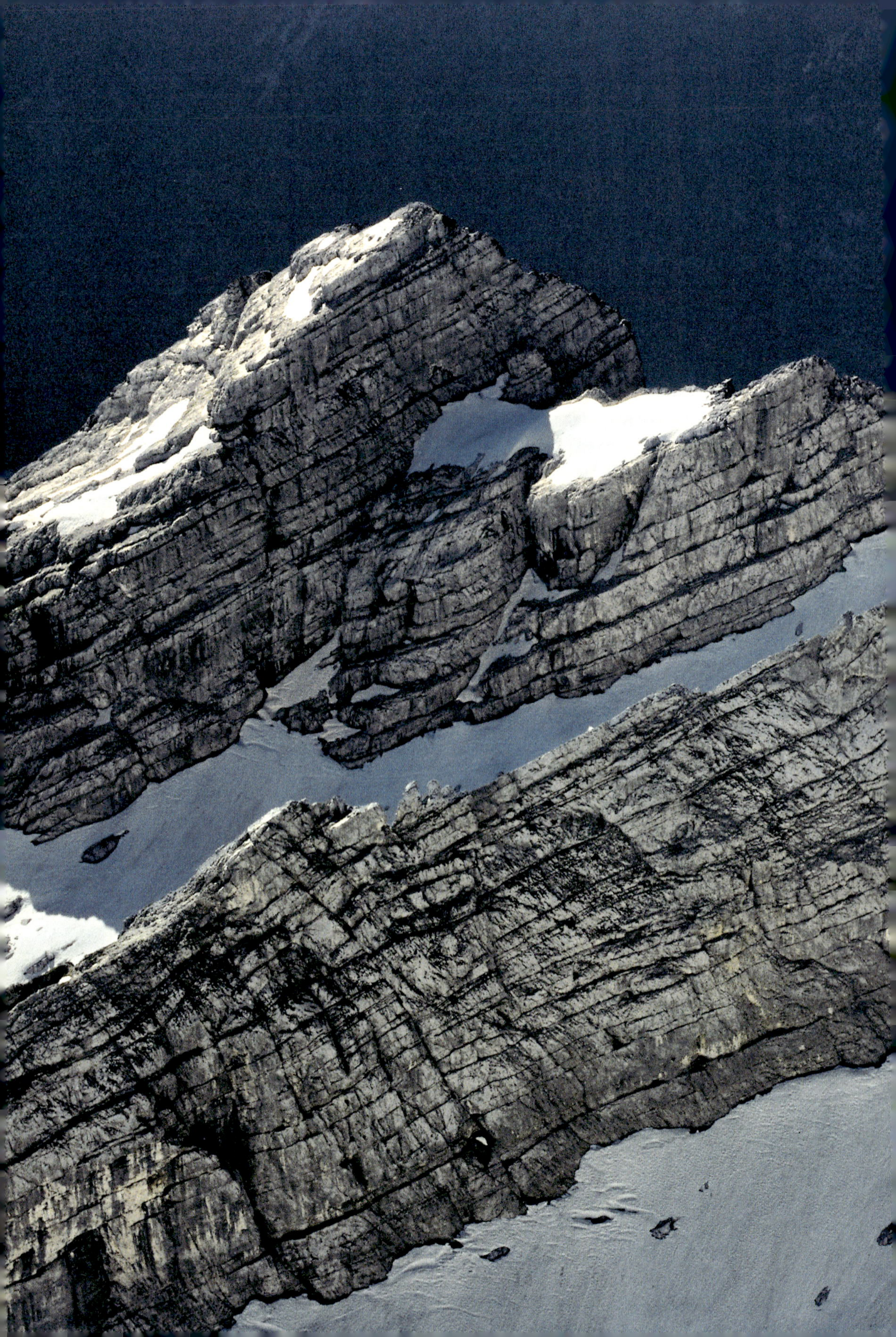

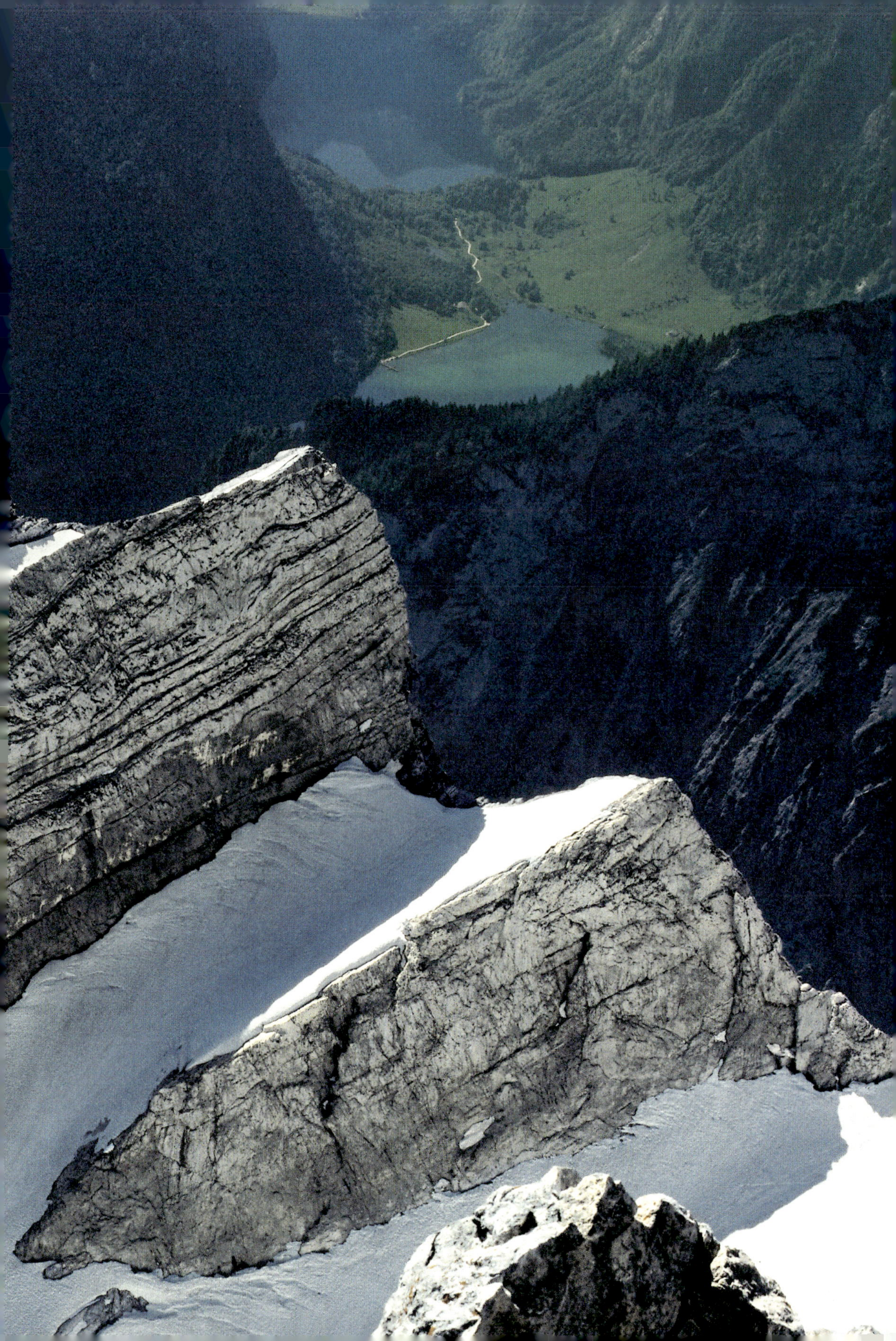

Elisabeth Dabelstein (1895–1976)

Zacken und Grate

Elisabeth Dabelstein war Mitglied der Sektion Kiel des Deutschen und Österreichischen Alpenvereins und studierte in den frühen 1920er-Jahren in München. Während der Semesterferien hielt sie sich mit Vorliebe in den Berchtesgadener Alpen auf. Befreundet mit Josef Aschauer, glückten ihr unter seiner Führung schöne und auch große Touren, unter anderen eine Durchsteigung der Watzmann-Ostwand auf dem Kederbacher-Weg.
Die bergbegeisterte Frau aus dem alpenfernen Schleswig-Holstein, die von 1924 bis 1957 als Oberin eines Jugenderholungsheimes in Oberstdorf/Allgäu wirkte, schrieb eine Reihe von herrlichen Aufsätzen, die für Hellmut Schöner «literarisch zum Besten der neueren alpinen Literatur gehören» und die sie 1949 als Buch mit dem Titel «Wände und Grate» herausgab. Daraus entnommen ist der folgende, etwas gekürzte Text. Er handelt zunächst von der ersten Durchsteigung der Direkten Ostwand des Vierten Watzmannkindes durch Josef Aschauer 1922 (eine kleinere Erstbegehung im Alleingang, bei der die Dabelstein zuschaute) und in der Folge von einer Überschreitung des Zweiten und Ersten Watzmannkindes und des Kleinen Watzmanns. – Elisabeth Dabelstein lebte von 1958 an in den Niederlanden, wo sie 81-jährig 1976 starb. Im oberen Teil der Watzmann-Ostwand, etwas unterhalb der Biwakschachtel, erinnert eine Karrenplatte, an deren äußerem Rand meist ein Orientierungs-Steinmanndl steht – die Dabelstein-Platte – an die Bergsteigerin und Wohltäterin.

Jener Tag war einem Sterne gleich, dessen grüßender Schimmer noch Jahre und Jahre, nachdem er erlosch, unserem wartenden Auge Offenbarungen bringen wird, einzig in der Versunkenheit der Nacht ringsum. Und wie leuchtend die Wochen meines seligen, kurzen, heißen, schwermütigen Bergsommers auch waren, so steht doch unbeirrbar jener Tag in ihnen, die Fülle ihrer Klarheit überstrahlend.

Rast an der Dabelstein-Platte in der Watzmann-Ostwand; im Hintergrund die Schönfeldspitze im Steinernen Meer.

In dunkler Frühe zogen wir fort, Josef Aschauer und ich. Als wir dann über die Frühnebel, die die Täler wie Wattepfropfen zustopften, hinausstiegen, brandeten rote Morgenwolken um die Gipfel des Hohen Göll. Die Milch, die wir im Vorübergehen eilig auf einer Alm tranken, hatte noch die Wärme des Tieres, so frisch war sie. Im Kar zog lange Zeit mit uns, nur näher an den Wänden des Kleinen Watzmanns, eine Gams empor – ja, war sie nicht weiß? Fast glaube ich es, denn der Morgen war lachender Wunder so reich! [Hier spielte Elisabeth Dabelstein sehr wahrscheinlich auf den sagenhaften weißen Gämsbock Zlatorog an, der in den Julischen Alpen gehaust, goldene Krickel getragen habe und nicht er-

134

legbar gewesen sei. Aus dem Blut, das aus seinen Wunden tropfte, entspross die Triglavrose, deren Heilkraft Zlatorog immer wieder gesunden ließ; Anm. d. V.]

Fünf Stunden wanderten wir still durch ihn hindurch, und emsig prägte der Fuß seine flüchtige Spur – zuerst in den Staub der Straße, in feuchte Waldwege, tauige Matten dann, hernach klang Eisen auf Stein gar hell und frisch, bis im seltsam gebuckelten Sommerfirn ein Rauschen von Winterlust verstohlen kicherte. Fünf Stunden lang sprangen die Muskeln in den nackten braunen Kniekehlen des Freundes da vor mir aus, rissen an wie ein straffes Band und schnellten wieder zurück. Ohne Veränderung und Unterbrechung schien dieses Spiel eines kunstvollen Mechanismus so einförmig, daß es war, als sei es keinem strengen Willen mehr untergeordnet und diene zu nichts.

Dann aber erreichten wir den Gipfel des dritten Watzmannkindes, des mittleren der fünf bizarren Felsklötze, welche zwischen Kleinem und Großem Watzmann von Osten nach Westen im Reigen ziehen. Sie alle steigen aus dem Gletscherfirn auf, und sie alle recken ihre hochmütigen, einsamen Gipfel nach Süden zu, gleichsam als schauten sie an den schlanken steinernen Falten hinab, die ihre furchtbaren, senkrechten Abbrüche zur Eiskapelle bei Bartholomä graziös durchziehen. Sie haben alle ihr eigenes Gepräge – der eine (fünfte) hüllt sich bis hoch hinauf in den Mantel weißen Schnees, senkt seine Stirne hinein und sinnt versunken hinauf zu den Riesenwänden des Großen Watzmanns, ihm nah; der nächste (vierte) reißt sich mit schwindelnd geneigter Platte und messerscharfem Grat so jählings über die anderen empor, als wollte er den Himmel selbst aufschlitzen. Dergleichen hat unser Gipfel jedoch nicht im Sinn – er ist der geringste unter den Brüdern, und weil er sich so sehnsüchtig nach Süden, der Sonne zu, vorschob, weil er den Blick auf den meergrünen Königssee tief unten so liebte, weil er dem vorbeistreifenden Flug der Gipfeldohlen allzu gern lauschte, hat er es ganz vergessen, sich strebend aufzurecken. Nun sehen sie auf ihn herab, der über so törichten Dingen die wer-

Mächtigen Schiffsbugen ähnlich ragen die Watzmannkinder gen Süden vor, um mit über 1000 Meter hohen Wänden ins Eisbachtal abzubrechen.

tende Höhenziffer unbeachtet ließ. Ein wenig beschämt duckt er zwar den Kopf, aber es scheint, als ob er's im ganzen noch so triebe wie schon alle Zeit.

Wir machen's wie er. Unsere Beine baumeln über seine Kante herab, und wenn wir mit einem ganz kleinen Ruck aufständen, kämen wir erst 1400 Meter tiefer auf den grauen Lawinenresten des Eisbachtales auf die Füße. Es ist eben acht Uhr und also eine Zeit, wo die Bergwelt sich nach dem dämmernden Träumen der Nacht erst allmählich wieder in die Klarheit eines wolkenlosen Julitages kleidet. Aus dem feuchten Grund der Eiskapelle steigen die Nebel auf, und wir beobachten, wie sie zögernd die gewaltige Watzmann-Ostwand hinauftasten. Leichtsinnig schwebt so ein Wölkchen heran, jetzt klimmt es über die glatten Schöllhornplatten, steckt dann sein Näschen in die finstere Zellerhöhle, danach zögert es erschrocken bei den großen berühmten Bändern, rückt von einem aufs andere und nun geht's flott weiter, bis es die Höhe erreicht, wo die allmächtige Sonne es unerwartet verschluckt. Unser Blick wird ernster, wenn er von diesen zarten Gebilden hinüberschweift zur Bartholomäwand. Ihre unfassbare Höhe und ihr hartes, helles Gefels erscheinen mir zwar nicht mehr so drohend und abwehrend wie einst, aber immer andere Schönheiten, neue wilde Linien und nie gesehene starrende Überhänge drängen sich auf.

«Schau einmal hinauf zur Jungfrau», kam nach einer Weile die Stimme des Freundes, «was meinst, wenn wir über diese Nordostkante hinaufgingen? Die ist halt noch nie gemacht!»

Ich sah nach rechts hinüber: eine Wandstufe über die andere baute sich der Fels auf, und selbst auf den abschüssigen schmalen Gesimsen zwischen ihnen schien kein Halt zu sein. Eigentlich nicht, weil es sich tückisch und unheimlich ansah, vielmehr, weil unsere Pläne für heute umfassend genug waren, schüttelte ich den Kopf.

«Geh, sei nicht fad!», fuhr er fort. «'S ist nur zuerst a bissel schiach, nachher die Platte und den Grat kennst allweil schon.»

Das war nun allerdings wahr und sicher war auch, daß es mich unendlich gefreut hätte, diese Stellen wieder einmal in Angriff zu nehmen, den schwindelnd kühnen Gipfel wieder zu betreten; ist doch dies schmale Felsenriff ein Meisterstück an elegantem, waghalsigem Aufbau und an prachtvoller Einordnung in die Felswüste ringsum. Aber dennoch war mir die Durchführung dessen, was wir von vornherein beabsichtigt hatten, lieber.

«Ja, weißt», lockte der Freund und lachte dabei, «'s ist halt eine Neutour und nachher könntest sagen, daß du dabeigewesen bist!»

Da lachte ich auch: «Und dann schreibst du: erfolgreiche Ersterkletterung trotz Begleitung einer Dame! Nein, o nein!»

Als dann aber sein Gesicht immer verlangenderen Ausdruck annahm, da zog ich ihm selbst Seil und Kletterschuhe aus dem Rucksack – nun, auf zur Nordostkante der Jungfrau! Wahrhaftig, ich habe ihm schon mehr gegönnt als diesen luftigen Anstieg. Während er über den Firn zum Fuße der Wand hin querte, stieg ich mit dem Gepäck zur Scharte zwischen drittem und zweitem Kind hinab, streckte mich wohlig auf den schon sommerwarmen Fels und folgte meinem Kameraden aufmerksam mit den Augen, die Sonne durch die Hand abblendend.

Ich habe ihn in manchen frohen und tüchtigen Augenblicken gesehen: ich sah ihn auf handbreitem Grate sorglos dahinschlendern und nach schwersten Touren gleichmütig heimkehren; ich sah ihn beim Skirennen in rasendem Tempo vorbeibrausen und in wuchtigem Sprunge von der Schanze hinausfliegen; ich sah ihn an der Seite eines lieben Mädchens und sah ihn auf den Schultern eines Freundes, als ihn die Begeisterung der Skiläufer umlärmte. Aber keines dieser Bilder reicht an die sonnige Stunde im Kar heran, wo ich ihm nachschaute, als er allein, strahlend, als sei er die Jugend selber, leicht und geübt die dunkle Wand der Jungfrau in selbstgesuchtem Wagnis durchkletterte. Zug um Zug klomm er empor. Jedesmal, ehe er auf die Gesimse trat, fegte er mit den Armen das Geröll fort, mit dem sie bedeckt waren – knatternd fuhr es herab und dröhnte dumpf auf, wenn es auf dem Schnee unten aufschlug, den es nun mit schwarzen Tupfen bedeckte. Ich sah es seinen ruhigen Bewegungen an, wie er die Gefahr genoß, das heißt, wie er sich bewußt war, eine Kunst zu üben, an der ihre Macht erlahmte. Einmal dauerte es lange, bis er sein Suchen aufgab und den weit nach hinten und aufwärts gerichteten Kopf zurückbog, um sich mit einem jähen und so heftigen Ruck emporzustemmen, daß es war, als sei die Stelle an

Das große Band in der Westwand des Kleinen Watzmanns. In der Tiefe das Watzmannkar, darüber die Ostwände des Hochecks und der Mittelspitze mit dem markanten Wieder-Band (rechts der Bildmitte).

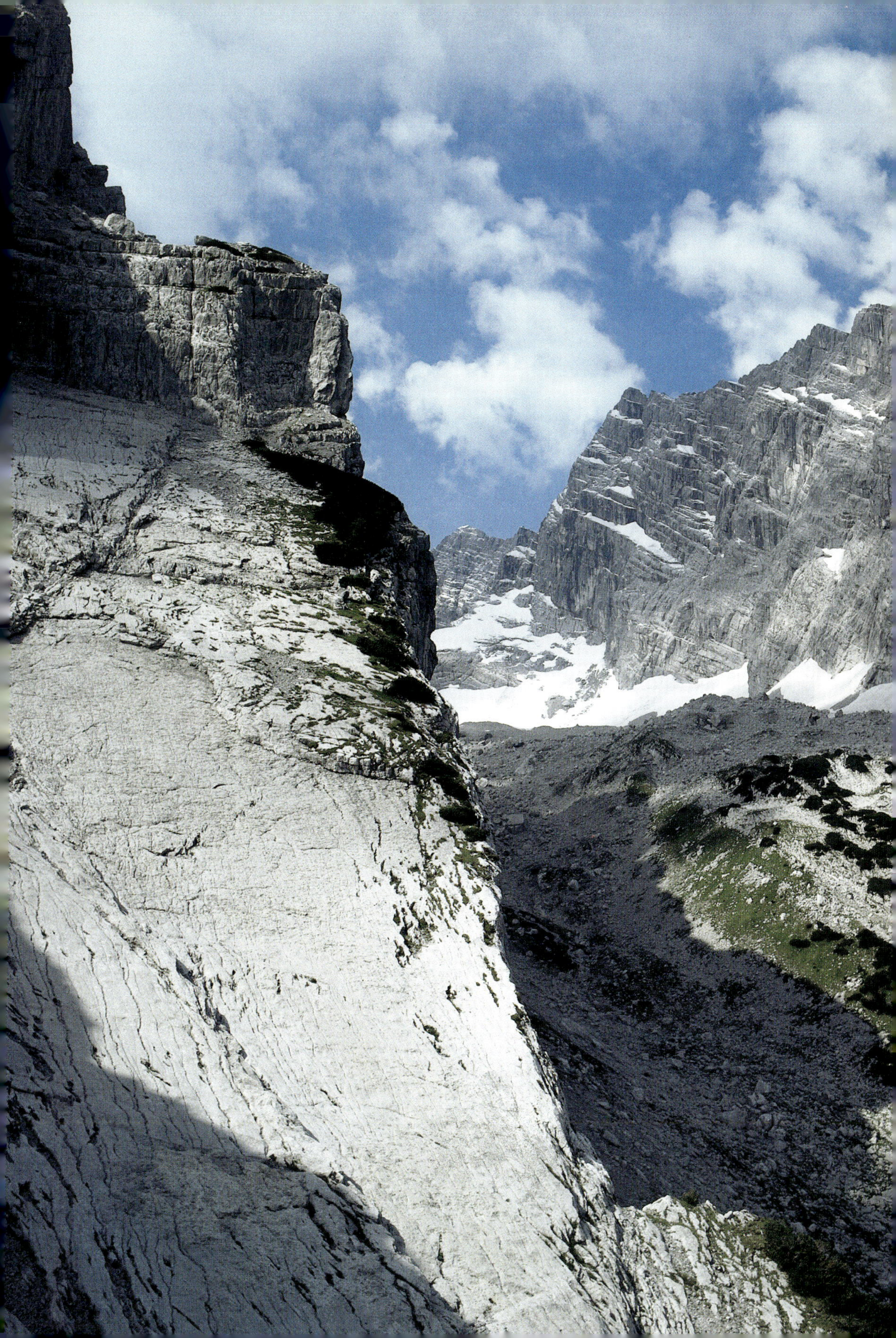

jener glatten Verwölbung der Wand unbezwingbar. Mich wollte gerade Angst um ihn ergreifen, da trug der warme Wind das Lied zu mir herüber, das er sich sang, sorglos und wie immer: falsch! Nach dreiviertel Stunden hatte er den First erreicht, der, von meinem Punkt aus gesehen, den Berg begrenzte. Und da sah ich ihn zuletzt, schlank und hochaufgerichtet, das Seil um die Brust geschlagen, hineingewachsen in den tiefblauen Sommerhimmel. Dann wandte er sich nach links und verschwand über das große Plattenband dem Gipfel zu.

Nun blieb mir nur die wilde Felswelt ringsum und wahrlich, sie ist mir vertraut genug, um diese Stunde des Wartens mit ihrem bleichen Zauber zu einer gar köstlichen zu machen. Die Wände, die Grate, der weite, öde Karboden liegen in blendendem Sonnenglanze, keinen Schatten kann ich sehen, weil mein Blick die Richtung des Lichtes nimmt. Ein unsagbares Glücksgefühl strömt durch mich hin: ich bin in der Heimat! Fern und unerreichbar entronnen bin ich dem Leben, das dort unten öde und leer meine Tage füllt. Nun sehe ich die Routen hinauf, die durch die Wände leiten und die ich ging – vergessender unendlicher Friede liegt über ihnen –, ja, restlos erfüllt mich die bleiche Gebirgswelt. Das tiefe Blau des Himmels schlägt mit leuchtenden Fahnen in die Scharten und Risse.

Hell, scharf klirrt ein Stein. Lange klettern meine Blicke an der Jungfrauwand herum, bis sie den kleinen lebendigen Punkt im Wirrsal der Risse und Bänder und Gesimse entdecken, den Freund. Er seilt sich ab, eine Seillänge nach der anderen – er schaukelt sich, wiegt sich hin und her, so unendliche Lust ist es ihm, über der Tiefe zu schweben. Eineinhalb Stunden sind seit seinem Aufbruch verstrichen und nun steht er lachend wieder vor mir. [...]

Es begann nun die fröhlichste Kletterarbeit, deren ich mich entsinnen kann, und wenn ich die schmalen, wilden Grate, die im tollen Auf und Ab für Stunden unser Weg wurden, irgend anderen Bergfirsten vergleichen sollte, so müßte ich lange in meinem Fahrtenbuche blättern, um etwas zu finden, das ihren Schneiden, ihrer scharfen, plattigen Absätzen, ihren mit schauerlichen Überhängen auf der Bartholomäseite abbrechenden Südflanken ähnlich wäre. Vergebens aber würde ich Seite um Seite zurückschlagen, wollte ich unter den früheren Fahrten eine finden, deren Sonnenlicht so hell, deren Kletterlust so jauchzend, deren Gemeinsamkeit so selbstverständlich war wie an diesem unergründlich köstlichen Tage.

Wir stiegen von der Scharte zwischen drittem und zweitem Kinde durch Mulden, Rinnen und Schrofenhänge zu letzterem empor, und mir ist, als ob wir, kaum daß meine Glieder sich nach der langen Rast wieder leichter regten, auch schon oben waren. Nun senkt sich der Grat wiederum zu einer tiefen Scharte hinab, ehe er sich zum ersten Kind steil hinaufschwingt. Wir klettern langsam. Eine schwierige Verschneidung gebietet Achtsamkeit. Und dennoch glückt alles so leicht und mühelos, daß man sich erst hinterher plötzlich umdreht, zurücksieht und sich zweifelnd erinnert: ja, sieh, das Stücklein eben, das war wohl schwierig! Es kommen schmale Gesimsbänder und in glatter Wand so karge Stufen, daß man den Rücken im Kreuz durchbiegt, wenn der Fuß knapp auf ihnen gelandet ist. Eine Zeitlang hängen wir in der Südwand und ich glaube, von Bartholomä könnte man mit gutem Fernglas lotrecht zu den Sohlen unserer Kletterschuhe heraufschauen, die über die spärlichen Tritte hinausklaffen. Dann kleben wir an einer Platte, an die uns nichts als unser Bergglück schmiedet. Bald läuft dann der Grat friedlicher in der Scharte aus.

Für einen Augenblick erwächst uns hier die Aufgabe des Wegsuchens. Unerwartet stehen wir vor einem Kriechband, das an Verwegenheit nichts zu wünschen übrig läßt. In wulstiger, dick überhangender Wand zieht es, selbst nach außen geneigt und geröllbedeckt, schmal und luftig über eine klammartige Schlucht von einem Felsufer zum anderen. Der Freund zaudert, aber ich finde, daß das eine lustige Sache sei. Doch er schüttelt den Kopf: «Sakra, nein, das geht nicht.» Wir kehren um, wenden uns mehr links, nordöstlich, und sind bald wieder im treuen Gefolge unseres wild-graziösen Grates.

Er klimmt zerrissen und launisch empor, immer aber bleibt er zuverlässig durch festes Gestein. Die Sonne wirft ihre grellen Lichter in die zerspaltenen Wände, und nur wenig Schatten liegt in den bleichglänzenden Flächen. Schroffe, jäh aufspringende Erker führen uns höher empor oder werden umgangen, indem wir in die Wände hinaussteigen, und ohne daß wir ein einziges Mal verlangend nach ihm ausgeblickt hätten, ist der Gipfel des Kindes unser. [...]

Nun prüfen die Augen doch neugierig den Kleinen Watzmann, der im Akkord unserer drei Gipfel heute die Dominante bildet. Er ist ein klotziger Kerl, wahrhaftig, mit seinem eckig-plumpen Gipfelbau, den vier Kerben, in die plattige Westwand gerissen, phantastisch verzieren. Man sollte ihm den schmalen, zierlichen Südwestgrat, den wir nun in Angriff nehmen, nicht zutrauen, so leicht und luftig hängt er steil zwischen der plattigen Süd- und der verwegenen Westwand.

In solcher Nachbarschaft seinen Weg zu gehen, ist Götterlust. Manch helles Lachen, manch frohes Wort springt uns über die Lippen. Der Anstieg ist nicht kurz, aber – so weit ich mich erinnere – er hat nur zwei schwierige Stellen. Die erste war ein Kamin, – und als ich ihn, den Rücken an der einen, die Füße an der anderen Wand, über mir den blauen Himmel und das lachende Gesicht des Freundes darin, unter mir einen Schneestreifen, tief, tief im Kar, emporstemmte, da durchlebte ich die frohesten Minuten der ganzen Route. Die andere schwere Stelle war eine griff- und trittarme Steilstufe, deren Natur ich zu ahnen begann, als ich sah, wie heiß und keuchend sich der Freund emporwirkte und ganz erkannte, daß der eine Griff, auf den ich mich ganz verlassen mußte, ausbrach und ich mit schneidendem Ruck jählings im Seile hing. Die Sonne war schon vor Stunden durch den Mittagspunkt gegangen, als wir über die grasige «Schulter» den Gipfel erreichten.

Am kleinen, blitzdurchschlagenen Kreuz streckten wir uns zu langer Rast aus. Der klare Spiegel des Königssees und das grüne Tal der Berchtesgadener Ache schimmern herauf. Hätte sich nicht schließlich ein kalter, abendlicher Wind erhoben, der uns erschauern ließ nach des Tages Hitze, so wäre vielleicht die Dämmerung hereingebrochen, ehe wir unsere Höhe verlassen hätten.

Das kahle Gefels des Nordgrates, über den wir nun abstiegen, ist bald mit Rasenpäckchen durchsprenkelt, zunächst sparsam, dann aber schwellen sie mehr und mehr an und werden zu Polstern von solcher Weichheit, daß man den felsmüden Fuß gern und unbekümmert in sie einsinken läßt. Das Kar und die «Kinder» bleiben zurück, dafür öffnet sich zur Linken der Tiefblick auf die Riesenplatte, die wie eine Bastion der Westwand des Kleinen Watzmann vorgebaut ist. Zahllose parallele Erosionsrinnen durchziehen ihr plattes Gestein. Ich

Auf dem Kriechband in der Südwand des Kleinen Watzmanns. Nicht ausgeschlossen, dass die Bergsteigerin Elisabeth Dabelstein ist.

rechne mir im stillen aus, wie viele Umschwünge ein Skiläufer – wahrlich ein kühner – machen müsste, der sie im Winter befahren würde. Dreißig, denke ich, wenn ihn die Lawinen nicht wegwischen und die Abgründe jählings verschlingen werden. Über diese Platte in die Westwand einzusteigen, stelle ich mir prachtvoll vor, und als ich's dem Freund schildere, verspricht er mir die Route auch.

139

Helma Schimke (* 1926)

Immer währende Wiederkehr

Helma Schimke, Architektin, geboren und aufgewachsen in Salzburg, wo sie heute noch lebt, gehörte während der 1950er- bis hinein in die sechziger Jahre zu den besten deutschsprachigen Bergsteigerinnen. Der Untersberg in den Berchtesgadener Alpen, Salzburgs «Hausberg» mit seinen weitläufigen Höhlensystemen, wurde ihr zum romantischen «Spielplatz» der späten Kindheit und der frühen Jugend. Er war ihr Abenteuerstätte, Erholung und Zuflucht in einem. Gute und prominente Alpinisten – Marcus Schmuck, Rudolf Bardodej – lehrten Helma Schimke das Bergsteigen scharfer Richtung. Auch der souveräne Otto Wintersteller wurde ihr oftmals zum Kletterpartner. Nach und nach glückten ihr große Felsrouten in den Nordalpen: Fleischbank-Südostverschneidung, Maukspitze-Westwand («Buhl»), Predigtstuhl-Westwand («Schüle-Diem» und «Fiechtl-Weinberger»), Totenkirchl-Westwand («Dülfer») im Wilden Kaiser, die Däumling-Ostkante im Dachsteingebirge, schwierige Anstiege in den Berchtesgadener Alpen. Erfolge in den Westalpen schlossen sich an: Monte-Rosa-Ostwand, Aiguille-Noire-Westwand (Via «Ratti») und -Südgrat, die «Major» an der Brenvawand des Montblanc, die Nordostwand des Piz Badile. Letztere und viele Routen mehr gelangen Helma zusammen mit ihrem Mann Konrad Schimke, einem aus dem Gasteiner Tal stammenden extremen Bergsteiger und in Salzburg amtierenden Richter. Sie hatten zusammen drei Kinder, denen es an elterlicher Liebe nicht mangelte. Aus diesem Urvertrauen heraus fand Helma immer wieder einmal Gelegenheit, große Touren zu unternehmen.

1961 kam Konrad Schimke vom Versuch einer Winterbegehung des Kederbacher-Weges an der Watzmann-Ostwand nicht mehr zurück. Schimke, sein Partner Gerhard Jungwirth und ihr Zufallsbekannter Christian Bögl waren am 18. März 1961 vom Dritten Band aus in die Tiefe gestürzt. – In ihrem zweiten Buch «Über allem der Berg» schrieb Helma Schimke über die Stunden und Tage des Bangens um ihren Mann, über die bestens organisierte Rettungsmaschinerie, die anlief, und über die letztendliche Gewissheit, dass Konrad Schimke tödlich verunglückt war. («Die Bergsteigerin in mir wußte das längst, nur die Frau hoffte noch immer, nicht viel, ein wenig, ein ganz klein wenig nur.») Sie erzählte in diesem Buch von seinem Wesen, von seinem ungestümen Temperament, von seiner Lebensfreude und seinem grenzenlosen Optimismus, von seinem Interesse und Wissen um die alpine Geschichte. – Helma Schimke ist nach dem Tod ihres Mannes weiterhin bergsteigen und klettern gegangen. Auch extrem, wie etwa mit dem Schweizer Lhotse-Ersteiger Ernst Reiß am Selun-Südpfeiler (Churfirsten). Auch mit ihren Kindern. Und vor einigen Jahren sind Helma Schimke und die junge Extrembergsteigerin Barbara Hirschbichler Freundinnen und gelegentlich Bergpartnerinnen geworden.

Helma Schimke in der Külbl-Rinne am Geiereck (Untersberg).

Rechte Seite: Winter am Watzmann – Zeit der Stille. Nur verhältnismäßig wenige Extreme wagen sich während der kalten Jahreszeit in die große Wand. Im unteren Teil der winterlichen Watzmann-Ostwand (oben); abendlicher Blick aus der Gipfelregion in Richtung Schönfeldspitze und Hohe Tauern (unten).

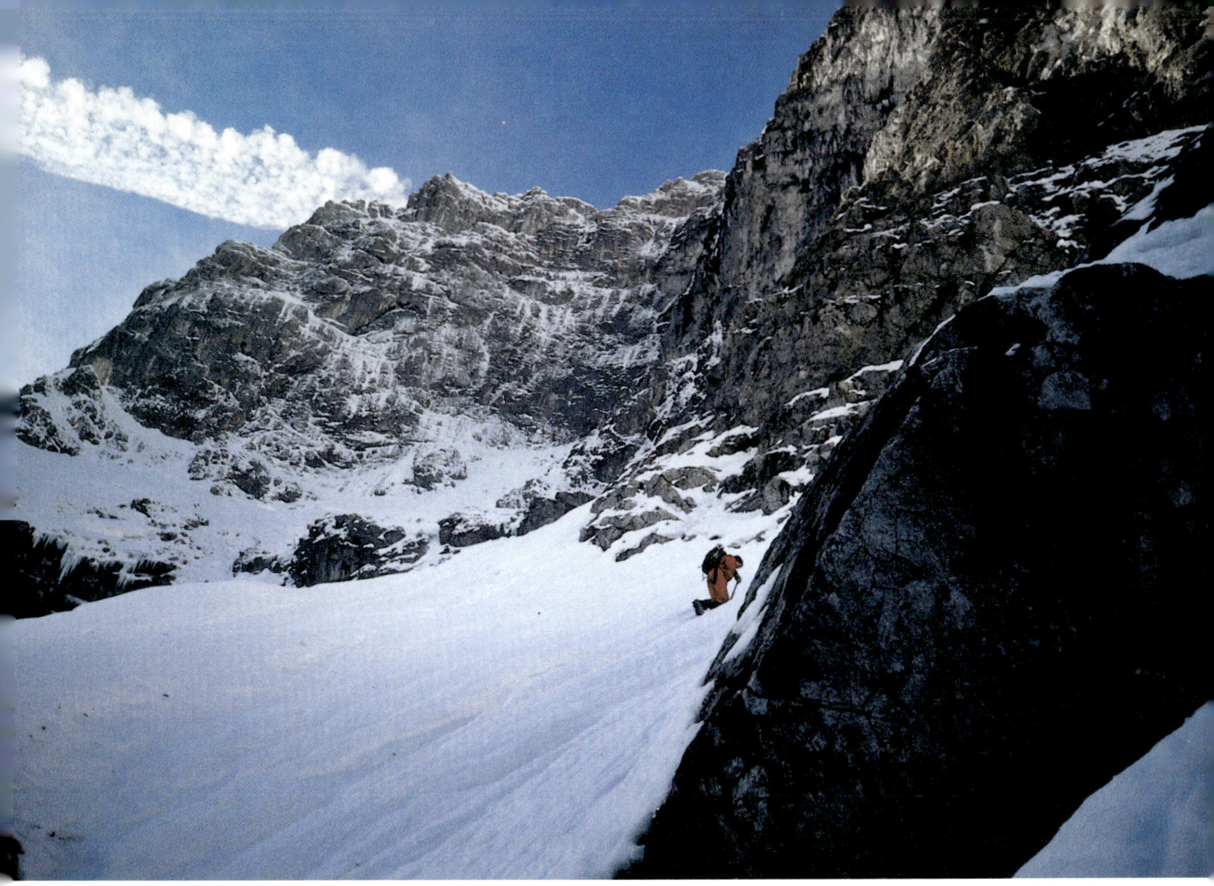

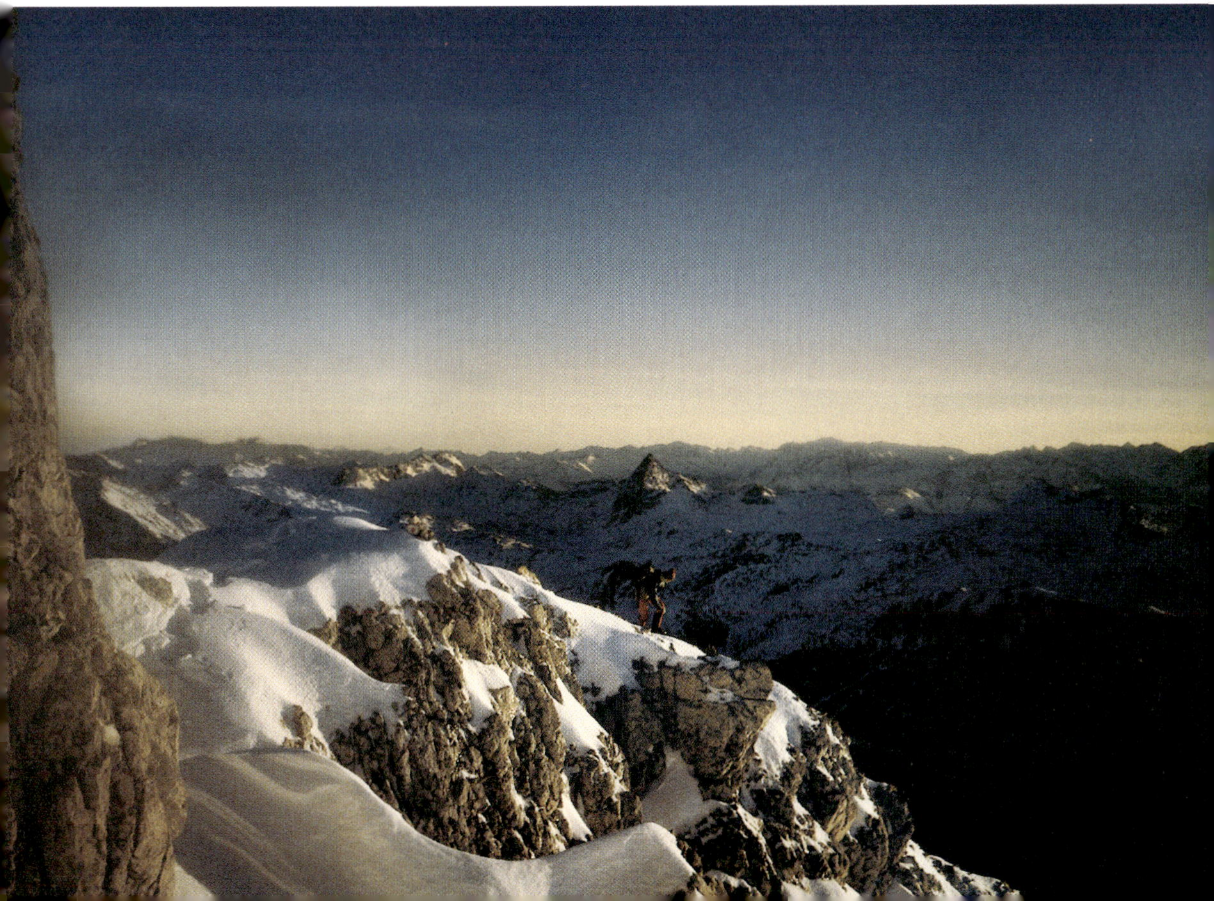

Von einer Winterdurchsteigung der Watzmann-Ostwand, die Helma Schimke unternahm, nicht allzu lang nachdem ihr Mann verunglückt war, erzählt sie in der folgenden Geschichte.

Sonnenrast in einem Schneenest etwa 500 Meter über dem Einstieg der großen Wand. Zentimeterlange Kaltschneekristalle hängen an den Wollstrümpfen, am Kapuzenrand, am Ärmelsaum. Aus der Thermosflasche fließt heißer Kakao. Ein weißes Rauchfähnchen zittert in der Luft.
«Das wird guttun.»
Die naßgrauen Seilschlingen auf dem halboffenen Rucksack schiebt eine harte, breite, gefurchte Hand zur Seite, taucht in der Höhlung unter. Steifes Papier knistert – «Vielleicht ein paar Kekse?»
Ein weißer, leicht gewellter Kondensstreifen fließt über das Himmelsblau. Manchmal glitzert die Spitze in der Sonne. Und jetzt hat der Wind das Motorengeräusch zu uns herübergetragen. Ein lang ausgestreckter Arm zeichnet bedächtig einen weiten Bogen vor mir in die Luft:
«Einsam und unbegangen – dieses Hagengebirge»
«Die Südhänge sind jetzt ockergelb wie im frühen Herbst. Genauso aper wie die Südwand des Kleinen Watzmanns. Nur wir hier, in der Ostflanke, wir stecken im Schnee.»
«Weihnachten war hier auch noch alles trocken – ein fast sommerlicher Klettergenuß.»
Vor drei Wochen, ja, da ist sogar das Schiff noch über den See gefahren. Und heute? Eine starre, weißgraue Eisfläche liegt unter uns, umschließt die Halbinsel von Bartholomä. Aus der Dämmertiefe des Eisbachtals kriechen Kälte und Schatten herein zum Einstieg der großen Wand, herauf über die türkisfarbenen Eispanzer des Schrofengürtels bis in das weite Kar.
Doch rund um unser Schneenest drängen die Strahlenfinger der frühen Sonne den Schatten in die Kamine, Rinnen und Schluchten. In der Watzmann-Ostwand ist der Tag angebrochen. Nur unten im Tal liegt noch graukalte Dämmerung.
Vor wenigen Stunden waren wir über das Eis des nachtdunklen Sees hereingewandert. Die Steilabstürze des Kleinen Watzmann hatten uns dunkel und ernst entgegengestarrt, aber die Hänge des Hagengebirges zu unserer Linken lagen im schimmernden Licht des vollen Mondes. Ein Gang an der Grenze zwischen Licht und Schatten, zwischen einst und jetzt.
Ab und zu knisterte das Eis wie Feuer oder wie berstendes Glas. Dann wieder gab's einen scharfen Knall, als hätte der Blitz in unmittelbarer Nähe eingeschlagen. Die sonderbaren Geräusche hörten sich oft auch wie schnell aufeinanderfolgende Gewehrschüsse an, die sich plötzlich zu lawinenartigem Donner steigerten und in einem Brüllen ausarteten, als stünden hundert Wölfe am Ufer.
Der Mond, die Nacht, die Einsamkeit und das Grollen aus der Tiefe. In solchen Augenblicken freut man sich mit dem zweiten. Man achtet darauf, in seiner Nähe zu bleiben. Der Klang seiner festen, regelmäßigen Schritte gibt Sicherheit. Ob er es spürt, wie sehr man auf seine Gegenwart angewiesen ist? Ob er etwa auch Ähnliches denkt und fühlt? Bestimmt nicht. Er ist sich selber genug.
Ein fremdes, scharfes, splitterndes Geräusch: Unwillkürlich macht man ein paar schnelle Schritte nach vorn. Glaubte man denn, das Eis würde sich öffnen? Ein prüfender, verstohlener, verschämter Blick zurück. Und jetzt lacht man sogar. Man lacht über die eigene Angst. Es drängt einen, etwas zu sagen, die Stille zu durchbrechen.
«Ich hab das nie gewußt – so ein Eissee ist ja gar nicht tot.»
«Im Gegenteil. Er führt eine recht deutliche, unheimliche Sprache. Es ist, wie um das Fürchten zu lernen.»
«Sie – und fürchten?»
«Warum nicht? Kein Mensch ist frei von Angst. Und ich habe eben Angst vor dem Wasser. Es ist mir nie gelungen, richtig schwimmen zu lernen. Wasser ist ein Element, das mir fremd ist. Unberechenbar, nie ganz durchsichtig, aber auch nicht kompakt. Unehrlich und unverläßlich.»
Wieder dieses dumpfe Brüllen, das sich steigert und diesmal sehr schnell, wie mit einem jähen Aufschrei, endet. «Es muß sehr kalt sein.» Doch wir spüren diese Kälte nicht. Wir sind schnell. Nach einer knappen Stunde Gehzeit liegt die Kapelle von Bartholomä vor uns. Bleiern und stumpf duckt sie sich in den starrenden Schatten. Über ihr ragt – schemenhaft und riesig – die große Wand.
Schweigend huschen wir an den dunklen Fenstern des Gasthauses vorbei, zurück zum hohen Gatter, hinein in den hochstämmigen Wald. Laut, fast böse und aufgeregt knirscht der Schnee. Jetzt das schmale Weglein, das bald steil ansteigt. Hier haben sie damals also vorgespurt, um es am nächsten Tag leichter zu packen. Drei Monate später hat man sie auf demselben Weg zurückgetragen – hinaus zur Kapelle und zum Schiff. Bilder. Gedanken – hundertmal schon gesehen und gedacht.

Man schöpft tief Luft und schaut nach oben. Zwischen den Baumkronen eine schmale lichte Gasse; wirr hineingestreut unruhig flimmernde Sterne.

Es gibt kein Aufbegehren. Keinen Widerspruch. Nicht einmal mehr eine ungeduldige Frage. Es ist da plötzlich etwas wie ein Glaube an den unaufhaltsamen Ablauf eines Schicksals, ein Wissen ums Unabänderliche.

Von G. ist plötzlich stehengeblieben und deutet auf mein kurzes Eisbeil.

«Ihr modernes Werkzeug ist ja recht praktisch. Aber da – nehmen Sie für den Weg zum Einstieg meinen Pickel. Er ist konservativ und lang. Die Jungen lachen mich damit aus, aber Sie werden sehen!» Er bleibt zurück und schneidet sich einen schönen praktischen Haselnußstock. Langsam und umständlich. Ich gehe voraus.

Bald erreiche ich die schmale Holzbrücke mit zehn Zentimeter hohen Pulverschneehauben auf den Pfosten. Der heurige Winter war bisher flockenarm. Trotzdem: Die Wand vor mir schimmert bleich und weiß. Sie rückt näher, schon kann ich die Bänder unterscheiden. Unten, beim Einstieg, lastet noch die Dunkelheit. Aber oben am Gipfelgrat schimmert der Fels, glitzert der Schnee im gelben Mondlicht. Zu meiner Linken drängen die Steilwände der Hachelköpfe schroff in den Nachthimmel. Ist das Licht der Sterne schon schwächer und müder geworden?

Fast horizontal leitet das bucklige gewundene Weglein hinein in den innersten Winkel des Eisbachtales. Die hohen Fichten sind zurückgeblieben, niederes Strauchwerk säumt meinen Weg. Ab und zu greifen starre Silberfinger in mein Haar. Ein paar Mal ducke ich mich erschrocken. Konrad würde mich auslachen, wenn er mich sähe: «Patscherl», würde er lospoltern, «zum Erschrecken ist das Leben zu schön!»

Von G. hat mich eingeholt. Im Dämmerlicht steigen wir seilfrei bergan. Pulverschnee auf Eis – das ist ein langsames Höherkommen. In der Steilrinne geht es ganz gut, aber dann – bei den zwei eiserstarrten Wasserfällen knüpfen wir die Seilschlingen, stapfen weiter bis hinauf in das große, steile Kar. Knietiefer, hüfttiefer, mehliger, trockener Schnee. Ohne jede Spur. Der Sommerweg schlecht gangbar. Wir suchen Varianten: einen Rißkamin, eine abschüssige Rampe, vereiste Platten, beinhart gefrorene Rasenpolster.

Tiefe Atemzüge.

Es ist Tag geworden. Hellgrün schimmern die Watzmannkinder im frühen Licht. Kühne schmale Türme, ein steiler eleganter Grat, halb im Licht, halb im Schatten. Eine dunkle Verschneidung, fast schneefrei.

Über den Himmel gleiten zartrosa Wolkenschiffe, über die Wandkrone

Zwei Generationen extremer Bergsteigerinnen: Barbara Hirschbichler 1997 während eines Interviews am Königssee. Helma Schimke lauscht interessiert.

schwimmt goldgelbes Sonnenlicht, sinkt langsam zu uns herab.

«Wollen wir rasten?»

Unwirklich der Blick in die Tiefe, in die Weite und in die Höhe. Unter uns die scharf profilierte Randkluft. Weit aufgerissen, grünblau, mit schmal geschnittenen Lippenrändern, drängt sie sich an den Bergkörper. Ein gigantisches Bühnenbild: Glasrampen, Eisbalustraden, schimmernde Pilaster.

«Herrgott – die Wand ist schön.»

Wie still sie ist. Kein Stein fällt. Keine Dohle ist zu sehen. Man hat fast das Gefühl, da unten etwas vergessen zu haben. Bis man dann weiß: es ist nur der Lärm. Immer wieder ist es wie ein Wunder. Je öfter man zum Berg kommt, um so mehr liebt man ihn. Es ist jedesmal wie eine Rückkehr in die Heimat. Wie ein Jasagen zu sich selbst.

Henner Schülein (*1945)

In der Südwand des Vierten Watzmannkindes
– mit und ohne Zeitverschiebung

Henner Schülein aus Berchtesgaden-Bischofswiesen lebt heute in Schönau. Der Gymnasiallehrer eröffnete in den 1960er-Jahren etliche extreme Felsrouten, meist zusammen mit seinem Bruder Frieder, der 1968/69 dem Akademischen Alpenverein München vorgestanden hatte. Publikationen von Henner Schülein fallen durch ihren Tiefgang, durch ihre philosophischen und auch kritischen Gedanken auf. In einem Alter, da andere Extremkletterer längst dem – wie es Fritz Schmitt einmal formulierte – «gedämpften Saitenspiel» huldigen, genießt der Berchtesgadener seine schwierigen und früher im Stil der Zeit vielfach technisch bewältigten Touren im modernen alpinen Freikletterstil. Retrospektive während der Tat: Der folgende Aufsatz, Anfang der 1990er-Jahre erstmals veröffentlicht, gehört zu den schönsten Geschichten vom Watzmann.

Aus der Dachrinne schießt der Strahl und klatscht auf die Steine, so daß sein monotones Plätschern die Stille des Nachmittags noch unterstreicht. Eintönig strömt Winterregen, seit Tagen nun schon, und er wird in Bälde die letzten Reste des wäßrigen Firns aufgelöst haben, dann taucht überall braune, modrige Erde auf.

Wie komische Christbaumkugeln klammern sich Amseln und Dompfaffen ans Gezweig der Haselsträucher, in denen tausend Tropfen blinken. Wenn sie zu schwer werden, fallen sie ab, und das Spiel wiederholt sich Minute um Minute. Unmerklich verrinnt die Zeit. Zeit für den Blick nach innen. «In uns oder nirgends ist die Ewigkeit mit ihren Welten, die Vergangenheit und Zukunft», sagt Novalis in seinen «Fragmenten». Der Weg nach innen ist für ihn der Königsweg. Auch mir tut es gut, die Zwänge des äußeren Lebens einen Moment lang zu vergessen.

Wie so viele Male zuvor steigen wir bedächtig schweren Schrittes durchs «Kar», wie wir es vertrauter Einfachheit wegen nennen, das sich grau in grau hinanzieht, uns hindurchwindend zwischen mannshohen Blöcken, ab und zu Schutt lostretend, der mit dumpfem Geräusch nachgibt. Erstarrt liegt es da in der Morgenkälte des Novembertages. Die schon allzu tief stehende Sonne kann es nicht mehr zum Leben erwecken.

Dort drüben war es! Wo das Firneis im Schutt ausläuft, in den «Sanden», hatten wir uns vor undenklichen Zeiten, wie es mir heute scheint, vor etwa 25 Jahren, an einem jener Septembertage, die die Glut des Sommers noch einmal sammeln, ins Kar aufgemacht, später unser Biwaklager eingerichtet, und der volle, weiße Mond über der schwarzen Silhouette des Jungfraugrates hatte uns ins Gesicht geleuchtet, so daß wir nicht schlafen konnten. Zur Jungfrau-Südwand war es damals ein weiter Weg, als wir noch mit den Fahrrädern unterwegs waren.

Der Firn ist heute tückisch. Fast alle der unzähligen Schmelzmulden sind aus blankem Eis, nur hin und wieder ragt ein gefrorener Stein daraus hervor, an dem die profillosen Gummisohlen Halt finden, manchmal auch an einer Lage schwarzen Gletscherstaubes. Mit Armen und Beinen müssen wir uns hinüber zu jenem Felsriegel, der zur Schischarte hinaufzieht, schieben, schleichen, tasten – welch ein Eiertanz!

Drüben tut sich jäh der Blick aufs Steinerne Meer auf, das ganz nah scheint. Goldbraune Matten zwischen hellem Kalk, weite Einsamkeit, zum Träumen schön. Jenseits hinab. Unsere Schritte sind sorgsam bemüht, keinen Stein loszutreten. Gemsensicherheit ist angesagt. Tief unten im Kar die rissige, schmutzige Eiskapelle. Dann das vertraute Plattenband mit dem gleichwohl niederträchti-

Felswüste Watzmannkinder. Blick vom Kleinen Watzmann auf das Erste Watzmannkind (genau in Bildmitte), rechts davon das Zweite Kind und ganz rechts die Gipfelplatte des Dritten Kindes. Rechts oben der Große Hundstod im Steinernen Meer, ganz hinten die Glocknergruppe der Hohen Tauern.

144

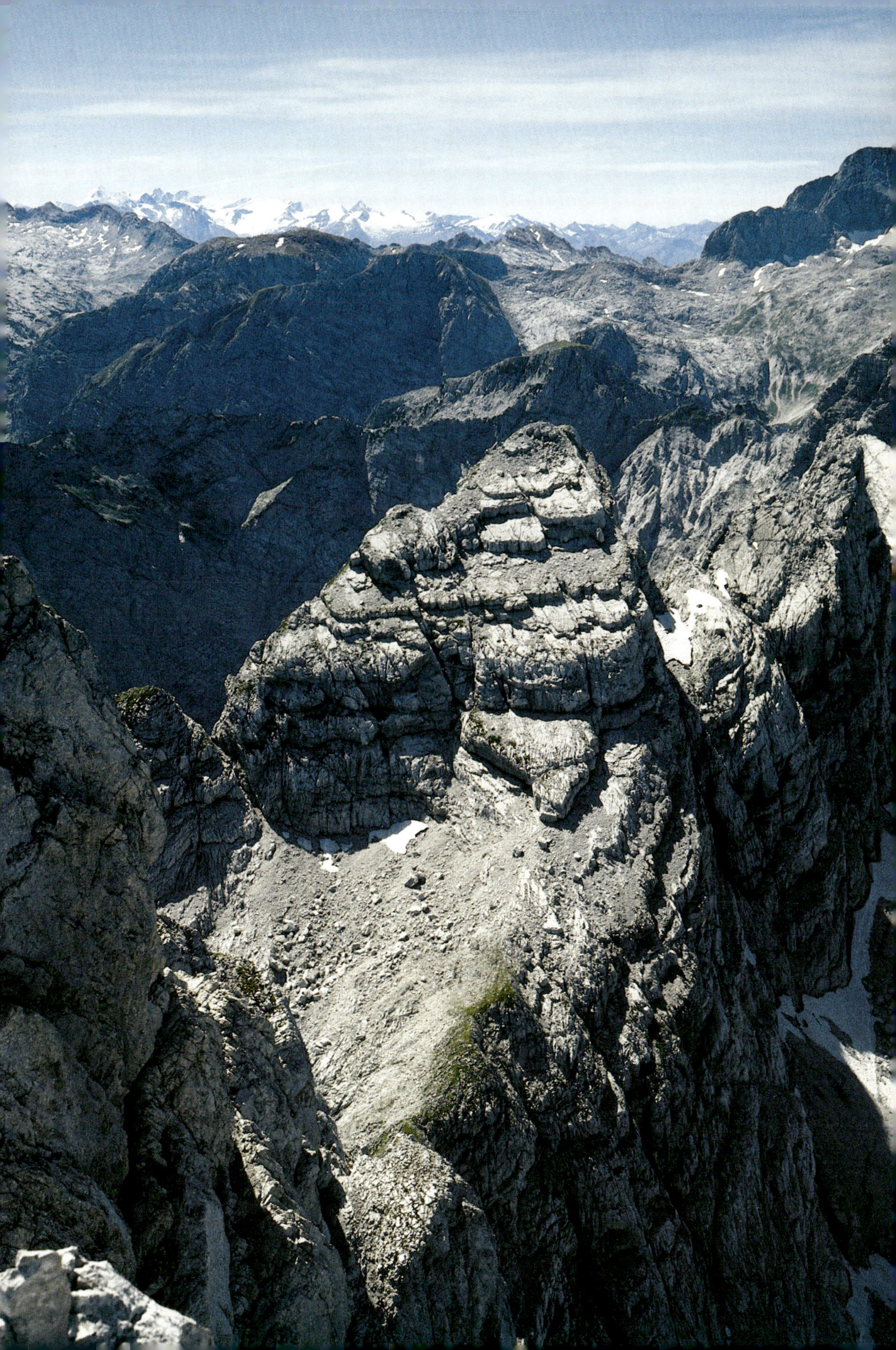

gen Geröll, das zum Fuß der Wände führt. Weit oben der schlanke Gipfelaufbau der Jungfrau, dem vierten und größten der Watzmannkinder.

Dorthin will ich – und ich traue mir fortan und meinem Griff, offen liegt die Wand, ins Blaue ragt dies ungeheure Riff…

Wieder muß ich an Nietzsches Gedicht «Nach neuen Meeren» denken, das dem Kletterer so unmittelbar aus dem Herzen spricht:

Alles glänzt mir neu und neuer, Mittag schläft auf Raum und Zeit, nur dein Auge, ungeheuer Blickt's mich an – Unendlichkeit.

Alle Welt ist in Ruhe erstarrt und erstrahlt im Glanz dieses Tages. Sanfter erwärmt das leuchtende Gestirn diese Südfluchten. Die unerträgliche Sommerhitze mit ihren Rinnsalen von Schweiß ist hinweggezogen. Mittelmeerische Trockenheit hat sich ausgebreitet.

Was ist das? Woher rührt dieses feine Rieseln? Seit Wochen kein Regen, der Fels ist wie ausgedörrt. Und doch ein Wasserrieseln! Ich hebe die Augen und suche die flirrende Wand ab. Da bleibt mein Blick an einem schwarzen Streifen hängen. Ist's möglich? Mitten aus steiler Wand perlt das Wasser. Es muß von der Nordseite des Fünften Kindes, wo Altschnee übriggeblieben ist, auf geheimen Gängen durch den Berg hierher gelangt sein. Mit jeder Minute wird der Streifen länger, springt und rinnt das Naß weiter herab, schließlich kann ich es erreichen. An solchem Brunnen kann niemand vorübergehen.

Die erste Seillänge ist kompliziert: Unter einer ausladenden Schuppe ist ein weiter Spreizschritt nach links zu vollführen, und nach einer kurzen Wandstelle erreicht man eine glatte, aber nicht ganz senkrechte Verschneidung, die auf der linken Seite nur nach unten gerichtete Unebenheiten zeigt. Dezimeterweise gelingt das Fortkommen. Nur am Anfang keine Fehler machen, die Kraft kosten, die fortan noch gebraucht wird! Dann der lange, feine, gerade Riß in grauer Platte mit manchmal schlecht sitzenden Haken.

Wie war das nur zugegangen? Mit klobigen Bergschuhen, die mit dicken Profilsohlen versehen waren, und mit schweren sandfarbenen Cordbundhosen am Leib waren wir solche Wände und Kletterstellen angegangen, die Überlegung im Kopf, daß bei starrer Sohle das Stehen auf kleinen Tritten weniger anstrengend sei. Ohne Zweifel stand es sich zudem damit in den Trittleitern ganz einfach bequemer, die wir in «Sechsertouren» bei überhängenden Wandstellen ohne Skrupel benutzten und deren Sprossen aus Buchenholz wir selbst gefertigt hatten. Freilich setzten wir unseren Ehrgeiz daran, sie so selten wie möglich in Anspruch zu nehmen, nicht nur aus ethischen Gründen, sondern auch deswegen, weil das Gefitze mit den Nachholschnüren lästig, das Hängenbleiben der Sprossen am Fels ärgerlich war. Einen Sitzgurt kannten wir nicht. Wir waren schon erleichtert, wenn der vierfach gelegte Brustgürtel den Druck vom Oberkörper wegnahm, der vordem durch das einfach um ihn geschlungene Seil eingeschnürt gewesen war.

Wir waren's so zufrieden, der Auftrieb war grenzenlos, der Sog des Wagnisses – wie mag die nächste Seillänge aussehen, wie der Fels gegliedert sein? – zog uns nach oben. Um die Haken, die steckten, waren wir froh, diejenigen, die wir schlugen, gaben uns ein gutes Gefühl, denn Keile und Klemmapparate gab es nicht. Es könnte einer von denen da im feinen Riß gewesen sein mit seinem massiven Kopf aus gegossenem Eisen, in dem ein «R» gestanzt war von Riegl, der zusammen mit Sommer und Grob die Route eröffnet hatte: ein guter Neubeginn nach einem verheerenden Krieg und der Not der Nachkriegsjahre.

Heute halten wir uns nicht mit Schlingen auf. Die Slicks haften gut auf dem warmen Fels. Gern legen sich die Hände auf ihn, ertasten die trockenen Griffe, um sie nach raschem Zug und Druck wieder freizugeben. Dieser Nachmittag hüllt uns ein mit Vertrauen und dem Gefühl der Sicherheit. Dann und wann kommt dennoch ein Zögern und Überlegen vor, eine gewagte Körperstellung und Körperverrenkung, freiere Nuancen des Spiels mit der Schwerkraft. Dieser Spätnachmittag ermöglicht vieles, was der Sommer nicht zuließ.

Die Wand ist jetzt gänzlich in gelbes Licht getaucht. Alles leuchtet in einer lautlosen Orgie äquatorialen Lichts. Zacken und Kanten, Schuppen und Pfeiler werfen den kürzesten Schatten. Die Welt um uns herum strahlt in einem Fest, bei dem wir zufällig Gäste sind, die nicht weiter auffallen. Heitere Ruhe vor der Härte des Winters. Südlichere, griechische Breiten, die nach Norden ausgreifen, steinernes Lächeln altersloser Schönheit. Die kompakten Gipfelplatten des Fünften Kindes, zu denen wir hinüberschauen können, rücken näher, so wie wir an Höhe gewinnen. Darüber mittelmeerisches Blau. Zwei Dohlen glänzenden Gefieders spielen im Aufwind, dem trockenen und würzigen, und besiegen die Schwerkraft mit Leichtigkeit. Kein Mensch weit und breit. Die Sportkletterer meiden den langen Zustieg. Verwunschene Gegend, in der nicht viel fehlt, daß Pan auf einem Felskopf sitzt und auf seiner Flöte eintönige Weisen spielt.

Die Parallelverschneidung war glatt und steil. Ein ausgeblichener Holzkeil hatte im fingerbreiten Riß gesteckt. Zur Sicherheit schlug mein Bruder, der langjährige Seilgefährte, einen soliden U-Haken dazu und arbeitete sich hinauf. Jeder Meter brachte uns dem Gipfel näher, jeder Meter bedeutete eine Schwierigkeit weniger, und war er noch so erkämpft!

Mit Inbrunst hatten wir zu Hause den Führer studiert, in dem es gleichermaßen nichtssagend und auch wieder vielsagend hieß: «Gerade empor zu fingerbreitem Riß (Jawohl, hier war er!), oben rechts heraus und gerade zu seichter Höhle (Wie mag dort wohl der Standplatz aussehen?). Über den Überhang und in der folgenden Rinne empor, bis sie sich gabelt. Im rechten Ast zu Stand. Links über den Überhang und im folgenden Riß eine Seillänge zu Stand. Auf schmalem Band 5 Meter nach rechts. Durch die teilweise überhängende Verschneidung zu schrofigem Absatz. Gerade empor auf die steile Rampe, etwas linkshaltend über die hellgraue Platte auf das splittrige, überwölbte Band unter den gelben Wülsten …»

Schon beim Führerstudium war es uns durch den Kopf gegangen: Ist es ein großer «Überhang» oder nur ein kurzer, unmerklicher? Wie schwer wird sich die «überhängende Verschneidung» erweisen? Bedeutet sie Kampf und Mühe, oder kann man sie locker überspreizen? Wie sieht die graue Platte aus der Nähe aus? Ein «überwölbtes Band» scheint beruhigend und bequem. Wird es halten, was die Beschreibung versprach?

Das Abenteuer bestand darin, nicht zu wissen, was die nächste Seillänge brachte und wie die nächsten Meter zu bewältigen waren. Die Ankündigungen des Führers boten meistens Überraschungen. Oft kam es vor, daß die Wirklichkeit viel harmloser war, oft aber auch, daß eine heikle, unangenehme Stelle nicht einmal genannt wurde.

Erst vor dem zweiten Überhang mit der gelben Begrenzungswand, den wir ohne Skrupel technisch überwanden, hatte uns die Sonne erreicht, die bis dahin der weit vorspringende Südgrat des Dritten Kindes verdeckt hatte, und wir waren recht froh darum gewesen, denn nun brach die Südwandhitze aus.

Der Strahlenball rückte dem Südgrat des Großen Watzmanns näher. Dessen mächtige Ostwand liegt schon geraume Zeit im tiefen Novemberschatten, und wir bangen der Minute entgegen, wo er ihn berühren wird und die Schatten zu uns hergreifen, die aus den Schluchten und Rinnen heraufwachsen.

«Mit klobigen Bergschuhen, die mit dicken Profilsohlen versehen waren, und mit schweren sandfarbenen Cordbundhosen am Leib waren wir solche Wände und Kletterstellen angegangen.»

Die schönste Stelle ist erreicht: eine strukturlose, doch rauhe, braungelbe – nicht «graue», wie der Führer angab – Platte mit vielen Absplitterungen, die ihre Schwächen verbirgt. Es ist von großer Wichtigkeit, die Fußspitzen sorgsam und genau zu setzen und überlegt und ruhig zu greifen. Maßarbeit. So ist es ein Vergnügen und keine schweißtreibende Zitterpartie. Das splittrige Band – da ist es wieder! – ist auch mit den vielen Jahren kein echtes Band geworden,

147

abschüssig und eng wie eh und je führt es nach rechts, viel Feingefühl und Schleichgang sind vonnöten, gleicht es doch einer seichten Hohlkehle, die nur wenige Haltepunkte für die Finger anbietet. Dann läßt uns der Beginn der beruhigenden Hakenreihe am großen Überhang aufatmen. Die zahlreichen Zwischensicherungen lassen heute schon mal den einen oder anderen Piazzug zu, wo wir seinerzeit mit den Leitern herumgewerkt hatten.

Doch was ist das? Mit einem Mal erbleicht der Fels, alle Farbe, alle Kontur entweicht. Kühle streicht unversehens herauf: Die Welt hat sich verändert. Während der Arbeit im Überhang habe ich das Unausweichliche übersehen: Der schartige Watzmanngrat hat die Sonne verschluckt. Ganz schnell war sie weg, und ich habe ihr nicht einmal Lebewohl sagen können. Grau und fahl liegt nun die Wand vor uns, ihr Gesicht ist abweisend geworden. Die senkrechte Platte, der kleine Pfeilerkopf mit den hohlen Schuppen, ein Rastplatz, endlich die zweite Höhle. Ich kann gerade darin sitzen, die Beine baumeln vor dem Eingang.

In der prallen Mittagshitze hatten wir an der zweiten Höhle die kleinen, bauchigen Karamalzflaschen leergetrunken und überlegt, ob wir zur Scharte beim Fünften Kind hin ausweichen sollten, was der Führer anbot, doch der direkte Ausstieg, von Jürgen Wellenkamp 1950 erschlossen, ließ uns keine Ruhe. Ein steiler, gelber Riß war ja die logische Fortsetzung der Route.

Mein Bruder stieg voran, die schweren Bergschuhe samt Innenschuh an den Füßen – man denke! Der Riß war unzureichend präpariert, daher setzte er, sich abmühend, den einen oder anderen Stift. Der Schlingenstand an den beiden Erstbegeher-Haken war beeindruckend luftig, ist es doch das Markenzeichen der Jungfrauwand, daß sie ganz oben am steilsten ist. Dann kam mein Part, vor dem ich bangte: Ein wackeliger Seilzugquergang, an rötlich-gelber Platte, die zwar etwas geneigt, aber doch ziemlich grifflos war. Ich erschauderte vor der Ausgesetztheit. Quälender Durst plagte uns, als wir schließlich am Fuß des letzten Gipfelaufschwungs ausstiegen, dort, wo das oberste Ende des «Kars» an die Ostflanke der Jungfrau stößt – und waren erlöst!

Wir hatten eine schwierige Prüfung bestanden, eine, die uns ungleich mehr wert war als die Schulaufgaben und Extemporalien im Gymnasium, das mich anderntags – mein Bruder hatte sein Studium bereits begonnen – wieder aufnehmen sollte. Im Führer hatte doch die bedeutungsschwere Bemerkung «eine der schwierigsten Felsfahrten in den Berchtesgadener Alpen» gestanden, worauf wir im geheimen nicht wenig stolz waren.

Während ich langsam kalte Finger bekomme, überspreizt Norbert die Höhle in bewährter Art. In überhängender Verschneidung setzt er ganz ruhig – wie stellt er das an, sich in solcher Position so lange zu halten? – einen Zweier-Friend und richtet nach geraumer Weile auf dem kleinen Pfeilerkopf den Stand ein. Die Kälte ist von den Fingern ins Handgelenk gekrochen, sie sind steif geworden, ihre Gelenke knacken, als ich mit Aufwärmübungen beginne. Die Piazstelle, dort wo der Klemmkeil so weit hinten steckt, daß ich ihn kaum freibekomme, bereitet mir nun einige Schwierigkeiten. Alle Achtung, Kamerad, das hast du sauber gemacht! Als ich nach dem Wechsel die eigenartig konkave, ungegliederte Wandstelle angehe und sich die Beine bedenklich dem Spagat zu nähern beginnen, spüre ich die Sprödigkeit der Muskeln. O Sonne, wie hast du uns verlassen! Allzu rasch ist deine Wärme, die der Fels eben noch abgab, aus ihm gewichen. Unsicherheit will aufkommen, stört den Bewegungsfluß. Ich krümme den Körper nach links, dorthin, wo eine Rißspur mit kleinen Zacken zum Festhalten ansetzt – der seinerzeit vom Bruder hier gesetzte Haken ist längst verschwunden –, hangle mich hinauf mit gepreßtem Atem. Die Standhaken von ehedem, da sind sie, unverändert! Jetzt dienen sie nur zu kurzer Rast. Piano in die Querung. Indem ich mit dem Fuß den einzigen Griff benutze und den Körper aufrichte, zerrt und reißt es im Rücken. Am Ausstieg versagen mir fast die Arme, so verkrampft sind sie schon. Streng waren die letzten Meter! Als der Freund bei mir steht und wir einen Blick zurück in die abstürzenden Fluchten werfen, besiegelt ein Händedruck das Spiel mit der Schwere, das würdige Finale des Klettersommers. Das Handeln ist zur Ruhe gekommen, die Anspannung löst sich, die Sprache kommt wieder: «Da schau, heute wird es nicht finster!» Über den sanften, rötlichen Kuppen des östlichen Gebirges steht groß im verblassenden Tageslicht der volle Mond. Als ob er einen Augenblick zögerte, hat er sich nun vom blauen Horizont gelöst und betritt seine nachtblaue Bahn, an Macht des geborgten Lichtes zunehmend. Überrascht und staunend blicken wir ihm ins blasse Angesicht, das wie aus Wassertiefen herüberglänzt. Dann stolpern wir zu Tal, während das Rollen des Schutts auf den Platten des Watzmannkars die tiefe Dämmerung durchhallt. Wir wissen, daß er uns nicht im Stich lassen wird, uns begleiten wird, wenn längst die Spätherbstnacht hereingebrochen ist ...

Draußen ist es finster geworden. Unaufhörlich rauscht der Regen. Die Mutter liest mit ruhiger Stimme den Kindern die Geschichte vom Frieder und dem Katerlieschen vor. «Wo ist Butter und Käse?» fragte der Mann. «Ach Friederchen», sagte das Katerlieschen, «mit der Butter habe ich die Fahrgleise geschmiert, und die Käse werden bald kommen; einer lief mir fort, da habe ich die anderen nachgeschickt, sie sollten ihm rufen.» «Das hättest du nicht tun sollen, Katerlieschen, die Butter an den Weg schmieren und die Käse den Berg hinunterrollen.» «Ja Friederchen, hättest mir's sagen sollen!» Ab und zu unterbricht eine helle, klare, dann eine piepsige Kinderstimme den Vortrag. Die Musik der Sprache erfüllt den Raum.

Im «Kar». Rechts, dominierend, das Vierte Watzmannkind, links von ihm das Zweite und das Erste Kind. Ganz links ein Teil der Westwand des Kleinen Watzmanns.

Droben in der Südwand des Vierten Kindes orgelt jetzt der Sturm, wirbelt den Schnee in jede Felsritze. Die Elemente sind losgelassen. Nichts Menschliches hat dort oben seinen Platz. Wie kommt es, daß meine Gedanken trotzdem dorthin wandern?

149

Wegspuren am Watzmann

1800 Valentin Staničersteigt die Watzmann-Mittelspitze über den Verbindungsgrat von Hocheck aus.

1832 Peter Carl Thurwieser gelangt über die Südsüdwestflanke auf die Watzmann-Südspitze.

1852 Johann Grill-Kederbacher glückt ein Abstieg vom Kleinen Watzmann durch die Südwand ins Watzmannkar.

1861 Johann und Josef Grafl, Rupert Holzeis und Michel Walch gelingt die erste offizielle Ersteigung des Kleinen Watzmanns.

1863 Johann Grafl führt Franz von Schilcher vom Kleinen Watzmann über das Watzmannlabl nach Sankt Bartholomä.

1868 Joseph Berger, Johann Grill-Kederbacher, Albert Kaindl und Josef Pöschl klettern vom Watzmanngletscher über die Ostwand auf die Watzmann-Mittelspitze.

Albert Kaindl überschreitet unter Führung von Johann Grill-Kederbacher und Johann Punz-Preiß die drei Watzmannspitzen.

1869 Karl Hofmann, Johann Stüdl und Baron H. von Jeetze steigen mit dem Führer Johann Grafl von der Watzmann-Mittelspitze über die Westflanke zum Wimbachschloss ab.

1871 Die beiden Bergführer J. Ilsanker und J. Hölzl ersteigen das Watzmann-Hocheck erstmals im Winter.

1872 Vermutlich erster Versuch einer Durchsteigung der Bartholomäwand des Watzmanns durch Johann Grill-Kederbacher.

1880 Johann Grill-Kederbacher und Johann Punz-Preiß versuchen mit ihren Gästen Josef Pöschl und Wairinger einen Durchstieg an den Südflanken der Watzmannkinder, um Anschluss an die Ostwandroute der Watzmann-Mittelspitze aus dem Jahr 1868 zu gewinnen.

1881 Erste Durchsteigung der Watzmann-Ostwand (Bartholomäwand) durch Johann Grill-Kederbacher und Otto Schück mit Ausstieg zur Mittelspitze.

1884 Johann Grill-Kederbacher und Ludwig Purtscheller gelingt die erste Winterersteigung der Watzmann-Mittelspitze.

1885 Zweite Durchsteigung der Watzmann-Ostwand (Bartholomäwand) durch Johann Punz-Preiß und Ludwig Purtscheller mit Ausstieg zur Südspitze.

1886 F. Pfnür und Paul Krebs ersteigen den Kleinen Watzmann über den Nordostgrat.

1887 Johann Punz-Preiß und Paul Krebs erklettern den Südgrat der Watzmann-Südspitze bis P. 2015 und erreichen ab dort über die Südsüdwestflanke den Gipfel.

1889 Johann Punz-Preiß überklettert mit Otto Fischer und Otto Nafe den Verbindungsgrat zwischen Hirschwiese und Watzmann-Südspitze-Südgrat.

1890 Der Große Hachelkopf wird von Ludwig Purtscheller erstmals ersteigen.

1891 Ludwig Purtscheller, Heinrich Hess und Adolf Holzhausen gelingt über die Ostflanke die erste Ersteigung des Vierten Watzmannkindes (auch Watzmann-Jungfrau).

Ludwig Purtscheller ersteigt als Erster das Erste Watzmannkind.

1892 Auch die erste Ersteigung des Zweiten Watzmannkindes glückt Ludwig Purtscheller.

1895 Albrecht von Krafft und der Bergsteigermaler Ernst Platz glückt die erste führerlose Durchsteigung der Watzmann-Ostwand.

Wilhelm Teufel und Lothar Patera steigen vom Kleinen Watzmann über den Südwestgrat ab und überschreiten danach das Erste und das Zweite Watzmannkind.

Eugen Guido Lammer ersteigt mit seiner jungen Frau Paula während ihrer Hochzeitsreise das Fünfte Watzmannkind von Nordosten.

Der berühmte Dolomitenführer Sepp Innerkofler gelangt mit Leon Treptow auf teilweise neuer Route über den Nordgrat auf das Vierte Watzmannkind.

1896 Rose Friedmann durchsteigt zusammen mit Albrecht von Krafft und Wilhelm Teufel als erste Frau die Watzmann-Ostwand.

1900 Georg Leuchs und Wilhelm von Frerichs eröffnen eine neue Route im südlichen Teil der Watzmann-Ostwand mit Ausstieg zur Südspitze.

Wilhelm von Frerichs und Richard von Below ersteigen die Watzmann-Südspitze aus dem hinteren Eisbachtal (Südostwand).

Richard von Below und Wilhelm von Frerichs klettern und seilen sich über die Gratttürme der «Schönfeldschneid» (Watzmann-Südspitze-Südgrat) ab; damit glückt ihnen die erste vollständige Begehung des Watzmann-Südgrats.

Wilhelm von Frerichs und Georg Leuchs gelingt von der Scharte zwischen dem Zweiten Watzmannkind und einem westlich davon aufragenden Zacken ein Abstieg über die Südwände ins Eisbachtal.

1905 Einem Münchner Bergsteiger glückt die erste Alleinbegehung des Kederbacher-Weges und zugleich die 20. Durchsteigung der Watzmann-Ostwand.

1908 Georg und Josef Weiß und W. Bojer gelingt von der Südspitze aus der erste Abstieg durch die Watzmann-Ostwand.

Franz Barth und Kaspar Wieder durchsteigen erstmals die Westwand des Kleinen Watzmanns.

1909 Hans Reinl und Karl Doménigg gelingt der erste Durchstieg an der Ostwand des Watzmann-Hochecks.

1910 Hans Reinl und Karl Doménigg erklettern als Erste die Westwand des Vierten Watzmannkinds.

R. Kroher und Max Zeller glückt der gesamte Nordgrat des Vierten Watzmannkinds.

1919 H. Feichtner erklettert das Vierte Watzmannkind über die Südwestkante.

Erste Begehung des Südwestgrats am Kleinen Watzmann im Aufstieg durch H. Feichtner.

1920 Josef Aschauer und Sepp Kurz eröffnen ihre Direkte Westwand am Kleinen Watzmann.

Hermann Lapuch und Kaspar Wieder steigen vom Watzmanngletscher über das große Ostwandband («Wieder-Band») auf die Watzmann-Mittelspitze.

Erste Begehung des unmittelbaren Nordgrats auf das Vierte Watzmannkind durch Johann Moderegger und Elisabeth Rudolf.

1921 Josef Aschauer und Hellmuth Schuster klettern erstmals die Direkte Ostwand am Watzmann-Hocheck.

1922 Josef Aschauer glückt solo eine direkte Ostwandroute am Vierten Watzmannkind.

1923 Erste Begehung des Salzburger Weges an der Watzmann-Ostwand durch Hans und Hermann Feichtner, Ludwig Schifferer und Viktor Raitmayr.

1926 Fritz Thiersch (5) und Fritz Thiersch (4) – «die Angehörigen der weit verzweigten Familie Thiersch mit gleichen Vornamen kennzeichneten sich zur Vermeidung von Verwechslungen mit lateinischen Ziffern» (H. Schöner) – sowie Ch. Meindl ersteigen den Kleinen Watzmann über den Ostgrat.

1927 Josef Aschauer und Sepp Kurz begehen den Salzburger Weg ohne sich abzuseilen erstmals im Abstieg.

F. Flatscher und H. Haslacher gelingt von der Watzmann-Skischarte aus ein gerader Durchstieg an der Ostwand der Mittelspitze.

Josef Aschauer und Sepp Kurz eröffnen am Ersten Watzmannkind eine direkte Westwandroute.

1929 Fritz Thiersch (7) klettert im Alleingang seinen Münchner Weg an der Watzmann-Ostwand.

1930 Simon Flatscher, Georg Mitterer, Toni Beringer und Ludwig Zankl durchsteigen auf dem Kederbacher-Weg die Watzmann-Ostwand erstmals im Winter.

1931 Fritz Bechtold und F. Huber klettern erstmals über die Südkante auf das Dritte Watzmannkind.

Sepp Schintlmeister gelingt mit seinem Partner Peham der erste Durchstieg an der Südwand des Vierten Watzmannkinds.

Josef Aschauer und Sepp Kurz durchsteigen die Nordwand des Großen Hachelkopfs.

1932 Gustl Kröner und Hans Huber glückt die zweite Winterdurchsteigung der Watzmann-Ostwand; die erste kalendarisch «echte».

1934 K. Dreher und Toni Kurz erklettern erstmals den Westwandriss am Kleinen Watzmann.

1935 Anderl Hinterstoisser und Toni Kurz glückt die erste Begehung der Direkten Südkante am Dritten Watzmannkind.

1944 Rudi Schlager und Fritz Wintersteller durchsteigen erstmals die Nordwestverschneidung des Kleinen Watzmanns.

1947 Josef Aschauer und Hellmuth Schuster begehen als Erste den Berchtesgadener Weg an der Watzmann-Ostwand.

1948 Erhard Sommer und E. Kurz gelingt die erste Durchsteigung der Südwand des Fünften Watzmannkinds.

1949 Bernulf von Crailsheim, Thomas Freiberger und Konrad Hollerieth durchsteigen den Salzburger Weg an der Watzmann-Ostwand erstmals im Winter.

Karl Krämer, sein Sohn Fritz und Otto Dorfmann gelingt die erste Winterbegehung des Münchner Weges an der Watzmann-Ostwand.

Werner Kohn und Reinhard Sander glückt die erste Winterbegehung des Berchtesgadener Weges an der Watzmann-Ostwand.

Fritz Krämer und Werner Kohn klettern ihren Frankfurter Weg an der Watzmann-Ostwand.

Sepp Kurz und Julius Hribar gelingt an der Watzmann-Ostwand nach Erkletterung des Salzburger Weges ein Durchstieg vom Ersten bis zum Fünften Band mit Ausstieg zur Mittelspitze.

Hellmuth Schuster und Hellmut Schöner begehen den Berchtesgadener Weg erstmals im Abstieg.

Erhard Sommer, Fritz Riegl und Grob eröffnen die Direkte Südwand des Vierten Watzmannkinds.

1950 Jürgen Wellenkamp glückt ein gerader Ausstieg an der Direkten Südwand des Vierten Watzmannkinds.

Georg von Kaufmann erklettert den Pfeiler links der Watzmann-Ostwand-Gipfelschlucht.

1951 Alois Irrgeher und M. Bauer begehen die Westwand des Vierten Watzmannkinds auf direkter Route.

1952 Georg von Kaufmann gelingt die erste Alleindurchsteigung der Watzmann-Ostwand im Winter (Berchtesgadener Weg).

1953 Hermann Buhl durchsteigt den Salzburger Weg erstmals allein im Winter während einer kalten Februarnacht.

1962 Anderl Enzinger und Werner Schertle glückt die erste Durchsteigung der Westverschneidung am Kleinen Watzmann.

1963 Franz Rasp führt die erste Winter-Alleinbegehung des Kederbacher-Weges an der Watzmann-Ostwand durch.

1968 Der Münchner Weg an der Watzmann-Ostwand wird von Franz Rasp erstmals im Winter allein durchstiegen.

1969 Franz Rasp klettert auch den Frankfurter Weg erstmals im Winter solo.

1970 Heini Brandner und Norbert Rechler eröffnen am Kleinen Watzmann ihre Neue Westverschneidung.

Richard Goedeke, Wolfgang Burgdorf, Reinhard Nies und Joachim Webel erklettern erstmals die Ostwand der Watzmann-Hocheck-Schulter.

Richard Goedeke, Wolfgang Burgdorf und Reinhard Nies gelingt die erste Begehung des Watzmann-Hocheck-Ostpfeilers.

1972 Wastl Thaller und Niederberger klettern als Erste die Ostpfeilerwand am Watzmann-Hocheck.

1973 Heini Brandner und Hans Krafft begehen am Kleinen Watzmann erstmals die Westwandrisse.

Die polnischen Bergsteiger Boguslaw Mazurkiewicz und Adam Uznanski erklettern den Pfeiler links der Watzmann-Ostwand-Gipfelschlucht auf teilweise neuer Route.

1981 Rudi Klausner und Sepp Aschauer gelingt mit ihrem «Sakrischen Eck» an der Westwand des Kleinen Watzmanns der erste Anstieg VII. Schwierigkeitsgrades in den Berchtesgadener Alpen.

Heini Brandner und Hans Krafft glückt am Kleinen Watzmann die «Jubiläumsverschneidung».

1982 Richard Koller und Stefan Maltan eröffnen an der Westwand des Kleinen Watzmanns ihre Route «Kreuzfidel».

1986 F. Brandner und Wenz Meißner durchsteigen erstmals die Westwandkamine am Kleinen Watzmann.

1987 M. Grziwatsch und E. Birnbacher klettern an der Ostwand des Watzmann-Hochecks ihre Neutour «Auf ewige Freundschaft».

1999 Michael Graßl, Lisa Meyer und Peter Hundegger eröffnen an der Steilwand links des Salzburger Pfeilers ihren «Franz-Rasp-Gedächtnisweg», die bislang schwierigste Route (VI) an der Watzmann-Ostwand.

Trips und Tipps

Besteigung des Großen Watzmanns

Den Nordgipfel, das Watzmann-Hocheck (2652 m), können auch geübte, trittsichere Bergwanderer ersteigen. Eine Passage unterhalb der Hocheck-Schulter («Hochstieg») ist mit Drahtseilen gesichert. Der Übergang vom Hocheck zum Watzmann-Hauptgipfel (-Mittelspitze, 2713 m) hingegen verlangt nicht nur Trittsicherheit, sondern auch Schwindelfreiheit und hat Klettersteigcharakter. Wer von der Mittelspitze dem Grat zur Watzmann-Südspitze (2712 m) folgt, kommt ohne erstklassige Kondition nicht zu Potte. Denn nach der teilweise ausgesetzten, stellenweise gesicherten Grattour folgt der die Kniegelenke zermürbende 1400-Höhenmeter-Abstieg über die Südsüdwestflanke ins Wimbachgries (stellenweise Schwierigkeitsgrad I und Absturzgelände). Wer es schafft, die Überschreitung der drei Watzmannspitzen ab Wimbachbrücke und wieder dorthin zurück in einem Tag (bei guter Form etwa 10 Stunden), also ohne Übernachtung im Watzmannhaus oder in der Wimbachgrieshütte, zu unternehmen, hat das beste Konditionstraining für die Watzmann-Ostwand absolviert.

Durchsteigung der Watzmann-Ostwand

Auch der einfachste Durchstieg an der 1800 Meter hohen Ostwand («Bartholomäwand»), der Berchtesgadener Weg, verlangt Kletterkönnen bis III+ (UIAA-Skala), beste Kondition und erstklassiges Orientierungsvermögen – besonders dann, wenn Nebel in die Wand drückt. Es ist keine Schande, wenn man sich als Ostwand-Neuling einen Bergführer engagiert. Für den Kederbacher-Weg benötigt man zusätzlich zur üblichen Kletterausrüstung einen Eispickel und Steigeisen für die Begehung des Schöllhorn-Eises. Im Spätsommer/Herbst kann die Überschreitung der Randkluft zwischen Schöllhorn-Eis und -Platte unter Umständen große Schwierigkeiten bereiten oder unüberwindbar sein. Deshalb wird der Kederbacher-Weg meist früher im Jahr (Juli/Anfang August) unternommen. Seine Schlüsselstelle an der Schöllhorn-Platte fordert Kletterei im IV. Schwierigkeitsgrad.

Am Salzburger Weg vermeidet man zwar das Schöllhorn-Eis und die Schmelzkluft, doch muss man den V. Schwierigkeitsgrad der UIAA-Skala sicher beherrschen.

Der selten begangene und daher orientierungsmäßig besonders anspruchsvolle Münchner Weg verlangt stellenweise Kletterei im IV. Schwierigkeitsgrad.

Eine Durchsteigung der Watzmann-Ostwand dauert, je nachdem, welche Route man sich vornimmt, 7 bis 8 Stunden Normalzeit. Viele Passagen sind stark steinschlaggefährdet.

Die Durchsteigung der Watzmann-Mittelspitze-Ostwand aus dem Watzmannkar über die Wieder-Route erfreut sich einiger Beliebtheit. Die Wand ist 700 Meter hoch, verlangt das sichere Beherrschen des III. Schwierigkeitsgrades und Orientierungsvermögen. Die markanteste Passage der Route ist das breite, aufrecht begehbare «Wieder-Band». Auf Grund des langen Zustiegs durch das Watzmannkar fordert auch die Begehung der so genannten «Kleinen Ostwand» sehr gute Kondition und ist durchaus als brauchbarer Test für die «Bartholomäwand» geeignet.

Ersteigung des Kleinen Watzmanns und der Watzmannkinder

Die Normalroute (Nordostgrat/-flanke) des Kleinen Watzmanns (2307 m) von der Kührointhütte aus verlangt insgesamt größeres bergsteigerisches Können als die Überschreitung der drei Watzmannspitzen. Sie weist Passagen II. Schwierigkeitsgrades auf und fordert trotz Steinmanndl- und Farbmarkierungen ein «gutes Auge» für die günstigste Route. Dies gilt in verstärktem Maß für Ersteigungen des Ersten (2247 m) und Vierten (2270 m) Watzmannkindes. Das Dritte (2165 m) und das Fünfte (2225 m) Kind sind technisch unschwierig zugänglich. Auch das Zweite Kind (2230 m) lässt sich relativ einfach ersteigen. Allen gemeinsam ist der lange, im oberen Teil anstrengende, landschaftlich jedoch prächtige Zugang von der Kührointhütte aus durch das im Sommer stille, weitläufige Watzmannkar.

Die schöne, bis zu 450 Meter hohe Westwand des Kleinen Watzmanns wird von einem Dutzend Routen in den Schwierigkeitsgraden III+ bis VII durchzogen und ist eigentlich **die** Kletterwand am Watzmannstock.

Skitouren

Die Krone der Watzmann-Skiunternehmungen gehört dem Hocheck. Es bietet eine der anspruchsvollsten (Frühjahrs-)Skitouren in den Nördlichen Kalkalpen. Anstieg und Abfahrt führen durch Absturzgelände. Superkondition, sicheres Beherrschen der Ski und lawinensichere Verhältnisse sind unbedingt notwendig. Ideales Skitourengelände trifft man im Watzmannkar an. Die Zielpunkte sind das Dritte und das Fünfte Watzmannkind sowie die Watzmann-Skischarte. Wenngleich das Watzmannkar im Gegensatz zum Watzmann-Hocheck einfacher zu begehen bzw. zu befahren ist, sind gute Kondition und lawinensichere Verhältnisse unabdingbar.

Hütten

Watzmannhaus (1928 m) auf dem Falzköpfl nordnordostseitig unterhalb des Watzmann-Hochecks. Eigentum der DAV-Sektion München, 188 Plätze, bewirtschaftet von Pfingsten bis Anfang Oktober. Tel. (0 86 52) 96 42 22.
Besteigungen: Watzmann-Hocheck, Watzmann-Mittelspitze, Überschreitung der drei Watzmannspitzen mit Abstieg zur Wimbachgrieshütte, Watzmann-Hocheck-Ostwand (hierfür zuerst Abstieg zur Falzalm und über den Falzsteig, danach Aufstieg ins Watzmannkar).
Übergänge: Über Falzalm und Falzsteig zur Kührointhütte.

Zugänge: Von der Wimbachbrücke über Stuben-, Mitterkaser- und Falzalm 3 1/2 bis 4 Std. auf markiertem AV-Weg. Von Schönau-Hammerstiel über die Schapbach-Holzstube zur Stubenalm und weiter wie beschrieben 3 1/2 bis 4 Std. (markierte AV-Wege). Von Königssee über Klingeralm, Kührointhütte, Falzsteig und Falzalm 4 bis 4 1/2 Std. (markierte AV-Wege, Trittsicherheit erforderlich).
Besonderes: Es lohnt sich, für den ersten Teil des Zugangs ab Wimbachbrücke die Variante durch die eindrucksvolle Wimbachklamm zu wählen.

Wimbachgrießhütte (1327 m) am Südwestfuß der Watzmann-Südspitze im Schluss des Wimbachtals. Eigentum des Touristenvereins «Die Naturfreunde», 84 Plätze, bewirtschaftet von Mai bis Ende Oktober. Tel. (0 86 57) 3 44.
Besteigungen: Watzmann-Südspitze, Hirschwiese, Palfelhörner.
Übergänge: Über den Pass Trischübel ins Schrainbachtal und nach Sankt Bartholomä. Über den Pass Trischübel, das Hundstodgatterl und die Hundstodscharte zum Ingolstädter Haus im Steinernen Meer.
Zugang: Von der Wimbachbrücke durchs Wimbachtal, über das Wimbachschloss (Berggaststätte) und das Wimbachgries 3 Std. auf markiertem AV-Weg.
Besonderes: Wie für den Anstieg zum Watzmannhaus lohnt sich auch hier die Variante durch die Wimbachklamm. Im Geröllgeschiebe des Wimbachgries behauptet sich die aufrechte Form der Legföhre («Latsche»), die zähe Spirke.

Kührointhütte (1420 m) am Nordostausläufer des Kleinen Watzmanns. Privateigentum, 19 Plätze, bewirtschaftet von Anfang Juni bis Anfang Oktober. Tel. (0 86 52) 73 39.
Besteigungen: Kleiner Watzmann, Kleiner-Watzmann-Westwand, Watzmannkinder, Watzmann-Hocheck und Watzmann-Mittelspitze über ihre Ostwand.

Übergänge: Auf dem Falzsteig und über die Falzalm zum Watzmannhaus 2 bis 2 1/2 Std. (markierte AV-Wege, Trittsicherheit erforderlich). Auf dem Rinnkendlsteig nach Sankt Bartholomä 2 Std. (Trittsicherheit und Schwindelfreiheit erforderlich).
Zugänge: Von Schönau-Hammerstiel über Schapbach-Holzstube und Schapbachalm 2 Std. (Forststraße). Von Königssee über die Klingeralm 2 bis 2 1/2 Std. (Ziehweg und markierter AV-Weg).

Watzmann-Ostwand-Hütte (623 m) in Sankt Bartholomä. Betreut von der DAV-Sektion Berchtesgaden, 20 Plätze, Selbstversorger-Unterkunft für Watzmann-Ostwand-Durchsteiger. Nur einmalige Nächtigung möglich, Schlüssel beim Wirt von Sankt Bartholomä.

Hocheck-Unterstandshütte (2652 m) auf dem Watzmann-Hocheck. Eigentum der DAV-Sektion München. Offener Unterstand, keine Lager, keine Decken.

Watzmann-Ostwand-Biwakschachtel (2380 m), knapp 350 Meter unterhalb der Watzmann-Südspitze am «Massigen Pfeiler» nahe des Beginns der Ausstiegskamine der Watzmann-Ostwand. 4 Plätze.

Museen, Sehenswürdigkeiten

Königliches Schloss Berchtesgaden mit Teilen des romanischen Kreuzgangs des ehemaligen Stifts und einem frühgotischen Kapitelsaal. Ostern bis 30. September Sonntag bis Freitag und an allen Feiertagen, 1. Oktober bis Ostern Montag bis Freitag geöffnet, Samstag, Sonntag und an Feiertagen geschlossen. 10–13 Uhr (letzter Einlass 12 Uhr) und 14–17 Uhr (letzter Einlass 16 Uhr). Tel. (0 86 52) 20 85.

Heimatmuseum Berchtesgaden mit den Schwerpunkten Geschichte und Brauchtum des Berchtesgadener Landes. Besichtigung nur mit Führung. Montag bis einschließlich Freitag um 10 und 15 Uhr, Juli und August bei Regen auch Samstag 10 und 15 Uhr. Tel. (0 86 52) 44 10.
Salzbergwerk Berchtesgaden mit der berühmten, von Georg von Reichenbach konstruierten Wassersäulenmaschine, mit deren Hilfe die Sole (die salzhaltige Flüssigkeit) über einen Höhenunterschied von etwa 350 Metern zum Söldenköpfl hochgepumpt wurde. Führungen 1. Mai bis 15. Oktober sowie an Ostern täglich 8.30–17 Uhr, 16. Oktober bis 30. April Montag bis Samstag 12.30–15.30 Uhr (Faschingsdienstag, Karfreitag, Pfingstmontag, Allerheiligen, Hl. Abend und Silvester geschlossen). Besichtigungsdauer ca. 1 1/2 Std. Tel. (0 86 52) 6 00 20.
Nationalparkhaus mit interessanten Informationen über den Nationalpark Berchtesgaden und festen Ausstellungen «Der Nationalpark, ein alpines Schutzgebiet» sowie «Natur in Berchtesgaden». Montag bis Samstag 9–17 Uhr, an Sonn- und Feiertagen geschlossen. Tel. (0 86 52) 6 43 43.
Nationalpark-Informationsstellen am Watzmann: Informationsstelle Königssee im ehemaligen Bahnhof Königssee mit fester Ausstellung «Pflanzen- und Tierwelt rund um den Königssee». Mitte Mai bis Mitte Oktober täglich außer an Sonn- und Feiertagen 10.30–14 Uhr und 14.30–17 Uhr. Tel. (0 86 52) 6 22 22; Informationsstelle Wimbachbrücke am Parkplatz Wimbachbrücke mit festen Ausstellungen «Entstehung und Geologie des Wimbachtals» sowie «Flora und Fauna». Täglich außer an Sonn- und Feiertagen 8–17 Uhr.
Stiftskirche Sankt Peter und Johannes der Täufer mit spätgotischem Langhaus, asymmetrischen Gewölberippen, beeindruckenden Marmor-Epitaphen der Fürstpröpste und einem Chorgestühl aus Eichenholz.

Karten

Topographische Karte 1:25 000, Nationalpark Berchtesgaden, Bayerisches Landesvermessungsamt
Topographische Karte 1:50 000, Berchtesgadener Alpen, Bayerisches Landesvermessungsamt
Plenk-Spezialkarte Berchtesgadener Alpen für Wanderer und Bergsteiger 1:40 000, mit eigenem Tourenführer
Freytag&Berndt-Wanderkarte 1:50 000, Blatt 102 (Untersberg, Eisriesenwelt, Königssee)
Kompass-Wanderkarte 1:50 000, Blatt 14 (Berchtesgadener Alpen)

Führer

Alpinismus

Schöner, Hellmut; Kühnhauser, Bernhard: Alpenvereinsführer Berchtesgadener Alpen. Bergverlag Rudolf Rother, München 1997.
Rasp, Franz (Vater, † 1988); **Rasp, Franz** (Sohn): Auswahlführer Watzmann-Ostwand. Bergverlag Rudolf Rother, München 1990.
Schöner, Hellmut: Gebietsführer Berchtesgadener Alpen. Bergverlag Rudolf Rother, München 1995.

Wandern

Bauregger, Heinrich: Wanderführer Berchtesgadener Land. Bergverlag Rother, Ottobrunn 2000.
Höfler, Horst: Die «Münchner» Berghütten. Hrsg. von der DAV-Sektion München. Verlag Geobuch, München 1998.
Zembsch, Christl; Zembsch, Heinz: Kompass-Wanderführer Berchtesgadener Land. Geographischer Verlag Heinz Fleischmann, Innsbruck/München/Bozen 1995.

Ski

Nowak, Klaus; Anfang, Willi: Skitouren rund um Berchtesgaden. Verlag Anton Plenk, Berchtesgaden 1999.

Touren-Bildband

Mittermeier, Werner: Das große Buch der Berchtesgadener Berge. Verlag Anton Plenk, Berchtesgaden 2000.

Information

Kurverwaltungen und Verkehrsvereine

Kurdirektion des Berchtesgadener Landes
D-83471 Berchtesgaden
Tel. (0 86 52) 96 70, Fax (0 86 52) 63 30
www.berchtesgadener-land.com
info@berchtesgaden.de

Verkehrsbüro Schönau am Königssee
D-83471 Schönau am Königssee
Tel. (0 86 52) 17 60, Fax (0 86 52) 6 45 26
www.koenigssee.com
tourismus@koenigssee.com

Kurverwaltung Ramsau
D-83486 Ramsau
Tel. (0 86 57) 98 89 20
Fax (0 86 57) 7 72
www.ramsau-nationalparkgemeinde.de
Touristik-ServiceRamsau@t-online.de

Bergsteigerschulen

Erste Bergschule Berchtesgadener Land
Leitung Heinz Zembsch, D-83489 Strub
Tel. (0 86 52) 53 71 oder 24 20
Fax (0 86 52) 6 69 35
www.berchtesgaden.de/bergschule

Bergschule Watzmann
Leitung Michael Graßl
D-83471 Berchtesgaden
Tel. (0 86 52) 6 28 69
bergschule.watzmann@t-online.de

Outdoor Club Berchtesgaden
Leitung Toni Grassl
D-83471 Berchtesgaden
Tel. (0 86 52) 50 01, Fax (0 86 52) 6 64 54
www.outdoor-club.de

Gleitschirmflugschule

Berchtesgadener Gleitschirmschule
Leitung F. Wenig
D-83471 Schönau am Königssee
Tel. (0 86 52) 23 63

Literatur

Baumgartner, Albert; d'Oleire-Oltmanns, Werner; Hagen, Jochen; Rasp, Franz; Siebeck, Otto; Zankl, Heinrich; Zech, Wolfgang; Zierl, Hubert: Der Watzmann. Nationalpark Berchtesgaden (Rundschau 2), hrsg. von der Nationalparkverwaltung Berchtesgaden. Verlag Anton Plenk, Berchtesgaden o. J.

Dabelstein, Elisabeth: Wände und Grate. Verlag «Das Bergland-Buch», Salzburg 1949.

Gebauer, Alfred: Alexander von Humboldt. Forschungsreisender, Geograph, Naturforscher. Ein großer Sohn Berlins. Stapp Verlag, Berlin 1987.

Höfler, Horst: Berchtesgadener Alpen. Landschaft, Geschichte, Wandern, Bergsteigen. Rosenheimer Verlagshaus, Rosenheim 1993.

Höfler, Horst: Sehnsucht Berg. Große Alpinisten von den Anfängen bis zur Gegenwart. BLV Verlagsgesellschaft, München 1989.

Holzapfl, Walter: 100 Jahre Sektion München des DAV (zugleich Band 3 der Sektionsgeschichte 1930–1965). Im Selbstverlag hrsg. von der Sektion München des Deutschen Alpenvereins, München 1968.

Hutter, Clemens M: Hitlers Obersalzberg, Schauplatz der Weltgeschichte. Verlag Berchtesgadener Anzeiger, Berchtesgaden 1996.

Krätz, Otto: Alexander von Humboldt. Wissenschaftler, Weltbürger, Revolutionär. Verlag Georg D. W. Callwey, München 1997.

Leuchs, Georg: Geschichte der Alpenvereinssektion München, Band 2, 1900–1930. Im Eigenverlag hrsg. von der Sektion München des Deutschen und Österreichischen Alpenvereins, München 1934.

Meister, Georg: Nationalpark Berchtesgaden. Begegnung mit dem Naturparadies am Königssee. Kindler Verlag, München 1976.

Messner, Reinhold; Höfler, Horst (Hrsg.): Hermann Buhl. Kompromisslos nach oben. Steiger Verlag, Augsburg 1997.

Rasmo, Nicolò; Roethlisberger, Marcel; Ruhmer, Eberhard; Weber, Bruno; Wied, Alexander: Die Alpen in der Malerei. Rosenheimer Verlagshaus, Rosenheim 1981.

Rasp, Franz (Vater, † 1988); **Rasp, Franz** (Sohn): Auswahlführer Watzmann-Ostwand. Bergverlag Rudolf Rother, München 1990.

Schimke, Helma: Auf steilen Wegen. Aus dem Bergfahrtenbuch einer Frau. Verlag «Das Bergland-Buch», Salzburg/Stuttgart 1961.

Schimke, Helma: Über allem der Berg. Geschehnis und Einsicht an einer Lebenswende. Verlag «Das Bergland-Buch», Salzburg/Stuttgart 1964.

Schindler, Herbert: Berchtesgadener Land und Rupertiwinkel. Prestel-Verlag, München 1989.

Schmitt, Fritz: Grill, genannt Kederbacher. Das Leben eines großen deutschen Bergführers. Bergverlag Rudolf Rother, München 1941.

Schnabel, Franz: Alexander von Humboldt (Deutsches Museum, Abhandlungen und Berichte). R. Oldenbourg, München; VDI-Verlag, Düsseldorf 1959.

Schöner, Hellmut: Berchtesgadener Alpen. Berge, Erschließungsgeschichte, Schrifttum. Hrsg. vom Alpenverein aus Anlaß des 75jährigen Gründungsjubiläums der Sektion Berchtesgaden, Berchtesgaden 1950.

Schöner, Hellmut: Rund um den Watzmann. Streifzüge durch die Berchtesgadener Alpen. Verlag «Das Bergland-Buch», Salzburg/Stuttgart 1959.

Schöner, Hellmut: Zweitausend Meter Fels. Die Watzmann-Ostwand. Verlag Anton Plenk, Berchtesgaden 1991.

Schöner, Hellmut; Kühnhauser Bernhard: Alpenvereinsführer Berchtesgadener Alpen. Bergverlag Rudolf Rother, München 1997.

Spiegel-Schmidt, Alfred (Hrsg.): Alte Forschungs- und Reiseberichte aus dem Berchtesgadener Land (Forschungsbericht 14). Nationalparkverwaltung Berchtesgaden, Berchtesgaden 1990.

Stanig [Stanič], Valentin: Meine Erfahrungen bei den Exkursionen auf den hohen Göhl (mit Notiz über die erste Watzmann-Ersteigung). Bericht an Karl Erenbert Freiherrn von Moll, Handschrift der k. b. Hof- und Staatsbibliothek in München, 1802. (Übertragen von Peter Zimmermann, Bayerisch-Slowenische Gesellschaft)

Steinitzer, Alfred: Der Alpinismus in Bildern. Verlag R. Piper & Co., München 1924.

Stöckle, Max A.; Höfler, Horst: Sektion München des DAV. Band 4 der Vereinschronik, 1965–2000. Im Selbstverlag hrsg. von der Sektion München des Deutschen Alpenvereins, München 2000.

Zeitschrift des Deutschen und Österreichischen Alpenvereins, Jahrgang 1903, Band XXXIV. Verlag des Deutschen und Österreichischen Alpenvereins, Innsbruck 1903.

Zierl, Hubert: Der Eigensinn der Schöpfung. Pilgernd nachempfunden von Maria Alm über das Steinerne Meer zum Königssee. Verlag Anton Pustet, Salzburg 1995.

Zierl, Hubert: Geschichte eines Schutzgebiets. Nationalpark Berchtesgaden (Rundschau 1). Hrsg. von der Nationalparkverwaltung Berchtesgaden. Verlag Anton Plenk, Berchtesgaden o. J.

Zwickh, Nepomuk: Geschichte der Alpenvereinssection München als Denkschrift nach dreissigjährigem Bestehen herausgegeben. Verlag der Alpenvereinssection München, München 1900.

Bildnachweis

Bernulf von Crailsheim (†), Berchtesgaden-Strub: S. 68
Willi End, Baden bei Wien: S. 53, 73, 79, 135
Siegfried Garnweidner, Baierbrunn bei München: S. 118–119, 126
Peter Hillebrand (†), Berchtesgaden: S. 75
Barbara Hirschbichler, Bad Reichenhall: S. 69 o, 141 o, u
Horst Höfler, München: S. 9, 30 u, 32 u, 33, 45, 50, 60–61, 64 o, 78 u, 87, 89, 90, 95, 108, 124 o, 132–133, 134, 143, 145, 149
Peter Hundegger, St. Johann/Tirol: S. 62 o, u
Rainer Köfferlein, München: S. 8, 19 o, 23, 24–25, 59, 66–67
Werner Mittermeier, Tittmoning: S. 10–11, 12, 14–15, 26, 38, 43 o, 49, 85
Eckehard Radehose, Holzkirchen: S. 16, 19 u, 20–21, 32 o, 43 u, 56–57, 63, 65, 96–97
Henner Schülein, Schönau: S. 147
Michael Waeber, München: S. 96–97, 125, 137
Paul Werner, München: S. 84, 91
Gerlinde M. Witt, München: S. 35, 111 o, u, 115, 120, 121
Heinz Zembsch, Berchtesgaden-Strub: S. 55, 86

Alpenverein-Museum Innsbruck: S. 107
Archiv des Berchtesgadener Landes: S. 54 u, 82, 83, 113 o, u
Archiv Familie Buhl, Ramsau: S. 69 u
Archiv der DAV-Sektion München: S. 110
Archiv des Deutschen Alpenvereins, München: S. 17, 34, 41, 54 o, 92, 99 o, 106, 129
Archiv Ludwig Gramminger/Steinbichler: S. 76, 77 o, u, 78 o
Archiv Horst Höfler, München: S. 42, 48
Archiv Franz Kuchlbauer, Ramsau: S. 47, 52
Archiv Familie Lammer, Wien: S. 44 u
Archiv Karl Mägdefrau/Höfler, München: S. 58
Archiv Anton Plenk Verlag, Berchtesgaden: S. 98, 112
Archiv Familie Schimke, Salzburg: S. 74, 140
Archiv Paul Werner, München: S. 27, 127, 130, 131
Artothek Hinrichs/Blauel, Hohenpeißenberg: S. 103
Foto Baumann-Schicht, Bad Reichenhall: S. 39, 44 o, 64 u, 70, 71, 94, 139
Bildarchiv Preußischer Kulturbesitz Berlin: S. 29, 100–101
Deutsches Institut für Auslandsforschung, München: S. 114
Milchwerke Berchtesgadener Land Chiemgau, Piding: S. 99 u
Nationalparkverwaltung Berchtesgaden: S. 30 u, 31, 37, 81, 117, 124 u
Nationalparkverwaltung Berchtesgaden/Jelsen: S. 122–123
Staatliche Kunsthalle Karlsruhe: S. 104–105